你自成先锋

靳羽西自传

靳羽西　著

上海三联书店

目 录

目　录

序

　　知道羽西，还是年轻时，可能跟好多中国人一样，在电视节目里，通过她"看东方""看世界"。

　　认识羽西，是在欧莱雅，那时的感觉就是电视中的她真实地出现了，远远的，美美的。一头标志性的乌黑短发，爽朗的笑声和那令人一眼望去便再也挪不开眼的口红，她优雅热情地向我走来……

　　羽西是中国美妆市场的拓荒者，凭借第一代产品 9 色口红，彻底改写了东方对美的叙事，创造了一个时代女性的独特记忆。当年被《纽约时报》称为"中国化妆品皇后"的羽西，以传承中国文化为初心，将国际时尚潮流注入中国文化底蕴，重新定义东方美学理念，成为中国美妆的先驱，并帮助千千万万的女性树立了独一无二的美与自信。这种独特的东方摩登美，为羽西打开了国际美妆市场的大门，让她带着"秀于外，慧于中"的品牌哲学，一路走得越来越远。

　　羽西品牌给我的印象，正如羽西女士，热情而沉稳，柔美而刚毅，浪漫而细腻，是追求极致的典范，是中西交融的智慧，是东方摩登美的完美诠释。这些特质让羽西成为家喻户晓的经典时尚符号，在 20 世纪 90 年代以素色主导的社会中，羽西品牌以一抹热烈的东方红，打开了中国女性对美的想象与追求之门。

在羽西品牌成为欧莱雅中国大家庭的一员后，作为集团深耕中国市场的战略性品牌，它继续专注于为中国女性定制，并依靠欧莱雅集团强大的科学后盾，不懈探索和传播其别具一格的中国美。作为高档化妆品部的一员，它一直走在中国品牌探路高端美妆的前线，面对时代对美的日新月异的需求，一次又一次推动着美的变革。在大家眼中，羽西已经不仅是个美妆品牌，而是将传奇汉方与现代科技完美融合的匠心先锋，是"中国骄傲"，是女性力量的象征，是 C-Beauty 摩登中国美的象征符号。

岁月总在不经意间流逝，但多年来，羽西品牌却总能给人带来一种美丽温馨的陪伴，就像靳羽西女士一样。在过去的二十多年里，羽西无论身处何方，总是从无间断地在我生日时发来美好的祝福，字里行间透露着满满的关怀和温暖，她是如此注重情感的链接，也很珍惜真诚的交流。她的家中总是高朋满座，每每相聚都令彼此收获满满，而每次也总会看到她用我第一次去她家时相送的茶具沏上一壶香茶招待朋友，这份真诚、细腻、贴心的陪伴，也应从创始之日起就被注入羽西品牌的基因中了吧。时光的淬炼中，羽西成为一个有温度、有态度的品牌，它陪伴了无数女性，也将继续陪伴新一代的年轻人。

正是这份初心与真心，给羽西品牌奠定了历久弥新的鲜活力量，让它能一路以来，坚守匠心精神，保持自身独特的东方韵味，在越来越国际化的美妆舞台上，潜心钻研现代科学和东方美学的融会贯通，从而不断推陈出新，焕发生生不息的生命力。今年是羽西品牌创立 30 周年，三十而立，正是勇者的序章。回首三十年，方觉影像与文字的力量，便如同将这美的历程重新经历了一番，勾起种种回忆与美好的同时，深省内心深处，是改变的力量。这是一部关于中国女性美丽觉醒的温情卷章，靳羽西女士真挚的笔触下，娓娓道来中国美的启蒙和蜕变。什么是中国美的未来？通过书中文字与羽西女士隔空对话、交流碰撞，相信你会有属于自己的答案。

衷心祝愿羽西品牌在下一个 30 年里，继续绽放东方摩登美，开创下一个属于 C-Beauty 的新时代，一起让世界为之所动！

兰珍珍

欧莱雅中国区副总裁

2022 年 1 月

前　言

我先借此机会感谢我的家人和好朋友们，以及自始至终支持和鼓励我的所有人。是你们的爱让我充满勇气，完成了这本书。

老实说，一直以来我享受着名人头衔所带来的一些殊荣，但我的生活其实特别简单，没有争论、阴谋、丑闻，甚至连绯闻都没有。前几年的一次活动上，我和拜博口腔董事长黎昌仁先生一起走红毯，结果被某家媒体说成他是我的老公，我的助理给我看的时候把我笑坏了，我开玩笑地说，这种新闻倒是可以多来点。

如果谈富有，在我的生活里，家人和朋友是我最宝贵的财富，是他们帮助我完成了很多我想做的事情。我的朋友遍布世界各地、各行各业，有普通老百姓，也有赫赫有名的大人物。他们是我生命中不可或缺的存在。

2019 年 10 月，我和团队去青岛海尔集团考察，见到了海尔集团的创始人张瑞敏先生。在同他交流的过程中，张瑞敏先生的一句话让我感同身受。他说做事业想要"从 1 到 N"是比较容易的，但是"从 0 到 1"却很困难。的确，在我所有做过的事情里，虽然很多人还是只知道"羽西化妆品"。但对我来说，自己完成了很多"从 0 到 1"的挑战。

从钢琴专业转行到电视媒体，从媒体转行到商业，我做过化妆品、时尚家居、礼仪讲座、公益慈善，等等，而这些工作的本质都是以教育传授理念，以回报社会为目的。包括做化妆品，我也是希望能够传递一种美的理念。我不是教育家，但我希望我做的事情可以产生一些正面影响，包括写书。

到目前为止，我一共出版过 9 本书，涉及的内容包括美容、健康、礼仪、时尚、生活方式、室内设计……还有与我的羽西化妆品事业息息相关的美妆内容。基本都是工具书。

很多人给我建议，羽西，你应该写一本关于你自己的书，把你的故事分享给大家听。可我一直没有付诸行动，因为我总觉得自己的人生还不够"精彩"，没什么好写的。

曾经有一位给很多名人写过成功传记的美国作家想写一本关于我的传记，恳请我给他一天时间做专访。那是我从中国回到纽约的第二天，时差还没倒好，他便来我家里与我长谈了四五个小时，我当时已经筋疲力尽，倚靠在沙发上，努力挣扎着不在他面前睡着。

一周后，他写了大约 50 页的样张发给我过目。我很惊讶仅凭一次长谈他居然能写出这么多内容。仔细阅读后，我发出无奈地感叹："哎呀，我的人生真无聊！"我发给朋友们看，很多人都认为他写得很有趣，但对于我自己来说，这些故事实在是太熟悉了。最终，我没有同意让他继续写，但他送了我一个很震撼的书名，叫 *Yue-Sai Kan – one in a billion!*（《靳羽西 —— 亿里挑一！》）

近几年，我的想法有了些改变。

先是因为国内的一些影视剧制作公司陆续找到我，说很想制作一部以我的人生故事为原型的影视剧，想让我给他们一些故事素材。2019 年，时逢纪念中国改革开放 40 周年，由国务院新闻办公室指导支持的，计划在全球播出的纪录片《中国：变革故事》邀请了 15 位代表人物接受采访和拍摄，我非常荣幸地被选中了。从中国 14 亿人口中选出 15 个人来亲述中国这 40 年的发

你，自成先锋：靳羽西自传

展，这对我来说真是莫大的荣誉。

国新办领导的话让我很感动，她说："羽西，你作为中国改革开放和发展的见证者和参与者，在所从事的领域里，你又是一位开拓者，你影响了几代中国人。祖国的迅速发展，离不开你们这批人在改革开放中打下的坚实基础。"这些话，对我既是至高的肯定，又是极大的鼓舞，能够在中国历史上为推动社会发展做出贡献是我莫大的荣幸。

我的工作能得到中国政府的肯定，对我个人来说已经很满足了。此时，我觉得应该把我的人生经历记录下来，去激励更多刚踏上人生征程的年轻人，帮助他们处理生活中必须面对的重要选择，提醒他们这一切是如何发生的，要珍惜现在所拥有的；同时也给我自己提供一个回顾过去的窗口——这是多好的一件事。

当我开始着手完成我的人生故事时，我又有了一些新的想法：如果全部是我自己的回忆或许显得太主观，还可能会有些无聊。所以，我邀请了和我一起工作过的员工，以及一些好朋友，让他们写下记忆中关于我的趣事。我把这些"他们眼中的羽西"的片段，加入我的人生故事里，希望能让这本书读起来更加有趣。

另外，书里有一些二维码，可以扫码观看这些年来我做过的电视节目或关于我的视频。无论是你见过的，还是没见过的，我都希望你们能从我的这些经历中收获一点对自己有用的东西，就像我从别人身上学到了很多有用的东西一样。

黄羽西
Yue Sai Kan

2020 年夏

第一章

从出身说起

　　我认为，一个人的出身无论是富贵还是贫穷，与他往后的人生道路并没有直接关系。后天的努力才是最重要的。

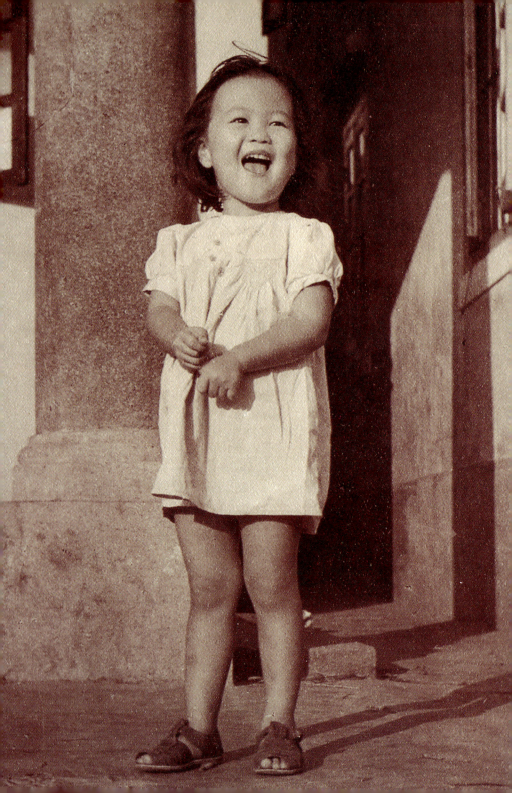

一　家族的故事

　　我对自己的家族背景知之甚少，因为父母在世时很少谈及。

　　我只知道祖父名叫靳棱德，出生于广东番禺。19 世纪末流行"淘金热"，中国南方很多年轻人为了摆脱贫困，冒险穿越太平洋，去美国金山（现在的旧金山）"淘金"。其中大部分人去了加利福尼亚的金矿工作，还有一部分人去建造跨洲的铁路轨道。祖父也是其中之一，当时 16 岁的他一句英文都不会讲，就跟着他的叔叔跑去了美国。我想他一定是位胆子特别大，且非常有能力的人。因为听亲戚讲，到金山没几年，祖父就做起了古董生意，经营起了当铺。

我的祖父靳棱德

我的祖母

1906 年，金山发生了大地震，造成三千多人伤亡，80% 的城市建筑被毁。祖父当铺里的很多古董都失去了主人，只能被变卖掉，结果这个无奈之举让祖父赚了不少钱。

之后祖父回到广州，结婚成家，又买下许多条街道。他把其中的三条街命名为"棱德新街""1 号街""2 号街"，并且在这些街道上建了不少房子。

婚后，祖父和祖母陆续养育了 10 个孩子。每个孩子成年后，都从祖父母那里收到了一栋楼房作为成年礼。在我父母的婚礼上，祖父还把一栋位于繁华街道拐角处、非常漂亮的房子送给了我母亲。

20 世纪 80 年代后期，随着《世界各地》节目在中央电视台的播出，很多中国人包括各地政府的领导都认识了我。广州市政府把曾经属于我母亲的那栋房子，赠还给了我们家。母亲去世时，在遗嘱里把这所房子的产权分成了 5 份，父亲一份，我们姐妹四

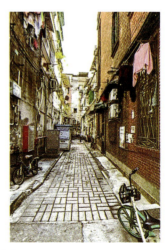

现在的棱德新街

人每人一份。父亲和三个妹妹当时都不太看好房地产行业的发展，于是我就买下了他们的份额。后来，随着改革开放的推进，中国经济迅速发展，房地产价格上涨，这栋房子也让我小赚了一笔。

二　父母的邂逅

我的父亲叫靳永年，1914 年出生于广东番禺，在家族里排行第八。

年轻时的父亲才华横溢，不但拿过游泳比赛的冠军，还会画画和拉二胡。 高中毕业后，他考入了广西大学，主修园艺和自然科学专业，据说学这个专业其实也是受了他父母的影响，当年祖父母在番禺拥有大量土地，因此，祖父希望父亲学习农业，将来有一天可以接管家族的农场。而父亲也不负众望，学习成绩优异，毕业后还留校当了教授。

我的母亲叫李惠根，出生于广东佛山。我的外祖父是一位著名的医生，而且非常热爱收藏艺术品。据说当时外祖父家里的艺术品数量之多，三天都数不完。

母亲属于大家闺秀，她经常把一头乌黑的秀发盘成一个精致、好看的发髻，露出高高的圆润的额头。

听母亲说，她和父亲是在桂林的一家医院认识的。

当时，母亲在桂林上学，父亲在广西大学教书。有一次，母亲的舅舅生病住院，而父亲当时也恰好在这家医院做了个手术，并且和我舅公住在同一间病房，病床相邻。

母亲去探望我舅公时，总是能看到有老师和学生来看望父亲，他们围在父亲的病床边，给他讲学校里发生的趣事，母亲在旁边也会听得入神。那时候，整个医院的护士都知道病房里住着这样一位受欢迎的年轻有为的"明星"教授。

因为同是广东老乡，母亲看父亲孤身在外，生病了也没有家人在旁照料，她在给我舅公熬汤时也顺便给父亲多熬了一份。

"要抓住男人的心，首先要抓住他的胃"，这句话在我父母身上应验了。当父亲喝到邻床这位年轻的同乡女孩亲手煲的汤时，浪漫的恋情就这样开始了……

1947年10月6日，我在广西桂林出生，是父母的第一个孩子。

父亲曾在一本小型的回忆录中这样描述我出生时的情景："她重九磅，头发又黑又浓，哭声很大，非常健康"。

父母为我取名"羽西"，很多人问，这个名字有什么特殊的含义？

我记得父亲告诉过我，"羽"象征着小鸟的羽毛，"西"代表着广西，我是在广西出生的小鸟，飞走了，又飞回来。

我对自己幼年在桂林的生活几乎没有印象，只能在几张残旧的老照片里，看到那时的我与父母在桂林生活的留影。

听说"桂林山水甲天下"，是天地之间最美的地方。我刚开始觉得那是吹牛，天下哪有这么美的地方？即便父母跟我讲过那里迷人的景色，没有亲眼所见，我还是不相信。

后来，我因拍摄电视节目回到桂林，才发现我错了。第一次返回桂林，我就深深爱上了那里自然奇特又令人惊艳的喀斯特地貌风光。原来这就是我的故乡，真是太美了！

那一次，我曾寻迹自己出生时的老宅，当被告知可能已经拆掉了的时候，我非常难过。离开时，我默默地装了一小瓶桂林的

父亲靳永年和母亲李惠根

两岁前和父母在广西桂林

第一章　从出身说起

泥土带在身边。

2018 年秋天，我再一次回到桂林，朋友告诉我，有一个地方可以将桂林的佳境"一园看尽"。这句话顿时激发了我的好奇心，我当下就对朋友说，那还等什么，走吧，去看看。随即，我便跟着他们去了享有"岭南第一园"之称的雁山园。

这个建于 1869 年的园林位于今天桂林市的雁山区，占地 250 亩，有湖有桥有瀑布，有清朝时期的建筑，还有上千年的古树。许多名人，如孙中山、宋美龄、齐白石、巴金……都曾在那里生活过。

它如今已经一百五十多岁了，但被维护得非常好。我们在里面游览了一个小时，才只能看到它 ⅓ 的风景。雁山园的负责人彭鹏先生告诉我们，这里曾是广西大学的校址，一些老建筑应该是当年我父亲作为广西大学教授时授课的地方。我看着这些建筑，想象着父亲在里面上课时的情景。

走在铺满石子的龙脊路上，经过一片郁郁葱葱的树林，我看到了一座古色古香的红色建筑，彭鹏先生提醒我留意这个建筑前的那块石碑。我走近一看，发现石碑上刻着"公子楼（靳羽西故居）"。

天啊！我兴奋得差点跳起来，比发现宝藏还激动。我一字一句地读着石碑上的字，上面记载了我在这里出生，并随父母居住至 2 岁时才离开。居然找到了我的出生地！！！我难以置信地望着眼前的"公子楼"，端详着房子里外的一草一木，一砖一瓦，拼命在脑海里搜寻自己 2 岁之前的记忆，可是那些画面太久远，我什么都想不起来了。

那时我对自己说，如果有机会，我一定要帮忙重建这个美丽的地方。2019 年，我接到雁山园彭先生打来的电话，他告诉我他们翻修了"公子楼"，并将其改名为"永年阁"，"永年"是我父亲的名字。我太高兴了，他们让我亲自设计阁内的装修，一半用来展示我父亲的绘画，另一半则用来展示我自己的作品。我希望能够将它尽快布置好，邀请大家去我的出生地参观。

2018 年再次回到桂林，第一次到访雁山园

2019年，雁山园的"公子楼"改名"永年阁"，我和家人及朋友们再次到访

三 在香港的童年生活

2岁时离开广西雁山园的我，随父母搬去了香港。之后又陆续有了三个妹妹，羽东、羽屏和羽姗。

在香港的那段成长岁月，让我印象最深刻的是，父母几乎每个周末都会带着我和妹妹们外出吃东西。香港有很多好吃的潮州菜馆，我们偶尔还会去附近的海岛上吃海鲜，或者去寺庙里吃斋饭，体验各种不同的美食文化。大家都说"胃是有记忆的"，这真的很有道理。我吃过世界各地的特色美食，但最令我念念不忘的，还是年少时爱吃的那些云吞面、鱼丸米粉加辣酱和醋……我记得上学时常和同学溜到外面的小餐馆解馋。时至今日，我也会经常忍不住让保姆买这些回来当夜宵。

童年时的我，随父母移居到香港

我们在香港的第一个家，是位于九龙宝安路的一栋政府资助的公寓。我一直在那里住到 14 岁。

那是一个简单矮小的公寓楼，上下楼都能听到木质楼梯咯吱咯吱的响声。听父亲说我经常楼上楼下地跑着玩，去街坊邻居家串门，给他们讲故事，说笑话，把他们逗得哈哈大笑，笑声能直接传到正在二楼工作的父亲的耳朵里。

作为广西大学曾经的园艺景观教授，父亲到香港后，一直在港府教育署任职顾问。另外他也是岭南派的画家，在家的大部分时间都在画画。父亲不但可以一笔画出一杆竹子，他画的花草、昆虫都是色彩丰富的，像会动一样。小时候，每当看到父亲泼墨挥毫时，我就会跑过去站在一旁观看，还时不时向他提出各种问题，他会一边画一边耐心地回答我。比如哪一笔要深，哪一笔要浅；哪一

画家父亲

笔要近，哪一笔要远。在父亲的引导下，幼年的我便对作画中色彩的运用有了强烈的直觉，懂得去欣赏颜色的美。

父亲对自己的画要求特别严格，哪怕画到最后一笔，如果自己觉得不满意，他也会将整幅丢弃，重新再画，一直画到他全部满意为止。

父亲的这种追求完美的品格也完全遗传给了我。

听父母讲，我小时候特别调皮，性格像男孩子，经常偷偷跑

出去和小伙伴们玩耍。曾在放学回家的路上被车子撞到，幸好当时及时送到了医院。伤口被缝了十多针，至今我左眉毛上方还留有一道瘢痕。之后又在八九岁时，感染了白喉病，父亲在回忆录里写到我当时的病情："羽西染上致命的白喉病，病症特别严重，高烧不退，体力虚弱，视力出现重影，吞咽困难，喝水时，水从鼻子里流出来，瘦得不成人形，膝盖骨大得吓人。我们都以为她一定活不成了，幸好各亲友查访得知香港玛丽医院有一位儿科教授，精通该症，断定是白喉性多神经炎，住在医院重症监护室约五个星期才渐渐恢复了，但回家后休养十个月才全部康复"。父母以为这场重病会把我带走，但是最终，我还是奇迹般地"活"过来了！

虽然这次"劫后余生"是因为"命大"，但是因为我是长女，父母并没有溺爱我。小时候姐妹四个，我被鸡毛掸子打得次数最多。每次被母亲训斥后，我便一溜小跑到她身边，然后抓住她的手腕，她手腕上的皮肤非常光滑，手指修长纤柔，我会用脸摩挲她的手腕撒娇，母亲原本严肃的表情，会瞬间被我气笑。母亲笑的时候，脸颊上的苹果肌会特别明显，我也继承了她这个特点。

我从小好奇心特别强，有一次，父亲给我买了一条玩具鱼，结果不一会儿，就被我"解体"了。母亲问我为什么把玩具拆了，我说我就想看看鱼肚子里有什么。对于我这种带有"破坏性"的好奇心和探索欲，父母并没有阻止，这也是他们对孩子探索未知的一种鼓励吧。

小时候我们姊妹几个想学骑自行车，父亲居然专门请了一位老师来教我们。当我们想学游泳时，明明非常擅长游泳的他，偏又请了一位专业游泳教练来教我们。他的意思是，行行出状元，

在幼儿园参加活动（箭头指的那个右边第二个就是我）

再擅长的事如果不是专业出身，也不可以"糊弄"和"显摆"。

不过即使有专业老师教，我也没有妹妹们学得好，父亲优秀的运动细胞一点都没遗传给我。但那个时候我的兴趣爱好特别多，一会儿想学这个，一会儿想学那个，父母怕我都是"三分钟热度"，就给我充分的自由空间，只要我喜欢，他们就尽力为我创造最好的条件让我去学。我喜欢唱歌跳舞，在接触了一段时间的芭蕾和钢琴后，我最终选择了钢琴。于是他们便请了一位专业钢琴女老师教我，后来，还请了一位很有名的俄罗斯钢琴教授给我做指导。

我们家有一辆白色的大众汽车，妈妈每天会开着它在学校门口接我，再带我去上钢琴课。

在学钢琴的那些日子里，每天一个小时的钢琴学习，才过了半个小时，我就坐不住了，便趁母亲或老师不注意，将时钟调快半小时。没过多久，这个作弊的举动还是被母亲发现了，她问我为什么要这样做，我回答练半个小时足够了，于是结果可想而知，我挨了母亲的一顿鸡毛掸子，此后便再也不敢了。

其实，从小到大，父母很少强迫我做任何不想做的事情。但是他们告诫我，如果决定做一件事就要坚持，不管多辛苦都要完成它。钢琴学了不到两年，我就开始参加比赛，以及英国皇家音乐钢琴考试，每次都能取得比较不错的成绩。

幼时的我与父母和妹妹们

小学毕业后，我被香港著名的玛利诺中学（Maryknoll Secondary School）录取。玛利诺中学是香港最好的女子学校，我在那里的学习成绩很好，是当时最受爱戴的老师——罗斯·弗吉尼亚修女（Sister Rose Virginia）的爱徒，也是班里的学生干部。

当时同班的一个同学叫陈康妮，是我的好朋友，她的父亲是美国华侨，为了让她能更好地学习中国传统文化，把她送回香港读书。我俩几乎形影不离，每天放学后会一起写作业，一起玩，一起看电影，什么事情都一起做。她时常来我家过夜，我房间里的床是上下铺的，每次康妮来过夜，都会睡在我的上铺。

我们学校隔壁有一所男校，两校师生经常一起组织活动。和每个处于青春期的少女一样，

我和陈康妮（Connie Chan）

我与老师、同学们的合影，你们能认出我在哪里吗？

我们也在一起讨论帅哥。但是玛利诺中学的校规是严格的，绝对禁止学生早恋，虽然隔壁男校很多男生试图追求我们，但是我在校期间从未谈过恋爱。

我在玛利诺中学学到的最重要的知识是——礼仪。

在学校里，看到一位修女迎面走过来时，我们必须停下来说："早上好，嬷嬷！"如果我们要上楼，而修女嬷嬷要下楼，我们必须停下来让她先下楼。玛利诺中学有很多像这样的规矩，不能大声说话，吃饭时使用餐具要轻拿轻放……在潜移默化中渐渐地把我培养成了一位淑女。

我经常把在学校学到的东西分享给家人，教妹妹们一些礼仪。但作为长姐，我也会有犯迷糊的时候。记得小妹妹羽姗4岁上幼儿园那年，每天送她上学和接她放学是我的任务。有一次临近接她放学的时间了，陈康妮来找我玩，我一高兴，就把接羽姗这件事忘得一干二净。结果，羽姗是自己回家的。我当时非常内疚，不停地跟羽姗道歉，让她别告诉母亲。结果母亲还是知道了。那次被打了之后，我再也没有因为贪玩而忘记重要的事情。我认识到在一个家庭里，长姐其实就相当于除了父母之外的家长，不管多大年纪，都有义务照顾好妹妹们。在妹妹们面前，我就是家长，是"大人"，不可以犯小孩子的错误。

虽然是女校，但是校规里规定不准我们戴首饰，我和康妮会偷偷拿母亲的首饰出来摆弄，母亲的首饰并不是特别多，但都很珍贵，做工也都独具匠心。在我很小的时候，就对母亲的珠宝首饰盒子感兴趣，对我来说那就像是奇妙而绚丽的八音魔盒。我总是趁母亲不注意的时候，偷偷跑到她的梳妆台前，小心翼翼地打开她的首饰盒，然后学她的样子，在镜子前将这些珠宝一个一个在自己身上比画，它们不仅闪耀夺目，还有好听的声音，犹如大珠小珠落玉盘。

母亲皮肤非常好，但是很少看她用护肤品，在我印象里，母亲的化妆台上除了珠宝首饰，化妆品就只有口红。那是我觉得最好看的红色，偷偷戴上母亲的首饰后，还会拿着她的口红往自己的嘴上涂，但是每次都涂不好，弄得手上、脸上到处都是，母亲发现后，并没有责备我。她说女孩子天生爱美，这是很自然的事。

中学毕业后的一天，母亲对我说："羽西，你长大了，现在开始可以适当地戴一些首饰来配合你的着装了。"随后拿出她给我买的一副小巧的钻石耳钉。那天，母亲带着我去打了耳洞，亲手帮我配戴了我人生中的第一副耳环。

母亲说，戴首饰一定要戴真的。我当时还不太理解她说的意思，后来我明白了，人生中很多成功的要素都取决于细节，比如物品的细节，它的质地、它的真实、它的纯粹、它的价值。首饰就是其中一项。

母亲不用香水，但她身上总是有一抹淡淡的雅致的芬芳。她平时最喜欢穿旗袍，她的旗袍款式大多简洁素雅，面料与手工制作都很考究。她个子不高，但身材匀称，所以旗袍穿上身，自然而然显得贴合，又透露着东方美。她也特别注重鞋子与包包的搭配，每次出门前，她都会为自己的穿着打扮做细致的搭配，确保不会给人以一种不协调或者不舒服的感觉。

母亲就是这样一个细腻又得体的人。她认为一个人打理好仪容仪表，是对别人的尊重和真诚。即便到了晚年，她已躺在病榻，仍然特别注重自己的形象。每当有朋友要来医院看望她，她一定会早早地请护士帮她梳好头发，抹上她喜欢的口红，戴上搭配好的首饰。

我很感谢母亲在妆容上给我的影响，对我后来创立羽西化妆品有着非凡的意义。

除了妆容，母亲的很多事情都影响着我，包括她的善良和大度。

我和优雅的母亲

　　我们小时候，家里住进来了一位叔叔，我们起初以为那是一位远房亲属，后来妈妈告诉我们，那只是父亲的一位朋友，因为做生意破产了，所以没有地方住。为了帮助落难的朋友度过了一个拮据的困难期，父亲便让他来家里暂住。

　　我父亲的兄弟姐妹很多，大家族难免有很多是非，有时母亲也会受委屈。但我觉得她是个非常睿智的人，尤其在维系父亲庞大的家族关系上。

　　在我们全家搬去香港之前，她曾拜托我的一位姑姑帮忙先带一些珠宝首饰去香港，但等我们到了香港以后，想问姑姑拿回这些首饰时，姑姑却说："什么珠宝？你们没有给过我！"对于姑姑的这种做法，全家人都很气愤，谁都清楚这些珠宝首饰对我父母的意义，那是安家香港后，母亲要用来贴补家用的本钱！但是，母亲没有和姑姑争执，甚至连一句抱怨的话都没说，这件事就像从没有发生过一样，在往后的日子里，她对待姑姑一家依然客气和友善。

　　我还记得父亲在他生前给我和妹妹们的最后一封信里说道："我虽有 10 个兄弟姐妹，却相处得非常不和睦，他们总是会因为钱的事情吵架。所以我希望你们不要这样。"

　　我们姐妹牢记父亲的这句话，至今都没有因为钱发生过口角。

　　父母在香港九龙北部新开发的地区，有个农场，里面养了很多鸡，还有荔枝树、牛油果树，田地里种了各种蔬菜。父亲的专业是学农业园艺的，他另外还开垦了一片地，专门用来种植鲜花。那片地旁边有一条小河，我和妹妹们经常会去小河边玩耍。

　　这么一个大农场，光靠我们一家人是忙不过来的，所以父母

小时候的我经常到父亲的农场里玩耍

还聘用了长工，帮忙一起打理。

母亲有个陪嫁丫鬟叫小琴，从我记事的时候，小琴就一直住在我们家，她是我们家的女佣，也是我和三个妹妹的保姆。我对她以前的生活不太清楚，只知道她来自一个非常贫穷的家庭，她的父母没办法养活她，就把她卖给了我外祖父家做丫鬟。我父母结婚时，小琴被当作陪嫁丫鬟，随我母亲一起到了靳家。

她原本是要一辈子服务于我母亲的，但实际上并没有，我后来听母亲讲，我出国后的某一天，小琴神神秘秘地跑去找我母亲，支支吾吾了很久后，终于羞涩地开口说，她和我们家农场里做工的小伙子相爱了，请求我母亲允许他们结婚。

母亲说，她当时看着小琴害羞的样子，特别有趣，她笑着对小琴说："其实我们早看出来啦！"

要知道，允许丫鬟出嫁，就意味着终止她伺候主人一辈子的契约了。小琴在我们家整整工作了 20 年，这 20 年里，她勤劳、

我与小琴

忠诚、善良、贴心。母亲对待她也像对待自己的亲妹妹一样。她不仅欣然同意了小琴的要求，还送了她一大笔嫁妆，甚至小琴后来生子，母亲也一直关照着她的孩子，同时还特别嘱咐我们四姐妹也要好生相待他们。

父母的这些言传身教，给我上了很好的一堂人生课，在我后来的社交中，哪怕遭遇到最恶劣的对待，我也不会与人交恶、反目成仇。我始终秉承着父母对人善良、宽容、大爱的人生态度。

2018 年，小琴去世，我们四姐妹支付了她所有的丧葬费用，当然这不是我们最后能为她做的事，我们至今还和小琴的孩子保持着联系，犹如亲人一般。

四　靳氏四姐妹

我的小学和中学都是寄宿制学校，只有周末和假期回家时才能看到妹妹们，所以，那时她们和我在一起相处的时间很少。长大之后，她们都搬到了美国，随着相处的时间增多，我们变得越来越亲密了。

作为长姐，我总觉得自己有义务照顾好三个妹妹们。但事实上，我的三个妹妹都很独立，她们几乎不需要被我照顾，反而她们常常来照顾我。

我的大妹妹羽东（Brenda），在我的印象里，她从小到大都

新家四姐妹：羽东、我，羽屏，羽姗

善良、稳重，只是后来她经历了离婚，成为单身母亲。她有一双儿女，杰米森（Jaimison）和杰米（Jaimie）。

如今，杰米在马来西亚吉隆坡为她的父亲工作，并有一个可爱的中法混血儿子阿德里安（Adrien），这也是我们家族里最小的孩子。

我每年都会抽时间跟他们团聚，我去吉隆坡也好，他们来纽约也好。我们在花园里开派对，一起 BBQ，和他们在一起的时光，总是轻松自在又快乐。

二妹妹羽屏，热情好客，是一个社交达人，会说三国语言，经常满世界跑，朋友也遍布世界各地，和她在一起永远不会无聊，她说话语速很快，脑子转得也快，如果她想了解一件事情，会刨根问底地了解所有细节。

20 年前，羽屏说自己喜欢意大利的文化、历史和生活环境，

全家福

所以学习了意大利语，并在罗马定居。我很佩服她的学习能力，也经常被她"安利"各种先进的医疗养生设备和有趣的产品。

见过她的人都评价她是个集魅力、善良、幽默于一身的女性。

事实上，不得不说，羽屏的性格有很多时候和我很像，我们都属于认定一件事就会迅速行动的人，为此我们俩既能玩到一块儿，又会因此闹别扭，然后经常在争论中相互生气，又在相互置气中迅速和好，我俩就是从小到大都这样，哈哈！

小妹妹羽姗，以前是一位出色的银行家，我们都会让她帮忙管理股票和银行账户。当年，她嫁给了当时的香港铁路有限公司行政总裁梁国权（Lincoln Leong），成为了全职太太，大部分时间都住在香港。她加入了很多慈善团体，比如，会去帮一些妇女公益组织做义工和志愿者的工作，生活过得充实和有趣。

我们四姐妹如今并不住在同一个城市，但我们经常视频通话，或去彼此的城市互相探望。一旦谁的家里有事，大家都会团结起来共同面对，想办法帮着解决困难，"有钱的出钱，有力的出力"。

有人说，兄弟姐妹是你不能选择的朋友，我很高兴我不用选择，我的妹妹们是上天赐给我的最棒的朋友！

我的大家姐

靳羽屏 | 羽西三妹

我从来不叫她羽西，总是用"大家姐"称呼她，是广东话里"大姐"的意思。毫无疑问，她是我们家中最大的姐姐。

她一直是我的榜样。受到她的影响，我也喜欢时尚、设计、美容。

我们姐妹四个，数我和大家姐的脾性最相似，所以我们俩之间有时候就像两枚相似的火箭，在两根平行轨道上飞行，又常常彼此"相撞"，瞬间点燃爆炸。

我们会有相似的价值观，甚至爱情观，而大家姐的生活是多姿多彩的，她的身边不乏上流社会一些有钱又英俊的男性追求者，真是挡也挡不住。

但是大家姐和我一样，我们都一定要自己中意，才会接受爱情，把心门打开。

我在加州大学念书时，和同校的一名男孩恋爱了，之后，我就义无反顾地嫁给了对方，当时父母没有来参加我在纽约举行的婚礼。就在我很失落的时候，大家姐二话不说，主动主持我的婚礼。她说，她是长姐，是家人，无论如何，我的人生大事，她一定会出现在我身边。

大家姐还安排了一位纽约当地很有名望的法官作为我婚礼的证婚人，并在曼哈顿著名的餐厅——顺利官（Shun Lee Palace）

为我举办了隆重的婚礼仪式。

　　我已经不记得当时婚礼上我和新郎彼此都说了什么誓言了，但那么多年过去，我依然记得当时我被大家姐的举动感动得哭花了妆容，大家姐拖我去洗手间，一边为我补妆，一边跟我说："哭什么呀，这么开心的事！以后你就要有属于自己的家庭和生活啦！"

　　2017年12月，我在纽约做定期体检时被查出患上乳腺癌，我第一反应就是想找大家姐求助。大家姐听到消息后非常紧张，马上帮我联系了最权威的乳房外科医生，并且预约第二天就和医生见面。

　　这就是我的大家姐，她做事雷厉风行，人脉通达，而且随时雪中送炭。

　　如今我的乳腺癌已经很好地痊愈了，有时候觉得，我很庆幸有这样一位姐姐，虽然我们俩总是会斗斗嘴，还有时相互嫌弃对方，但这就是所谓的"相爱相杀"，其实漫漫岁月里，我们毕竟还是彼此相爱着的。

◆ 他们眼中的羽西

我们家的"木兰"

靳羽姗｜羽西小妹

　　我们一家常常戏称羽西是家中的"木兰"，因为她是我们家里第一个离开家，出国深造，并且移民的家人。

我童年时对羽西的记忆是模糊的，因为她离开香港去美国留学时，我才4岁。我只知道，在那个年代里，出国留学是件很了不起的事情。

由于年龄的差距，作为大姐的她，更像是我的监护人，我们的父母也很信任她，让她像家长一样照顾着我们这三个妹妹。

在我们分开的那些年里，她经常写信回家，给我们未来的教育和职业计划提建议。她鼓励我们去美国留学。我在申请留学签证的时候，一开始被美国领事馆拒绝了，我哭了很久。但是很快，羽西找了朋友帮忙，说服了参议员特德·肯尼迪（Ted Kennedy，美国前总统肯尼迪的弟弟）写了一封信来支持我的申请，我不知道她是怎么做到的。反正我记得那天，领事馆的领事亲自接待了我们，我的签证马上就被复批了！总领事还请羽西在参议员面前帮忙说些好话。真是很有趣儿的事！

后来，我们终于再次住在同一座城市——纽约市。当时父母已经退休，羽西也把他们带到了美国。她再次担负起家庭中长女的责任。她成为画家父亲最热心的拥护者，帮助父亲成功举办了巡回画展，每一次的画展对我来说，都感觉像是一家人一起旅行。看着母亲和羽西在父亲身边帮他研墨，我经常听到周围的支持者和朋友们的羡慕声，儒雅的画家，优雅的妻子，美丽的女儿，这个画面太美好了。

在我眼里，羽西就像是一位拯救世界的英雄，闪闪发光。因此，我们更喜欢称呼她是我们家的"花木兰"。

第二章

人在美国

当我们还年轻的时候，很多人可能会看上你的年轻与美貌，而我们也常常会被流于表面的东西所吸引。我想说，不能因为一个人外表光鲜就轻信他的人品，更不能总想着走捷径。最好的办法是一开始就努力工作，多多学习，聪明地做事。只有这样，才会拥有光明的未来。

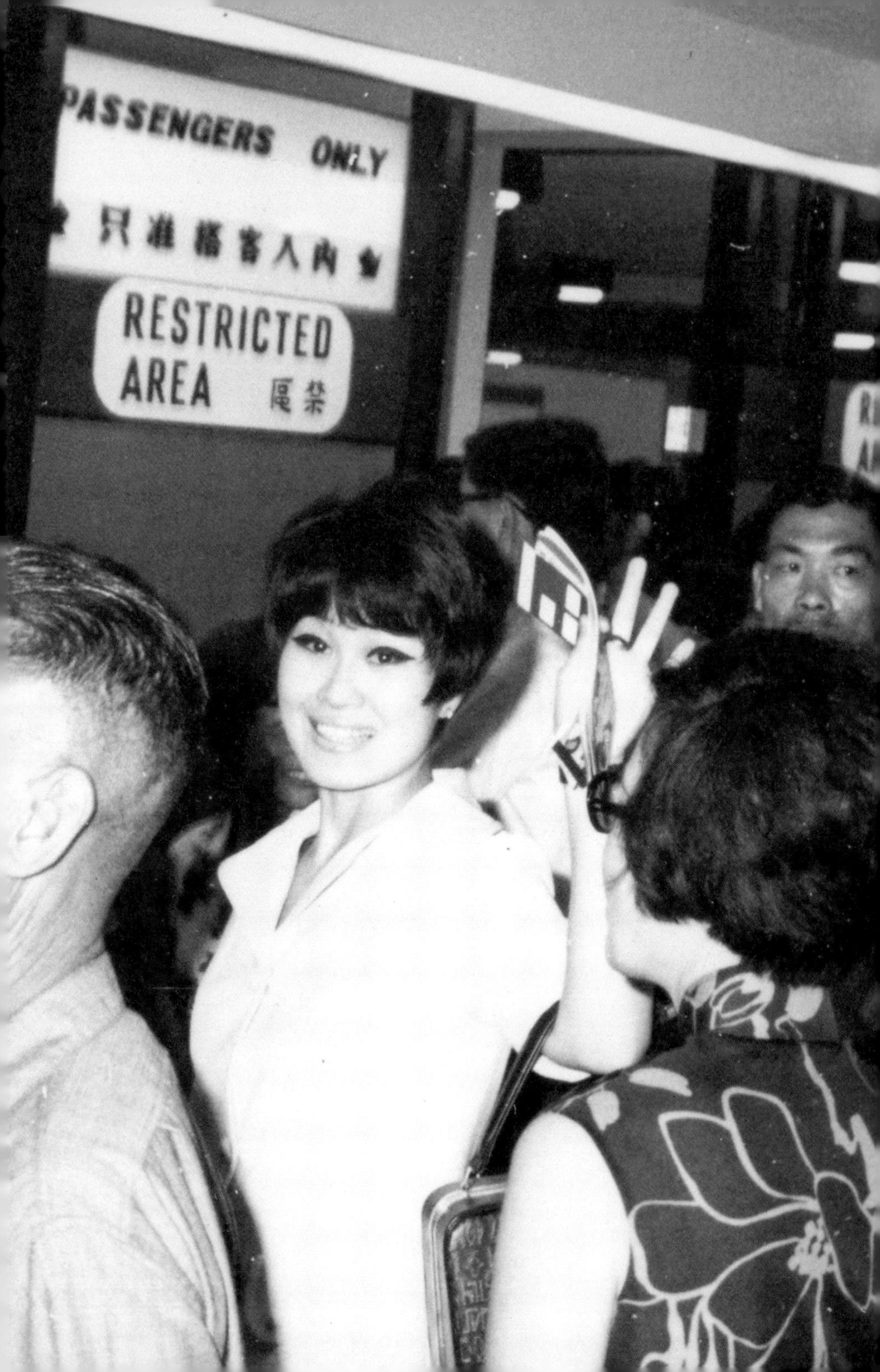
PASSENGERS ONLY
RESTRICTED
AREA

一　离别

14 岁那年的某一天，我和康妮在我家玩，突然，一阵敲门声响起，我去开了门，发现门口站着两位 20 岁左右的外国男性，他们看到我后，用很标准的广东话说了句："你好。"还没等我反应过来，他们便开始诵读《圣经》。

我当时愣在门口，康妮从屋内跑出来问我："怎么了？"

我用手指了一下门口的两位男孩。

这时他们停下了诵读，开始做自我介绍。他们一个叫克里夫·巴顿（Cliff Barton），另一个叫唐·康利（Don Conley），都来自美国，是基督教的传教士。这次来到香港，为了更好和当地人沟通，他们自己花钱参加了 6 个月的广东话培训。

他们邀请我们去参加星期日在九龙一处做礼拜的场所举行的教会活动。我们答应了。

这个地方在九龙区中心一幢商业大厦里，占了其中一整层。有一个大房间，里面有椅子、领奖台和钢琴，还有一些稍小的房间作为教室。从此之后，康妮和我每个星期日都会去那里参加教会活动。

有一次，他们其中一个人跑过来问我是不是会弹钢琴，是否愿意为教堂弹奏圣歌？

我说当然愿意！就这样，我开始在教堂做伴奏，其余时间就帮他们翻译一些颂诗，以及月刊中的部分文章。教会里的孩子们很多，我找了几个有音乐天赋的，组织了一个儿童打击乐队。可以说，在教会里，我也是个积极分子。后来他们问我和康妮是否想接受教会的洗礼，这真的需要承受一定的压力。因为，我是在天主教女子学校上学，学校的嬷嬷们不会乐意我成为其他门派的教徒。但我还是同意了，我同意的理由其实只有一个，我觉得所有的宗教信仰最终都是劝人向善的，而我在教会里能实质性地帮助到很多人，何乐而不为呢？

我始终相信，在人生路上，如果你选择了正确的道路，就应该坚持下去，尤其是对别人无偿地帮助，不要计较得失利弊。

两年后，教会给了我一个去美国夏威夷杨百翰大学留学的机会，并提供奖学金和两份工作助学金。这意味着我可以用奖学金来支付学费，还能打两份工赚取一些生活费。这在当时是非常难得的机会。

我既兴奋又紧张，马上把这个消息告诉了父母，他们刚得知时特别开心，因为那时孩子能去美国上学对整个家庭来说是一件非常光荣的事情！但母亲考虑得比较多，因为我才 16 岁，她担心我无法适应一个人在国外的新生活。我们家人一起商量了一个星期，父母决定尊重我的想法。

虽然当时的我并不清楚未来等待我的是什么样的生活，但是内心一直有个声音在告诉我，应该接受这次机会。

母亲紧张归紧张，再三同我确认了想要去留学的想法之后，随即卖掉了一处她之前投资的小公寓房。为我筹集了路费和一些生活费。

我是家族同辈人中第一个去美国的。记得离开香港的那一天，父母、妹妹们，还有所有亲戚朋友同学们都来为我送行。全家人都眼含泪水和我道别，就像电视里那些离别的场景一样，气

家人们在香港机场为我送行

氛显得有些伤感。父母一再嘱咐我到了那边要马上写信告诉他们，有什么问题一定要及时同他们讲，保持通信。我强装镇定地说："知道了"。

　　我跟自己说不能在父母面前哭，要显得勇敢些，但我知道，这一走可能就是好几年，这几年都见不到他们了。经过安检口那道门时，我不敢回头看，我怕自己哭出来。一直到上了飞机，我再也忍不住了，眼泪夺眶而出，看着窗外越来越小的香港岛，我在心里默念："爸妈，保重！"

二　美国的第一站——夏威夷杨百翰大学

夏威夷岛给我的第一感觉是空气清新怡人，阳光灿烂，景色优美，仿佛世外桃源。它是由火山爆发产生的，所以有着奇特的山貌。在 1959 年被美国接管之前，夏威夷有自己的君主政体，所以周边仍然有宫殿。也有不同的民族，每个民族都有自己的村落。他们喜欢跳舞，而且都跳得很好。这里的食物、潮流文化和音乐都是非常独特的。

岛上的波利尼西亚文化中心（Polynesian Cultural Center）是了解夏威夷民俗文化最好的地方。当地大学生基本上都在这里打工，他们在介绍波利尼西亚文化时如数家珍，滔滔不绝。这里也为留学生提供了很多工作机会，让他们能顺利地读完大学。我也在这里打工，是文化中心图书馆的一名图书管理员。

每天晚上，文化中心里都有两个多小时的精彩表演，是由一些很棒的好莱坞制片人制作的，现场的声音和灯光美极了，展示了太平洋岛民丰富多彩的文化。演出的最后 15 分钟，背景里的瀑布一泻而下，灯光和声音交融，让人眼花缭乱。我每次打完工，都会迫不及待地跑去观看这最精彩的一幕。

我是大学班级里年龄最小的学生，刚来夏威夷的前三个月，我没什么朋友，觉得很孤独。那一年最流行的歌是美国最杰出的民谣三重唱组合彼得、保罗和玛丽（Peter,Paul & Mary）的《500 英里》（500 miles），每当听到这首歌，我就很想家，想念父母和亲人，我与他们的距离岂止 500 英里。

即使远隔千山万水，每个月我也会收到母亲寄来的一个大包裹，里面总是有很多好吃的，比如我喜欢的虾面，她为我做的应季的衣服，还有一封温暖的家书，告诉我家里的最新境况。这些信都被我放在背包里，时不时地拿出来看看。我也经常给他们回信，不让他们担心。

我所就读的杨百翰大学是一所教会大学，规模不大，但学生却来自五湖四海：有太平洋岛民，包括斐济人（Fuji）、萨摩亚人（Samoa）、新西兰的毛利人（Maori）、汤加人（Tonga）、夏威夷人（Hawaiian），还有来自亚洲的中国香港人、韩国人、日本人，以及来自美洲的美国人，我很喜欢这种多民族的文化氛围。我所有的同学都是留学生，他们和我一样思念自己的家乡，也都非常淳朴、真实，同学之间不会互相攀比，也没有羡慕嫉妒或勾心斗角，大家都相处融洽。

学校的住宿环境很好，每栋学生宿舍有 7 个房间，每人一间。

我的房间被分配在其中一栋宿舍的二楼，房间不大，容纳了壁橱，一张单人床和一张书桌。书桌摆在一扇小窗户下，推开窗户外面就是一片草地，还能看到棕榈树和其他的建筑物。这里不是香港，但这里将成为我新的家。

宿舍有一个带厨房和餐厅的公共区域。我们每周都会轮流值日做饭，当时我唯一的烹饪技能就是做汉堡包，因为这个最简单。由于学校位于夏威夷岛的北岸，距市区有 1 小时车程，所以平时没机会去市区，只有周末的时候我可以坐车去城里吃顿好的，再逛逛街。我喜欢去卢奥[1]（Luau），喜欢吃卡卢阿烤乳猪

1　卢奥（Luau）：即"夏威夷式宴会"，也是一个盛大的波利尼西亚节日聚会，可以在一年中的任何一天举行。

(Kalua Pok)，他们用加热的石头在地下烤好几个小时，美味极了。我还喜欢吃一种叫面包果（Bread Fruit）的食物，它是一种生长在树上的水果，烤熟后我喜欢涂上黄油吃，比任何面包都好吃。当地人最喜欢吃的食物是夏威夷芋泥饼[1]（Poi），就像捣碎的山药酱一样，是直接用手指头蘸着吃的，但我不太习惯吃这个。当时每个月我能支配的零用钱很少，伙食费必须控制在 25 美元以内，所以一个月如果能吃到一样我喜欢的美味，我就很满足了。

夏威夷人普遍友好、纯真、善良。在夏威夷，如果随便问一个人"你来自哪里"，得到的回答经常是"我是 ⅓ 中国血统"，我是"⅓ 爱尔兰血统"，我是"⅓ 玻利尼西亚血统"……大家几乎都是混血儿，所以在这里没有所谓的"种族主义"观念。

像我们这些离家太远的留学生，假期里没法回家，就会被邀请到夏威夷当地人家里享用美味的节日餐。这对我这样的穷学生来说，是倍觉温暖的款待，我永远都不会忘记这种恩惠。如今，我也会在美国的每个小假期，邀请中国留学生到家里吃饭，希望他们能像曾经的我一样，孤身在外也能感受到家人般的关爱。

杨百翰大学的道德规范是非常严格的，教会规定教徒们不能有婚前性行为，女生和男生可以约会，但不能越雷池一步。他们推崇婚姻的永恒和神圣，追求清洁的居住环境。

想到今天在世界各地举行的女性反抗性骚扰的"#Metoo"运动，我回想起当时的一个周末。那时我在寂静无人的校园钢琴室里独自练习钢琴，突然，有一个男生敲了敲琴房的门，直接走进来，看到只有我一人，便试图上来亲吻我。

那是我一生中最恐怖的时刻，我用尽力气阻止他，好不容易

1　夏威夷芋泥饼（Poi）：是把芋头煮熟后捣成面糊发酵而成。

如今的夏威夷杨百翰大学入口

如今的夏威夷杨伯翰大学门前的广场

这是如今杨百翰大学附近教堂旁边的寺庙，我当年每周日在
这里兼职做导游，愉快地度过了四年的大学生活

留学生们经常受邀和当地华人家庭一起过节（我，前排左二）

杨百翰大学的校园活动（我，后排左四）

你, 自成先锋: 靳羽西自传

才把他踢出门去。但当时的我惊恐未定，过了好几天才缓过劲来，此后都不敢独自一个人留在琴房里练琴了，当时也不敢告诉老师。现在想想还有些后怕。

但是，这件事并没有影响我和学校里的男生交往，我也认识了非常优秀的男生。

有一天，学生组织"海龟俱乐部"（钓鱼和潜水俱乐部）的主席布莱恩来到我的宿舍，给我送来了一条他刚抓到的大鱼。他是个非常帅气阳光的男生，对我非常好，也很照顾我。他帮我把这条鱼清洗处理之后放进冰箱，让我想吃的时候拿出来做。但是轮到我做饭时，那条鱼已经冻得非常硬了，我试图自己切开那条冷冻的鱼，结果不小心在我左手掌上切了一个大口子，顿时鲜血直往外涌，最后，我总共缝了八针，这个瘢痕至今还躺在我的手掌上。

就在最近，我在夏威夷联系上了当年的大学同学海伦（Helen Goo），她现在是一名出色的厨师。我们已有四十多年没见了，失联了这么久我们仍记得当年彼此的样子。海伦回忆说，我当年是一个非常糟糕的厨师，经常连米饭都煮不好，要么太干，要么太湿。无论怎么教，我都学不会下厨，好吧，有些事情我真的没有天赋。尽管在"新冠肺炎疫情"期间，我有了更多的时间学习烹饪，但是实际上我学会的也只有简单的炒菜和打开烤箱而已！

父母给了我最初的花费（机票和零花钱）之后，我在美国再没向他们要过钱。我始终有一个信念，我要自己独立，不想成为父母的经济负担。

所以，除了在波利尼西亚文化中心图书馆打工之外，我还兼

杨百翰大学的同学们（我，右一）　　我和 Helen Goo 在夏威夷机场送她男朋友回香港

职教小孩子弹钢琴。

当我开始赚钱的时候，每个月还会寄些钱回家，虽然他们不需要，但会自豪地告诉亲朋好友——女儿开始赚钱了，还一心想着报答父母，是一个好孩子。

此外，我也积极从事志愿服务和做慈善，并且在打工期间养成了把 10% 收入捐给教堂的习惯。教堂就在大学旁边，我每个星期日上午都会去那里做礼拜，同时担任那里的钢琴手。教堂旁边有座寺庙，周日下午我就担任寺庙的导游，带游客参观附近的景点。

那段日子我遇到了很多友善的人，其中有一位来自美国弗吉尼亚州的热心肠女士，她总是送给我好吃的巧克力蛋糕和衣服。这些礼物对当时的我来说意义非凡。但是有一天，我突然收到她的一封信，说她要离婚了，后来就再也没联系到她。我搬到纽约后曾试图找过她，但都杳无音讯，至今都感觉这是我生命中的遗憾。

我在大学主修的是音乐系钢琴专业，音乐系的社团活动特别多，经常有大型的排演和个人音乐会。一场音乐会一个多小时，曲目量可想而知。

演奏任何乐器都不是容易的事情，而学习弹钢琴对我的性格发展有很大的帮助，坚持不断地练习，让我学会了自我约束，它也让我接触到人类历史上那些美丽的乐章。

我在大学的最后一场音乐会，是毕业时的一场个人钢琴独奏会。我演奏了肖邦的《幻想即兴曲》，还有巴赫、李斯特等钢琴家的作品。

音乐会结束后，我有一种强烈的感觉——我永远不会成为像鲁宾斯坦（Rubinstein）那样伟大的钢琴家。这种感觉以前从来没有出现过，我想这可能就是后来我放弃钢琴走向传媒的原因之一。

在我大学的这段时间里，必须提到一个奇妙的经历——参加"夏威夷华裔水仙花皇后"评选比赛。这场评选活动对我的生活产生了极大的影响，为我后来致力于美和慈善事业奠定了基础。

那年我19岁，正在读大三。

有一天，我因为感冒发烧请假待在宿舍休息。不一会儿有人一边敲门一边在门外大声地问："羽西，我知道你今天生病了，但我可以进来跟你说话吗？"

我从床上爬起来去开门，进来的是学生会主席。

看到我病恹恹的样子后，他有点不好意思地说道："今天上午在学生会的会议上，集体投票选出你作为我们大学的代表，参加今年'夏威夷水仙节'的'水仙花皇后'评选。"

"水仙节？水仙花皇后？那都是什么？"我一脸迷糊，还在发烧的我以为自己在做梦。

但此时，学生会主席已经开始跟我兴奋地介绍起来："这是夏威夷最有声望的盛会。水仙花体现了心灵的纯洁。这里的华人在每年春节前都要举办'水仙花节'。从 1949 年起，夏威夷中华总商会都会在'水仙花节'上举行'水仙花皇后'评选活动，从 25 岁以下的华裔姑娘中评选出一位'水仙花皇后'和四位'水仙花公主'。通过这个活动可以提高美国人对中国艺术和文化的认识，今年全校投票选举你参加'水仙花皇后'的评选。"

学生会主席一口气介绍完这场活动，我突然脑子清醒过来，没想到自己会获得这样的机会，我有点小激动，赶忙问道："那我需要做什么？"

"你会参加一个培训课程，然后在两个月内参加比赛。"

"可是……我从来没有做过这样的事情！"紧张和兴奋让我有点眩晕，一屁股坐在床上。

"别担心。整个学校都会支持你，为你加油。而且会特别安排老师带你做赛前训练，我听说这位老师还很有名，你会学到很多东西的。"

第二天，一个代表评选活动的年轻人和一位特别有气质的女士来见我，她叫海伦·理查森（Helen Richardson）。海伦女士给了我一份训练计划，我看了看日程，天啊！上面密密麻麻排满了训练课程：形象、化妆、台步、造型、演讲、在镜头前回答问题……这些课程像一个个魔法一样，深深地吸引着我。

"除了这些课程，你自己还要准备一场个人才艺表演"，气质非凡的海伦女士告诉我。

我放下课程表，认真并热切地回答她："没问题！我会弹钢琴，我 6 岁就开始弹钢琴了！"

"但我不是美国籍的学生，这会有影响吗？"

他们回答我说："这不是问题，我们希望你参加，无论能不能赢得头衔，都没关系。"

　　参加"水仙花皇后"评选对 19 岁的我来说是一次无比新奇的经历，我对整个事情充满好奇，甚至这份好奇与兴奋催生出了我的免疫力，没几天我的重感冒居然就好了！

　　能否获得冠军并不重要，面对自己将要接触到的东西以及将要获得的经验，我感到无比兴奋！

　　父母得知我要参加这次评选的消息，也非常开心和支持。虽然他们不能来，但是他们在香港找了设计师好友阿尼塔（Anita Szeto）为我亲手制作了两套漂亮的礼服并邮寄给了我。一件白色串珠长裙和一件精美的米色中式旗袍裙，我想它们一定不便宜。

　　"水仙花皇后"评选的当晚，我一个人独自站在角落里。其他选手周围都有很多人，她们的姐妹、父母、亲属等都来为她们加油，但我的家人在香港，不能来看我的比赛，我内心有一点孤单和失落，但是我暗暗给自己打气："羽西，你行的！加油！"

　　前面的环节很快就过去了，到了个人才艺展示环节，每个选手都表演得非常好！我在后台紧张得手心冒汗。当看到一架钢琴被搬上舞台，我知道终于轮到我了！我擦了擦手里的汗，做了一次深呼吸，保持从容的步调，走上舞台，到钢琴前坐下。我演奏的是西班牙作曲家阿尔班尼士（Albeniz）的一首《塞吉迪亚舞曲》（Seguidilla），那是一首演奏难度很大的钢琴曲，是我的老师帮我选的。至今，我仍然搞不懂为什么她会选择这首曲子，它的旋律并不是很特别，但演奏难度常让人望而却步。演奏结束之后，我的感悟是：你需要始终掌控自己所做的一切，不管别人说什么，首先要做到自我感觉良好，因为你要对自己和你所做的一切负责！

在评委提问环节，我不记得被问到了什么，但我认为我回答得很好，并获得了非常多的掌声。

宣布结果时，我万万没想到自己居然得到了名次，成为四位获奖的"水仙花公主"之一，虽然不是"皇后"，我却比当上"皇后"还开心！

当时有一位叫碧翠斯（Beatrice Ching）的女士，特别喜欢我，她写了一封很长的信给我父母，详细讲述了我们的评选过程和我的表现。她是当时美国首位华裔参议员邝友良（Hiram Fong）的表妹。她像妈妈一样对我无微不至的关怀和照顾，让我倍感温暖，至今仍心怀感激。

"水仙花皇后"评选之后的第二年，我们作为"水仙花大使"去了许多地方，如西海岸旧金山、加拿大、中国香港，并获得了很多关注。作为大使的我们代表夏威夷华人参观了其他社区，我们在唐人街进行游行，像伊丽莎白女王一样向那些排队欢迎我们的人挥手致意。同时在各种各样的活动上也认识了很多成功人士。

真不能小看一个头衔！它影响了我的整个人生。

2019 年，我受邀出任"夏威夷水仙花皇后"的评委。这是时隔 52 年，我再次回到"水仙花皇后"的评选舞台，感觉真的很奇妙。看着参赛的这些年轻女孩子们，我就像看到了当年的自己，也替她们紧张。这次评选出的"皇后"和"公主"们和我们当年一样备受瞩目！夏威夷州长还亲自为"水仙花皇后"加冕。

和当年相比，整个评选活动基本上没有太大的变化。最大的变化就是海外华人更加关心中国的历史和文化了。我希望这些华裔年轻人能够继承中华优秀传统文化，继续将其发扬光大。

19 岁参加"夏威夷水仙花皇后"评选让我受益匪浅

我获得了"水仙花公主"的称号，中间是皇后，两边四位公主，左二是我

2019 年，出任"夏威夷水仙花皇后"评选评委

2021 年，重返夏威夷杨百翰大学校园

三　毕业回港工作

1967 年，我大学毕业，母亲要求我回香港，因为他们已经四年没有见到我了。在我上学期间，想赚够回家的机票钱是非常困难的。

大学毕业回到香港，家人们来机场接我

现在，有些中国父母会为留学的孩子在当地购买公寓，甚至放下自己的工作去陪读，与孩子住在一起，帮他们安排膳食，帮他们购物……我的求学生活没有这样"奢侈"的待遇，我们家那时候并不算富裕。所以，当我从杨百翰大学毕业，用打工攒下的钱买机票回香港看望阔别四年的父母时，他们建议我，既然千里迢迢、花费不菲地回到了香港，不妨就先留下来工作一段时间，看看是否喜欢这里的工作和生活。

我的叔叔在希尔顿酒店工作，他帮我在那里找了一份人力资源部门的工作。当时，希尔顿是香港最豪华的酒店，我在那里工作了 4 个月。那是一段愉快的、很有收获的工作经历。我参加了希尔顿酒店的轮岗培训计划，这意味着我将陆续在酒店所有部门工作并接受相关培训。

我工作的第一个部门是客户服务部。在这里，我主要是通过接听电话来为客人服务。"早上好，这里是希尔顿酒店。我能为您做些什么？"，这是我每天面对酒店客人说的第一句标准的问候语。你可能认为这个工作很无趣，但我很喜欢，因为我可以学到很多非常有用的东西。比如，为了防止拼写错误，每个英文字母都需要一个对应的单词代表——"A"的代表是Apple（苹果），"B"的代表是Boy（男孩），"C"是Charlie（查理），"D"是Dog（小狗），还有很多在与人沟通上避免犯错的技巧。同时还锻炼了我记人名的技能，我接待过的每个客人我都能叫出他们的名字，那个时候能入住希尔顿酒店的都是一些有地位的人，对于能记住他们名字的酒店工作人员，他们的态度都会非常友好。

一星期后，我被调去公关部，公关部门的职责是接待酒店的VIP贵宾，在那里我遇到了一些有趣的客人。这些客人有影视明星、著名歌手、政治家、著名企业家等。与他们打交道并不困难，我也从来没有遇到投诉，很多客人再次入住的时候还会记得我，大家也都很喜欢我。

4个月后，人力资源部的经理拉里·楚（Larry Chu）问我是否有兴趣去另一家酒店工作，因为他正准备跳槽。他说的另外一家酒店是凯悦酒店，当时凯悦集团刚刚在香港九龙开了旗舰店。对于我这样的职场新人来说，上司的这个提议让我很兴奋，并且凯悦付的工资是希尔顿的两倍。虽然希尔顿的公关部领导对我很好，但年轻的我还是选择跳槽去了工资待遇更高的凯悦酒店。

我在凯悦酒店的第一份工作在宴会部。老板是来自斯里兰卡的赫伯特先生（Mr. Herbert）。他对我非常有耐心，每当他去别的城市出差时都会带上我。这份工作虽然不辛苦，但必须有足够的勇气。因为，我需要到陌生的环境接触陌生的人，向他们介绍凯悦酒店，介绍其为婚宴、商务会议等特殊活动提供的特价房、餐厅等软硬件优势，以及不同主题宴会的特色服务，等等。这可能听起来很简单，但我之前从未做过这样的事情，我喜欢这种能够在实践中学习的机会！我还了解到，在酒店行业里，如果可以介绍重要的、有价值的新客户，许多供应商（如裁缝和礼品店）会愿意为你做任何事情。在宴会部工作一段时间后，我被调入公关部，在一位名叫玛拉·乔伦格（Marla Chorengel）的公关经理手下工作，她是一位来自菲律宾的漂亮女人，嫁给了凯悦酒店的副总裁。她教会了我很多，例如"如何写一手漂亮的字"。至今我和她还保持着联系。

总结一下这个时期我都学到了什么：

· 当你年轻的时候要尽可能多地学一些东西，并且要好好学
· 努力工作，要比其他任何人都努力
· 好好观察别人是如何取得成功的
· 没有对你而言不重要的工作，你可以从每项工作中学到一些东西并且受益终身
· 很多事说起来很简单，但关键是要执行和完成

香港当时还处于英属殖民地时期，种族歧视非常明显，所有事情都是英国人优先，中国人算"二等公民"。我在香港工作了一段时间之后，发现自己尤其讨厌这一点。正在我犹豫要不要继续留在香港的时候，发生一件事让我毅然而然地决定：我

要离开这里！

在一次好朋友的送别午餐会上，我认识了一位穿着得体的外国人。第二天，他打电话给我，邀请我共进午餐。没想到这个"午餐约会"是一次特别糟糕的经历。

刚开始他说话拐弯抹角的，我不明白他究竟想表达什么。之后他告诉我，他有一家服装公司，需要很多设计师，他想给我一份设计师的工作。我说我不是服装设计师，也没有行业经验。他说："你不需要知道如何设计。你的工作就是服务好我的客户。"我问："那我需要做什么呢？"他回答："你只需要陪他们一起吃晚饭，如果他们想和你过夜的话，每晚他们会多付你 1000 英镑。如果这样做 10 年，你就可以赚到足够多的钱去享受以后的生活了。"谈到这里，我才意识到他的真正目的。

真是难以置信，他居然会对我说这种话！巨大的怒火让我从椅子上弹了起来。我感到胃里一阵翻腾，愤然离开餐桌跑到洗手间，一下子把刚才吃的东西都吐了出来。

这对我来说是一次痛苦的经历，我哭了整个下午。当天晚上，我一个朋友约我出来散散心，一见面我就向他哭诉了中午的事。

"我看起来像那种随随便便的女人吗？"我擦着眼泪问道。

朋友大笑说："你当然不像，那种女人怎么可能一晚赚 1000 英镑？！"他劝我不要那么在意，那种人看到出众的年轻姑娘都会想办法利诱一番，那不是我的错。和他聊完之后，我感觉好多了。但这件事让我吸取了教训——即使是你好朋友的朋友，也不能完全相信。大城市很复杂，有许多人会引诱涉世不深的年轻女性，让她们走上危险的人生道路。

我想用这个亲身经历提醒年轻的女孩们，不能因为一个人外表光鲜就轻信他的人品，更不能总想着走捷径。最好的办法是一开始就努力工作，多多学习，聪明地做事。只有这样，才会走向光明的未来。

这件事，让我坚定了离开香港的决心。在与父母沟通了之后，他们支持我回夏威夷，正好我的大妹妹羽东当时也在夏威夷留学，姐妹俩还有个照应。就这样，我辞掉了在香港的工作，收拾了行李，重返夏威夷。

四　职业生涯始于纽约

回到夏威夷半年之后，我决定去纽约。因为那时有个说法——"能在纽约成功的人，到哪里都能成功。"大学期间我就一直和同学们讲我要去纽约，即使我还没去过，但是不知道为什么纽约好似充满了未知的魔力，始终吸引着我。

离开夏威夷的那天中午，刚下过雨。送我去机场的是大妹妹羽东和一位我在教会上认识朋友，他叫乔治·坎纳赫列（George Kanehele）。乔治曾担任夏威夷副州长，同时也是驻夏威夷印度尼西亚领馆的名誉总领事，他还有着出色的文采，写过一本关于夏威夷音乐的权威书籍。我知道乔治对我一直很有好感，他经常邀请我参加他在夏威夷的一些盛大活动。他在印度尼西亚生活过几年，在那收购了大量印度尼西亚艺术品。我至今还保存着他给我的美丽的明代陶瓷壶。

乔治和羽东虽舍不得我离开，但是他们都支持我的决定。羽东后来告诉我，乔治这个大男人从机场返回的路上哭了。

某种程度上而言，我没有继续与他保持联系是一件遗憾的事。乔治是一个有文化、有修养的人。在我眼里是一个非常值得交往的朋友，像大哥哥一样。但对于当时才 21 岁的我来说，无论是恋爱还是婚姻，似乎离我都太遥远。而且教会规定如果没有结婚，男女之间是不可以有进一步关系的。所以，对于和乔治的这份情谊，我只能说，没有在对的时间里相遇。

其实，在我的一生中，这样的追求者我遇到过很多。但是我对婚姻的需求一直不是很强烈，我总觉得事业才是我人生路上最重要的东西。这些追求者大部分最终都成了我的良师益友，他们丰富了我的生活，而我也从他们身上学到了很多做人的道理。

1972 年 1 月 2 日，钱包里只有 150 美元的我抵达了纽约肯尼迪机场。刚到这个陌生的城市，除了我已多年未见的、学生时期的闺蜜陈康妮，我不认识任何人。当时康妮和她的妹妹珍妮住在皇后区，我在她们那里住了三个星期，她们没收我房租，我很不好意思，但对于当时身上只有 150 美元的我来说，也没有其他的办法，我非常感激她们。

一月份是纽约最寒冷的时候。我从夏威夷过来时，一件冬天的大衣都没有，只带了一件羊毛衫。我被冻得不行，再硬撑下去肯定会生病，无奈只能请康妮帮忙，她借给了我她的信用卡，我买了一件保暖大衣。之后，我打工赚钱，用一年半的时间才还清了这件大衣的信用卡借款。即便那时囊中羞涩，我也坚持要买一件质量好的衣服，因为我觉得价格与时间成本相匹配。这件大衣，我至少穿了 15 年，如果把它的价格按时间平均分配，要比买一件廉价的只穿一两年就因为质量问题不能再穿的大衣，划算得多。

　　这件大衣我一直不舍得扔掉，后来我在一次搬家时翻出了它，它已经泛黄褪色了，我把它送给了一位纽约街头的流浪者，告诉她这是帮我抵挡了好多年纽约寒冬的大衣，也希望能给她带去温暖。

五　要学会说更好的英语

　　我在香港时上的是一所英语学校，并参加了很多英语课程，我的英语基础很好。后来到夏威夷上学，同学来自五湖四海，也没觉得自己的口语有问题。直到去了纽约，这个城市和夏威夷完全不同。在这里，大多数人是欧洲血统，几乎没有波利尼西亚人和亚洲人（唐人街除外），也没有人说"洋泾浜"英语，为了更好地融入这个城市，我要戒掉口音，讲地道的英语才行。我在纽约参加的都是英语强化课程，这些课程的学费都是我做家教打工赚来的。

　　当时我住在纽约皇后区（Queens），上课的地点在曼哈顿，每天要挤一个多小时的地铁。早、晚高峰时，地铁里的人像沙丁鱼罐头一样拥挤。我曾经因为太拥挤而体力不支，在地铁里晕倒过两次，幸运的是，都有好心的乘客和工作人员把我抬到站台的座椅上，给我喝水，帮我清醒过来。

　　就这样，我奔忙在这座世界上最繁华的都市里，几个月后，我把所有英语强化课程都学完了。当时的我并没想到，掌握纯正英语会对我未来的生活和制作电视节目有那么大的帮助。

六　喜欢纽约的原因

在纽约，我喜欢上了沙士汽水（root beer），加上冰淇淋后尤其好喝，还有随处可见的街边热狗，纽约的热狗是我吃过的最好吃的热狗，以及犹太人的熏牛肉三明治（cornbeef sandwich）、烟熏三文鱼（smoked salmon），都是我的最爱，我可以一次吃很多。

另外，我还喜欢去剧院观看各种演出，尤其是音乐会。

记得刚到纽约的第一个周末，我就去听了一场音乐会，是由波士顿交响乐团演奏、日本著名指挥家小泽征尔（Seiji Ozawa）指挥的。因为一位夏威夷朋友的儿子在那个交响乐团演奏双簧管。托他的福，我有幸进入后台休息室，亲眼见到了这些伟大的音乐家，就像一个见到偶像的小粉丝，内心的狂喜早已掩盖不住，全都表现在了我的手舞足蹈上。

第二天晚上，我在百老汇看了舞台剧《推销员之死》（Death of a Salesman）。我完全不知道当时在观众席里坐在我前排的男人居然就是创作《推销员之死》的编剧阿瑟·米勒（Arthur Miller），他是享誉世界的剧作家，也曾是著名影星玛丽莲·梦露的丈夫。

这些对我来说从未预料能见到的大人物，都在纽约被我遇见了！我的运气也太好了！

我喜欢古典音乐，但那些演出的门票都很贵，对我这个刚入社会打拼的年轻人来说，这是一笔不小的费用。

我想了一个"办法"。我注意到歌剧院的迎宾员们，每次演出时，他们需要负责维持入场和散场的秩序，但是很少有观众和他们有交流。他们的工作枯燥乏味，很容易被人忽视。

于是，我找了一个机会，上前和其中一位迎宾员套近乎，就这样我们算认识了，当他知道我喜欢看演出时，就非常愿意帮我留好位置。我只要给他 5 美元，他就可以把我安排在一个空席上。因此，我花了最少的钱，却欣赏到了很多世界上顶尖艺术家的精彩表演，包括蕾妮·弗莱明（Renee Fleming）、贝弗利·希尔斯（Beverly Sills）、琼·萨瑟兰（Joan Sutherland）、鲁契亚诺·帕瓦罗蒂（Luciano Pavorotti）、普拉西多·多明戈（Placido Domingo）……

如果你是周一去歌剧院，就会尤其有趣。因为那天要求观众们盛装入场，所以大家的衣着和打扮都会很隆重。但如今人们对去看歌剧时的穿着没有以前那么讲究了，我甚至看到有人穿着短裤去看歌剧，这在当时是绝对不会发生的事情。

没有在纽约演出过的音乐家不能称之为伟大的音乐家，没有在纽约办过展览的艺术家不能称之为伟大的艺术家。纽约在当时无疑是全球艺术、时尚、金融的中心。纽约的博物馆，例如大都会博物馆，展示的都是人类的非凡成就。

当然，在纽约还可以接触到这个世界上很多奇妙的东西。

我曾经与纽约的朋友们共进晚餐时，听到的是这样的对话：

"据说柏林爱乐乐团将于 9 月份来纽约演出，会表演贝多芬的第 9 乐章。"

"那太好了！我上次听过他们演奏这个曲子，很棒！赫伯特·冯·卡拉扬（Herbert von Karajan）的指挥真是令人惊叹。"

身处这样的交谈中，我有些胆怯，因为我当时什么都不知道，完全接不上话。因此，在纽约的第一年，我特别有紧迫感，每天都会阅读报纸来丰富自己，并利用一切机会从这些朋友身上学习和吸收尽可能多的知识和信息。

当时的我决定一定要留下来才能不断地学习和进步。

七　向犹太人学习

在纽约，犹太人的影响力很大，很多伟大的企业家都是犹太人。我欣赏他们的优秀特质：重视家庭，热心慈善。世界上有不少重要的建筑，如音乐厅、剧院、图书馆、博物馆等都是由犹太人捐赠的。

我决定先了解一下他们，便去书店买了两本书，一本是由布兰迪斯大学（Brandeis University）前任校长亚伯兰·莱昂·萨莎（Abram Leon Sacha）撰写的《犹太人的历史》（*A History of the Jews*），第二本是由莱奥·罗斯滕（Leo Rosten）撰写的《美妙的意第绪语》（*The Joy of Yiddish*）。

与犹太朋友们

同时，我也结识了很多犹太朋友，经常参加犹太人主持的活动，学到了一些犹太语，但主要还是想努力地从他们身上学习一些优秀的品质，当时我的联络簿上犹太人的数量超过了中国人。

记得有一次，我被选为中东一家大型医院——以色列舍巴（sheba）医院的亚洲形象大使。在颁奖晚宴上，我需要向现场的犹太观众致谢，我觉得此刻需要说一些犹太语。我之前学会的几句犹太语真的派上了用场。在致辞中，我用犹太语介绍了一些自己与犹太文化相关的经历和趣事，比如，我去以色列时，被称为"YoshiCohen"（我的英文名字 Yue-Sai Kan 被翻译成的犹太语的读音）；我非常喜欢吃犹太特色美食——奶油干酪（cream cheese）和百吉饼（bagel），这让我都怀疑自己是不是上辈子就是犹太人投胎来的。现场犹太人都被我逗得哈哈大笑。

活动结束后，一位身材娇小的女士笑着走过来告诉我，她想单独约见我。她就是当时家喻户晓的电视名人露丝博士（Dr. Ruth），从那时起，她经常来参加我的家庭聚会，我们成了很好的朋友。

以色列舍巴医院的亚洲形象大使颁奖晚宴

与好友露丝博士（Dr. Ruth）

八　遇见人生中的贵人——卡基亚·利瓦诺斯夫人

一天，我正在一家餐馆和好朋友吃午饭，她突然说："我看见了一个朋友，我们一起去打个招呼吧。"于是，她带着我走过去向她这位朋友问好。

他叫雅各布森（Jacobson）。当他知道我正在找工作时，他说他的一个朋友正在找助手，别人都叫她卡基亚·利瓦诺斯夫人（Mrs Kakia Livanos），她是一个希腊慈善团体的负责人。虽然当时的我对慈善团体一无所知，对希腊人也是一无所知，却很兴奋地想要试一试。他当下就给卡基亚夫人打了一个电话，然后，我被告知马上去她的办公室面试。

事发突然，我还没来得及准备，况且我觉得那天的穿着太休闲了——白色吊带背心，橙色的短裤，外面一条休闲开衫长裙。来不及回家换衣服，我匆匆赶到面试地点。

在卡基亚夫人办公室，我见到了这位非常高雅的女士。她有一双美丽的大眼睛，穿着简单而优雅，配戴着戒指和耳环，一口标准的伦敦腔英语。她是希腊著名航运巨头乔治·利瓦诺斯先生（Mr. George Livanos）的遗孀。我们聊得非常开心，她问了我的留学经历，做过的工作，以及对慈善的了解。然后，她说她需要一位助手，接着，我居然立即被聘用了！看来，我之前所有的担心都是多余的。

后来有人告诉我，她一看见我就很喜欢我，说我像个"可爱的小纽扣"（cute as a button）。也许这就是中国人所说的"有眼缘"吧。

与卡基亚·利瓦诺斯夫人（Mrs Kakia Livanos）

第二章 人在美国

从那天起，我正式开始为希腊慈善机构工作。

我记得经常会有一位穿着黑色长袍的希腊牧师来办公室找利瓦诺斯夫人，我们会讨论即将举办的慈善活动。

我被派到芝加哥（Chicago）和新罕布什尔州（State of New Hampshire）等许多希腊人居住的地区，负责考察举办活动的地点。

可以说，我在利瓦诺斯夫人的慈善机构度过了最美好的时光。利瓦诺斯夫人为人亲切，对我非常体贴、周到，就像对待她的家人一样。每个星期五晚上，她都会邀请我去她家吃饭，在希腊复活节和其他特殊节日，我也总是被邀请参加他们的节日活动。利瓦诺斯夫人总是穿着优雅，说话得体，写得一手漂亮的书法。她的公寓面积不大但装饰很精致，在家庭派对上，她会为客人精心准备美味的食物和饮料。从她身上，我看到了什么是"真正优雅的女士"。

和利瓦诺斯夫人一起工作的那几年里，我对希腊有了更多的了解，也认识了很多非常富有的希腊人，比如，希腊船王亚里士多德·奥纳西斯（Aristotle Onassis），他和他当时的恋人——著名歌剧演员玛丽亚·卡拉斯（Maria Callas）所住的房子离我后来在萨顿广场（Sutton Square）的住所非常近。众所周知，后来奥纳西斯娶了肯尼迪总统的遗孀杰奎琳·肯尼迪（Jacqueline Kennedy）。

这些希腊富人都很慷慨，他们经常帮助利瓦诺斯夫人的慈善机构做善事，去关心那些需要帮助的人。虽然他们都是大忙人，但是该慷慨解囊的时候，他们从来不会犹豫。

利瓦诺斯夫人当时已经五十多岁了，但她仍然每天都在忙碌，我受她影响也变得特别努力地工作。她就像母亲对待女儿一

参与希腊慈善活动和晚宴

样关照着我，保护着我。

当时有不少想打我歪主意的男人都被她委婉地替我拒绝了。记得有一次，我刚刚认识了著名的灰狗巴士（Greyhound Buses）——美国跨城市的长途商营巴士公司的董事长，他邀请我隔天和他还有他的一位朋友共进晚餐。他的朋友是一个高大英俊的男人，长得像希腊神话里的男神，而且经营着世界上最大的邮轮旅行公司。晚饭后，这个男人带我们参观了他的公寓，并向我们展示了他巨大的衣橱，里面大概有两百多套西服。他邀请我第二天晚上再一次共进晚餐，我当时不好意思拒绝，便答应了。当晚，他来到我的公寓接我，还带了一个蓝色的蒂芙尼（Tiffany）礼盒，我打开一看，里面是一个非常精致漂亮的蒂芙尼银手镯。我顿时想到了利瓦诺斯夫人告诫我的一句话"Beware of Greeks bearing gifts（当心送礼物的希腊人）[1]"。

我拒绝了他的这份礼物。但是作为交换条件，我不得不答应

1　源于希腊神话《特洛伊木马》的美国谚语。

了跟他一起去加勒比岛的邀请。我之所以觉得可以跟他出游，是因为同行的还有一对夫妇。出发那天，我们早上9时许登机，他上了飞机就开始喝伏特加，当飞机在加勒比岛落地时，他已经喝醉了，并开始发酒疯，粗鲁地对待乘务员，变得让人无法忍受。到晚餐时，他更加不可理喻，十分无礼，脏话连篇。我很害怕，不敢一个人在房间里，跑去同行那对夫妇的房间待了一整夜。第二天，我坐了最早的航班回家。现在回想起来，那是一次非常特别的经历，当时年轻的我对男人真的缺乏人生阅历。这件事让我对异性产生了恐惧，以至于很长一段时间，我都不敢接受任何异性的邀请，也不敢跟任何异性去任何地方。

也是在这段时间，我收到了美国移民局的一封信，说我的一年工作期限快到了，必须按时离开美国。移民局给了我两个月的时间让我准备收拾行李回家，但我当时并不想离开纽约。我把这件事告诉了我的朋友们，他们都很紧张，试图为我找到解决办法，甚至还提出一些让人啼笑皆非的建议，比如，让我和其中一个朋友的患有自闭症的哥哥结婚，等拿到绿卡之后我们再离婚。

最后，还是利瓦诺斯夫人帮我解决了工作和居住、签证的问题。

2002年，利瓦诺斯夫人在纽约去世，享年83岁，我在上海接到她女儿的电话，告知我这个伤心的消息，我挂掉电话后，立刻飞回了纽约参加她的葬礼。

我想，影响我一生的女性，除了我母亲，就是利瓦诺斯夫人了，她的言行举止深深地印刻在我的脑海里，我在她身上学到了很多做人的道理和为自己热爱的事业献身的品格。

九　进入娱乐媒体行业

在利瓦诺斯夫人离开慈善机构后，我也辞职了。

之后，我开始为罗伯特·塔普林格先生（Mr. Robert Taplinger）效力。那时候，塔普林格先生是美国娱乐产业最有名的公关高管之一。他的妹妹多丽丝（Doris）是他的助手，为他工作的同时还照顾他的饮食，亲自为他做他喜爱的烟熏三文鱼，确保他每天都能按时吃饭。他有很多出名的客户，比如，电影明星加里·格兰特（Cary Grant）。那时加里·格兰特的妻子还是美国著名的演员黛恩·坎农（Dyan Cannon）。

我有幸参加了他们很多次晚宴和派对，有时也会邀请他们去唐人街共进晚餐。他们非常喜欢我带他们去的那几家中餐馆，对他们来说平时是不会去的，和他们在一起吃饭是一件非常享受的事情，偶尔也会听到一些娱乐圈的八卦新闻。当时加里·格兰特对妻子非常关心和体贴，以至于后来听说他们离婚我还很震惊。塔普林格先生却非常淡然，显而易见，他经常面对这种事情。

塔普林格先生虽然一直是单身，但他交往过的历任女朋友都非常有名气。其中包括曾两度获得奥斯卡最佳女主角的贝蒂·戴维斯（Bette Davies）。通过他，我认识了一些非常富有的客户，逐步了解了美国上流社会的生活方式。

塔普林格先生非常喜欢我，因为我从不介意工作时间，也从不抱怨周末加班。我经常想："这样的工作机会可以让我学到更多的知识！一定要好好把握。"他认为我是公司里最有职业道德

与德国亿万富翁休伯特·布尔达（Hubert Burda）先生成为好朋友

与艺术大师安迪·沃霍尔（Andy Warhol）和影视演员勒罗伊·内曼（LeRoy Neiman）

的员工，所以总是乐意把我介绍给他的好朋友们，包括当时美国公司薪酬最高的管理者琼·马蒂诺（June Martino）女士。

琼·马蒂诺女士是一位非常特别的女性。当年麦当劳的创始人雷·克拉克（Ray Kroc）先生在创立公司时，让完全没有经验的琼担任他的出纳员，因为他当时没有钱，付不出工资，只能拿公司股份做交换。后来琼成为克拉克先生事业上无法取代的合作伙伴。

当 1965 年麦当劳上市时，琼·马蒂诺拿到了价值 530 万美元的股票。一度成为美国历史上薪酬最高的高管，而且作为集团董事，她一生效力麦当劳，被称为"麦当劳之母"。我在她身上学到了即使没有经验也不要紧，只要保持好学、努力、忠诚，就可以成为一名好员工，得到应得的回报。

我特别感激塔普林格先生，在为他工作的几年里，我得到了各种学习和成长的机会。学会了如何撰写新闻稿，学会了如何快速记录，虽然现在快速记录已经不太用得上，但在当时这些技能是非常有用的。我还学会了如何做会议记录并仔细跟进。我发现无论我在一份工作中学到什么技能，总能在另外一份工作中发挥用处。同时，通过塔普林格先生，我也认识了很多有头有脸的大人物，拓宽了自己的人脉。

在这段人生经历中我深刻体会到：

1. 如果你年轻，愿意努力工作，愿意学很多东西，并且能够谦虚地学习，那么你的老板就没有理由不喜欢你，这是年轻时必须具备的工作态度

2. 努力工作和努力学习的时间永远不要浪费

3. 另外，在你年轻的时候，薪水不应该是你最关注的，学习和成长的机会才是最重要的

十　接父母到美国生活

1979 年，我在美国定居之后，一直想把父母接到身边，而且那个时候我们四姐妹都在美国，没人照顾他们，他们生病的时候我们都非常牵挂。但是刚开始他们不愿意离开香港，尤其是我母亲，因为她不会讲英语，而且他们所有的亲戚朋友都在香港，商量了很久，他们才终于同意搬来纽约。

来纽约之前，母亲上了英语课和烹饪课，因为她想到了纽约之后给我做好吃的。事实证明母亲的进修特别有用。

到了纽约之后，绘画创作成为父亲生活里最重要的部分，他全身心地投入到创作中，尽心尽力弘扬国画与中华传统文化。

喜欢父亲画作的美国人越来越多，有人邀请父亲在美国举办个人画展，很多主流媒体，包括三大电视网中的 NBC 和 ABC 都要采访他。

这让一心扑在创作上的"文艺"父亲有点不知所措。

"你看，电视台采访我的时候，我要说点什么？"父亲问我。

没想到历经世事，具有大家风范的父亲也有腼腆的时候。

父亲的询问让我灵机一动，我决定亲自做他的"经纪人"。于是，我们父女俩"强强联手"，在纽约 Hammer 画廊，得州的 Hartman 画廊和华盛顿的 Shogun 画廊等美国多家知名画廊举办了父亲的个人画展。

1981 年秋，父亲的画又在北京、上海、广州和南京做了巡展，反响热烈。作为享誉海外的国画大师，他是第一位应中国文

父亲在作画

艺术大师安迪·沃霍尔（Andy Warhol）、影星雷若伊·尼曼（LeRoy Neiman）、影星菲利斯·狄勒女士（Phyllis Diller）、影星特克斯·麦克拉里（Tex McCrary）出席父亲在纽约的画展

化部邀请回国举办个人画展的华侨。

此后，北京第一家合资酒店——建国饭店邀请他创作了5幅大型山水画，并在酒店做永久展示。

我经常会想，父亲的这些成就某种程度上是我人生路上的参照系，他是我从小到大的超级偶像，如果有人问我，生命中对我影响最大的一个男人是谁，我肯定毫不犹豫地说是我父亲。

父亲曾对我说过一句话："永远要做第一个登上月球的人，因为没有人会记得第二个。"

这句话影响了我的整个人生！在我每次面临挫折的时候，我都会想起它，鼓励自己勇往直前，不惧挑战。

父亲从没对我们发过脾气，他甚至没有对任何人发过脾气。

我们小时候，他会带我们去动物园玩，去海边散步。海风阵阵迎面扑来，我至今难以忘怀空气里那股淡淡的大海的味道，也许，那气味的记忆更多的是因为我记得和家人在一起的那些幸福氛围。

多年来，父亲和母亲总是形影不离，两人感情非常好，经常一起逛街，一起购物，一起打太极拳。父亲在作画时，母亲会帮忙研磨，两人相伴相随，非常默契。

在我父母的婚姻里，我也从来没见到过他们俩吵架。其实母亲平时是一个很有主见的女性，但每一次为家庭所做的决定，她都能巧妙地让所有人都认为，这是父亲的决定。父亲作为一家之主的形象的背后，其实是母亲的睿智。

母亲十分善于治家、理财，所以她总能使我们觉得自己生活富足。只要是合理的需求，尤其是学习方面的需求，都能恰如其分地满足我们，同时她还教我们要懂得金钱的意义，要善用每一分钱。她很有投资眼光，在香港时，她做房地产投资，当我准备到美国读大学时，她就卖了其中一处房产，拿来做我留学的费用。后来，我的三个妹妹都能到美国读书，也得益于她的成功理财。

她常常对我和妹妹们说："女人呀，一定要经济独立，嫁得好不如做得好！"

从母亲那里，我学到了很多理财的方法，让我受用终生。

母亲的理财之道：

· 永远不能只有一个渠道进账，必须开辟多个收入渠道
· 学会存钱，越早越好，省下一分钱就等于多挣一分钱
· 学会记账，及时发现不必要的开销，克制盲目消费。不要随意透支信用卡，也不要随意购买奢侈品。母亲还说她最讨厌虚荣的女人
· 花钱要有计划，不该花的钱不要乱花。我们小时候，即使是 5 分钱的口香糖，父母也不给我们买。因为他们觉得嚼口香糖对牙齿不好，行为也不雅观。但如果我想要买贝多芬钢琴弹奏曲的唱片，无论多少钱他们都会满足我
· 学会"用钱生钱"，将主动收入变成被动收入，才能实现财务自由
· 学会区分资产和负债，资产可以是你投资不动产，如房产和艺术品之类。购买之后会贬值的就不是资产而是负债，比如车子
· 花钱要区分时间和场合
· 拥有一颗善良而慷慨之心，力所能及地做些善事

曾有智者说："命运的自由感，才是一个现代女性的终极奢侈品。"所以，我主张女性要经济独立，要随时做好自己养活自己的准备，婚后也要使用独立的银行账户。经济独立，是保证自由的唯一途径。我很庆幸自己能有这样一位拥有大智慧的母亲。

然而，母亲在 66 岁那年不幸中风。母亲中风是我们姐妹几个第一次面对家里老人生病的事。除了护工，我们四姐妹都觉得，每天必须至少有一名家庭成员在母亲身边照顾。当时我和二妹羽屏因为工作的关系要经常飞来飞去，大妹羽东又有两个孩子要照看，刚刚进入银行工作的小妹羽姗就主动承担起照顾母亲的重任。整整一年没有去工作。

母亲生病后，父亲便一个人出门逛街购物，每次回家总是带回一车的食物，都是母亲爱吃的。

1992 年，当我的羽西化妆品面世时，母亲已经瘫痪在床，无法说话。我坐到她的床头，和她一起挨着，手里拿着从生产线上生产出来的第一支羽西口红的照片给她看。

母亲因为半边身子无法动弹，身体一半的重量都靠向了我。我支撑着她，她目不转睛地看着照片，然后吃力地伸出手来，握住了我的手。那是我最熟悉不过的一双手，依然如此纤细修长，依然如此亲切生动，一瞬间，我仿佛又回到了童年，正拉着母亲的手撒着娇。

当时一种强烈的愧疚感从我内心深处奔涌而出，这么多日子以来，母亲卧病在床，我却因为太忙没有好好地陪过她，此刻的我好想听她说说话，哪怕骂我一句都好。

突然，我感觉到她握着我的那只手在用力，那是一点微薄的力量，紧紧地攥了攥。

我和母亲

　　我顿时如鲠在喉，泪如泉涌。我明白，那一刻她也读懂了我的心思，她是在对我说："女儿你做得好，妈妈为你骄傲。"

　　1994年母亲去世，享年74岁。她走得很安详，我们四姐妹都在身边，一边料理后事，一边安慰和陪伴父亲。

　　按照妈妈的遗愿，我和父亲一起坐船将母亲的骨灰撒入大海。那天，大家都在默默流泪，而父亲全程没有说话。

　　回到家，我们四姐妹围坐在一张桌子旁，桌子上放着母亲留下来的遗物，其中大部分是母亲生前收藏的珠宝首饰。

　　我跟妹妹们说："大家想要什么，就拿什么吧，这是母亲的遗物，拿着也是一个念想。"

　　但是大家都在哭，谁也没有动，这些都是母亲生平最爱的东西，我们姊妹四个谁都不愿意拿，总觉得母亲还在，她还需要这些物品。

　　沉默许久，我强忍泪水，轻轻地说："这样吧，我们现在每个人都闭上眼睛，伸出手来，碰到什么，就拿什么。"

就这样，我们一边抽泣，一边闭上眼睛，伸手去触摸面前母亲的遗物。用这样的方式，分配了母亲留下的珠宝首饰。

岁月的流逝也许可以冲淡思念至亲的伤痛，但母亲的话至今还常在我的耳边萦绕。其中最深刻的一句是："羽西，你现在年轻，看起来很成功。但你的一生是否真正成功，要看你人生最后的 20 年，你是否依然健康、富有，身旁有爱你的人和你爱的人，那才是真正的成功！"

这也是我至今都不曾倦怠的原因。

自从母亲去世之后，我发现父亲变得越来越安静。

他总是一个人静静地坐在家的一个角落里，逆着光，我看不清他脸上的表情。但是当我走向他时，他又立马站起身，像没事人一样。我知道他在竭力表现出他一切都很好，这个家也很好的状态。可是，母亲已经走了。我知道他内心深处藏匿着悲痛。这

我和父亲

个从不轻易发怒，也从不公开表达自己的爱与拥抱的男人，我感受到了他的孤单与痛失挚爱的苍凉。我不知道要怎样上前去安慰他，此刻，任何语言都如此苍白无力。

因为工作的原因，我没办法一直陪在父亲身边。当时长住纽约的大妹妹羽东自愿承担起了照顾父亲的工作。为了让羽东方便看护，我在她的住处对面给父亲买了一套公寓，拥有阳光明媚的大落地窗，父亲坐轮椅不方便外出，他会来到窗前晒太阳，看着楼下热闹的街道和人群，老人家便很开心。有时候，我觉得羽东更像家里的长姐，她替我做了很多我应该做的事情。在照顾父亲的那段时间，她瘦了很多。

几年后，父亲的朋友给他介绍了一位女士，她比父亲小一些，负责照顾父亲的起居，我们都会喊她"阿姨"，有了她的陪伴，父亲也渐渐地开朗并活跃了起来。

晚年的父亲更爱打理他的盆栽和绿植。我纽约家里的大花园

三代同堂

成为父亲经常喜欢待的地方，他总会抽空一个人来我的花园里逛逛，欣赏欣赏我种植的那些花木。仿佛和那些花花草草待在一起，可以让他回归宁静，安逸不少。

我开玩笑地告诉他，我的大花园里有"花仙子"，父亲好像特别乐意听到这些话，也许父亲觉得，在我的大花园里，能让他感受到母亲的灵魂与气息。这一点，我一直都是自己在乱猜测，直到父亲离世，我也没向他求证过。也许，有些答案不用追究真相，因为心里留着的那个念想，才是世间最美好的事物。

后来，父亲因为高血压、糖尿病等多种疾病住院，他的绅士风度，让医院里的护士们都非常喜欢和尊敬他，即便在病痛折磨下，他也从来不会大喊大叫，或对医务人员不礼貌。虽然坐了轮椅，仍然会定期约我们或他的朋友们共进午餐，而且每次都是穿着西装，戴着领带，还有手帕、毡帽，把自己打扮得非常帅气，一丝不苟地保持着自己的形象。

我至今还记得，每次父亲见到我身边的外国女性朋友时，总会幽默又不失礼貌地用英文夸赞她们："You are a beautiful girl.（你真漂亮）"，逗得那些女朋友们都瞬间喜欢上这个风趣的中国男人，对我说，你爸爸真可爱。

父亲临终时，只有我在身边，妹妹们正在赶过来的路上。我一直握着他的手，感觉到他的体温一点一点地消失在我的手心里，我一次又一次抚摸着他的手，试图让他再一次温暖起来，可是，他的手最终在我的手里彻底冷却下来……

2007年2月7日，我深爱的父亲从此与我们永别。

每次回想起父亲，耳畔依稀传来我创立羽西化妆品时期和他有趣的对话。

我说:"爸爸,你的画是挂在墙上的,我的画是在大街上走的,是美化城市的。"

父亲笑呵呵地说:"可是我的画可以保存,你的画是要卸掉的。"

每当我静下心来的时候,总会情不自禁地回忆起和父母还有妹妹们在香港的日子。风和日丽,父亲和母亲会带着我们姊妹四个去周边的小岛上玩。

碧海蓝天,波光粼粼之下,父亲在沙滩上踱着方步,母亲陪在他身旁,我们四姐妹围着他们俩嬉笑追逐,群鸟与落日从头顶越过。

幸福如微风徐徐,扑面而来。

纪念我们亲爱的父母

第三章

传媒人的非常记录

每个人在奋斗的路上，必须先打好扎实的基础。这基础就是你的业务能力，你必须先吃得起苦，才能有机会去享受到成功的甘甜。任何事情，如果你中途放弃，或者又掉转方向往回走，那你只能获得短暂的轻松，以及漫长的庸碌。

一 我的电视生涯从《看东方》开始

每个人在职业生涯初期，可能都不确定自己将来要做什么工作。我也是。但每当碰到一个自己认为值得把握的机会，我一定会全力以赴。

在 20 世纪 70 年代初，我和妹妹羽屏正在纽约做进出口贸易。从中国进口丝绸、布料等，到美国出售。属于小型创业公司，生意还不错。

当时有线电视才刚刚开始，一位朋友来找我，说他开办了一个针对华人观众的中文有线电视节目，希望我来做广东话志愿主持人。其实在这之前，曾有人找过我做电视节目，这个邀请来自已故的阿图·萨克勒（Arthur Sackler）博士，他是一位伟大的企业家，也是著名《医学论坛报》的出版商。他曾想让我帮他制作一部医疗类电视节目，虽然这个愿望最终没有实现，但能够得到这样一个伟大人物的青睐，让我受宠若惊。

接到朋友的邀请，我既意外又兴奋。虽然从来没有做过电视主持人的工作，但我觉得这是一个很难得的历练机会。之后的每个周末，我都会去他的摄影棚录制节目。当时那个摄影棚极其简陋，下雨天屋顶还会漏雨，但我对这份志愿主持人的工作兴趣浓厚，每周坚持做访谈和新闻报道。我不了解这个节目当时的收视率，但是我知道我有两位能够保持每期都收看的忠实观众，就是我的父母。

我起初并没有特别认真地对待每次录制，只是觉得好玩，也没觉得这是一份很难的工作。直到后来我在一次朋友家的聚会上，遇到了一位来自斯坦福大学的教授，他问我业余时间都在做些什么。我回答："每个星期天我都会去录制一档小型电视节目。"

教授一下子感兴趣起来，问我："是什么方面的内容？"

我随口答道："没什么，纯属娱乐性的志愿者工作。"

他听到后非常严肃地对我说："无论什么时候，如果你做的事情能够影响他人的信仰和想法，那么这就不是一件娱乐性的事情。"

他的这句话深深地影响了我，也改变了我对电视制作的看法。从那一刻起，我开始非常认真地对待每期节目，并试图让观众从节目中受益。

当时这个节目只是用广东话播出，并且是以访谈为主，所以我采访的基本上都是在美国生活的华人，其中大部分是来自广东的移民，有在中国城开餐馆的老板，有做粤菜的厨师，还有一些打工仔。后来我陆续采访了一些美国人，发现他们对中国文化一点儿都不了解，甚至有很多错误的印象和观点，更严重的就是歧视。这让我无法忍受！我想既然我有频道，那我就要做点什么来教育一下美国人！

于是我离开了和妹妹羽屏一起创业的公司，开始专心制作一档介绍亚洲文化的电视节目，取名《看东方》（Looking East）。

做出这个决定后，我周围的人都以为我疯了，因为他们都觉得那时候的美国根本没人关注亚洲。其中反对我的还有美国著名的新闻记者、主持人迈克·华莱士（Mike Wallace）先生，当时他还没有去过中国。知道我要做这档节目的时候，他告诉我，没有人会喜欢看有关亚洲的节目，我是在浪费时间。听到他这么说，我一笑了之，因为我知道他错了。他只是不知道很多人已经开始对亚洲感到好奇，但却没有渠道可以获得关于亚洲的信息。

我认为做《看东方》是有意义的，因为它是当时唯一一套关于亚洲的电视节目，正因为缺乏关注，所以我才要做！并且，我要通过这档节目，让美国人更好地了解亚洲，了解中国！

20 世纪 70 年代末的美国，电视节目也是多得惊人，观众可以在 1 分钟内按二十多次按钮切换频道，每次切换都是不同的节目。可想而知，当年美国电视行业的竞争有多激烈。

《看东方》的初期只是一个纽约本地的采访节目，在纽约社区电视台播出。当时美国的每一个城市都有这样的公用电视台，纽约的一些非主流群体在那里找到了他们在主流电视上找不到的归宿。节目的制作质量很低也是因为内容创作者没有多少资金。在那个时候，你真的需要钱才能制作出有质量的节目。很少人拥有家庭摄像机，更别提能够拍摄视频的手机了，那是 ¼ 个世纪之后的产物。

在第一年里，我找到了一个专为廉价节目提供方便的摄影棚，租用了其中一个时段。影棚里面设有简单的打光灯，两架摄像机和三把木头椅子和一张桌子，在那里我采访了一些去过中国的外国人和一些来自亚洲国家的人，通过他们的介绍，了解亚洲国家的文化和民俗风情。

做完采访，支付这个时间段的租金，工作人员会给我一卷录像带，就是刚刚录制的采访内容。之后，我联系美国各地的社区电台经理，向他们推荐《看东方》节目，并且是免费的。当时没有网络，但我创建了自己的关系网。而且我的节目也不赶时间，每个星期，我把录像带寄给十几个电视台，所有的成本都是自费的。

　　虽然采访场地廉价，但是我还是采访到了一些名人，其中有著名美国女演员琼·芳登（Joan Fontaine），她还告诉我在镜头前需要注意的一些小技巧，比如：在做电视采访时，千万不要坐在旋转椅上，否则看上去会特别糟糕。拍摄时摄像机应该略高于我的头部，这样可以使我的脸看起来更小一些。

　　另外，还有当时留学美国的华人女演员陈冲（我们当时叫她"小花"）、著名设计师玛丽·麦克法登（Mary McFadden）、作家戈尔·维达尔（Gore Vidal）等名人。

采访作家戈尔·维达尔（Gore Vidal）、采访时任纽约亚洲协会会长、采访《纽约时报》记者福克斯·巴特费尔德、采访纽约唐人街辖区长官

　　这虽然是一份艰苦的工作，但对我来说更像是一个培训。我从没在学校里学过电视专业知识，一切都要靠自我摸索和学习。

　　我是一个独立的电视制作人，独立制作人的意思，就是没有电视台可以承担我的制作成本，我必须自己找赞助。

谁会对亚洲感兴趣呢？我列了一份清单，上面有：Kikkoman 酱油、中国香港旅游协会，以及新加坡、马来西亚、日本等国的旅游协会，还有飞往亚洲的联合航空公司，皇家维京邮轮等。我曾亲自拜访这些公司及其广告代理商，打过上百个电话，最后即使只收到两个表示感兴趣的回话，也能让我特别激动，觉得节目赞助有希望。

直到有一天我再次接到迈克·华莱士的电话。他说他偶然地看到了我的一期节目，内容是日本的形雕根付艺术（Katabori Netsuke）。他先是称赞我很上镜，说我在屏幕上看起来很漂亮，而且我在节目中的采访问题也很新颖有趣。他补充道："我很惊讶如此美丽的容貌居然可以问出如此聪明的问题！"现在回想起来，这句话是一个非常具有性别歧视的说法，真的！

当然他也给了我一些积极的评论和意见，我请他帮我写推荐信，推荐我的节目给其他电视台，他做到了，在推荐信里他称我为"有线电视史上的无名英雄"。他还向我介绍了他的电视台经纪人。后来，我在纽约的一家办公室里见到了这位明星经纪人，但他对我不感兴趣，因为他认为我没有接受过电视主持人的专业培训，没有电视台愿意接受我。

虽然他的否定让我很失望！但是，我没有放弃，既然你们不愿意接受我，我就自己做。我的字典里没有"害怕"这个词。一旦确定了自己的能力，我就会勇往直前。另外，认真地说，如果我当时真的签了这个经纪约，那么我也不一定会拥有现在的成就。这就是人生的选择。

我做了一个作品集，里面包含了迈克·华莱士这样的人的推荐，开始四处寻找机会。

不久，美国公共电视网（PBS）和探索频道（Discovery）向我伸出了橄榄枝，而且我们的赞助商也多了起来。我带领摄制组亲自前往亚洲国家拍摄采访，将全部内容制作成了一个全国性的系列节目，我全程监制整个节目的制作过程，并且保证每周制作2集，面向全美观众播出。与此同时，也向之前不看好我的人，证明了自己的实力。

成立自己的制片公司

虽然《看东方》让我承受了不小的压力，但更让我收获了许多美好的人生经历。

每次想起那段时光，脑海里浮现的都是一些有趣的拍摄和采访故事。比如，我们去马来西亚沙捞越拍摄婆罗洲的猎人头部落，住在伊班人的长屋里，屋子下面是架空的，鸡、鸭、狗等牲畜在下面跑来跑去。早上，我们和伊班人一样在河边用河水洗漱，我们还和他们一起吃饭、跳舞、喝米酒。这类内容在美国电视上从未出现过。片子放映后，很多美国人来信要我们更详细地解释伊班人猎人头的传统。其实这种事情早已绝迹，只有在第二次世界大战时短时间存在过。当时日本人占领婆罗洲，残酷地对待当地土著居民，所以伊班人以凶残的猎取人头的方式报复他们。如今，我唯一认识的一位伊班人是演员亨利·戈尔丁（Henry Golding），他是 2018 年很火的一部电影《摘金奇缘》的男主角，出生于东马来西亚的砂拉越，他母亲就是伊班人。

另外，还有一件让我们啼笑皆非的事。在泰国，我们得到特殊批准可以拍摄有无数珍宝的皇宫，我的制片人艾丽斯·赫伯（Alice Herb）烟瘾很大，抽起烟来一支接一支。在皇宫里拍片时，她也抽烟，正当她为没有烟灰缸而发愁的时候，突然冒出一个托着烟灰缸的侍从，并且她走到哪儿，侍从就跟到哪儿，劝他离开他也不走，就这样一直托着烟灰缸跟在艾丽斯身后，这让艾丽斯很尴尬。此后，她再也不敢在泰国抽烟了。

《看东方》制作过程中，类似这样的故事有太多了，每一个我们所到之处都有着不同的地方文化，我们需要尽快了解，但是由于拍摄的时间非常短暂，我们还是没办法马上适应。有时那种文化冲击是很强烈的，我想如果当时剪辑了幕后花絮，也一定特别好看。

《看东方》是我做得最久的电视节目。后来我为央视做《世界各地》节目的同时，还在制作《看东方》。同一时间制作两个电视节目对我来说压力真的很大。我曾好几次对工作人员说，如果我们再得不到额外的广告赞助，就要把节目停掉了。但每次我们面临危机的时候，都会奇迹般地得到他人的帮助！

渐渐地，我注意到，每次节目内容如果是关于中国食物或传统文化的，比如中国宴会上的菜肴、中国气功等，我们小工作室

《看东方》之马来西亚沙捞越拍摄婆罗洲的猎人头部落

和摄制组在泰国采访诗琳通公主殿下

《看东方》介绍上海美食

《看东方》介绍北京

第三章　传媒人的非常记录

的电话就会响个不停——大多是打来询问到哪里可以吃到中国菜，或想更多地了解气功。这让我确信，美国人已经开始对亚洲，尤其是对中国产生了浓厚的兴趣，我们遇到了向西方观众展示亚洲，展示中国的最佳时机。

从1977年至1989年，《看东方》这档节目总共被全美50个州的七百多个电视台连续播出了12年之久，曾被评为全美最受欢迎的电视节目之一。我收到过无数的观众来信和电话，表达他们对《看东方》的感想。

当时美国媒体对我的评价是"现代的马可·波罗"。《纽约时报》发表评论说："很少有人能够把东西方两种不同文化融为一体，而靳羽西小姐却凭着她的智慧和风度做到了。"凭借这个节目，我在美国拿了很多奖，"友好大使奖""突出人才奖""国际媒介交流奖"……

回忆整个制作《看东方》的过程，有笑有泪，它记载了那个年代的故事，也是我们的心血之作。总而言之，对我来说，我学到了很多关于电视制作的知识。我想，如果没有我当初的勇气，努力工作甚至不求回报，如果我当时遇到困难就畏惧退缩了，我不会得到现在所拥有的一切。

二　建国35周年天安门国庆实况转播

因为《看东方》在全美播出后收获了很多好评，当时PBS的高层领导都认识了我，其中琼·康纳（Joan Konner）女士和我联系比较密切。她也是做纪录片出身，她的老公是著名的纪录片导

1984 年 10 月 1 日，在美国公共电视网（PBS）主持了中国建国 35 周年天安门国庆盛典的实况转播

演阿尔文·珀尔马特先生（Alvin Perlmutter），也是我的好朋友。

　　1984 年 9 月 28 日凌晨，我被一阵急促的电话铃声惊醒，电话那头正是琼。她的语气很激动："羽西，我们有个紧急任务需要你的帮助，纽约时间的 9 月 30 日晚上，我们要转播新中国成立 35 周年的阅兵庆典，你是否可以帮我们做英文解说？这是中美两国在电视领域的首次接触与合作，意义非凡。"

　　我一下子从床上弹了起来！30 号？不就是后天吗？这么大的事怎么现在才说？！

　　她告诉我她也是刚得知，并且这次转播除了中国领导人的演讲词，整个过程都没有解说词。

　　如果没有英文解说，美国观众听不懂，那就没有收视率，这样全美国 PBS 旗下的三百五十多个电视台没有一家会转播这个节目。如果这样，对首次合作的中央电视台和 PBS 都是毫无意义的事情。

　　她问我能否做画外音同声解说，我马上意识到这对我来说并没有优势，于是我反问道："你们会去要求沃尔特·克朗凯特[1]（Walter Cronkite）做画外音解说吗？"我还补充了一句："就像他是主持领域的专家，我是最了解中国的专家。"说完这句话我其实很心虚，因为那个时候没有人敢说自己是了解中国的专家。

琼告诉我，PBS 是美国电视工会联盟的成员，如要在演播室开机进行实况转播，就要付给工会联盟 5000 美元，这在当时真是一笔巨额费用，他们无法在两天之内找到这么多赞助款！

我说："请给我两个小时。"挂断电话后，我马上联系了前几天我在宴会上碰到的一位绅士叫米歇尔·弗里堡（Michel Fribourg），他是美国康地谷物公司（Continental Grain Company）的老板。当时康地谷物公司正在和中国做粮食贸易。我问他能否赞助 5000 美元给 PBS 做一档划时代意义的电视转播，而且这笔赞助费对公司税收方面有优惠。他居然立刻答应了！我把这个消息告诉 PBS，他们特别开心，马上进入了转播筹备阶段。

这是我第一次做实况转播，一定不能出任何差错。我了解到转播中会有很重要的大阅兵仪式，有军队组成的方队和民众组成的方队，但我需要了解更多的背景知识。比如，什么是 PLA（Chinese Peoples Liberation Army，中国人民解放军）？什么是"北京模范家庭"？什么是政府对农民的 50 年承诺？什么是"一号文件"……我开始查找阅兵仪式上各个仪仗方阵的资料。因为要对直播过程中出现的重要国家领导人、重要人物进行逐一介绍，相关的资料我也要熟悉。

在那个年代电脑还没有普及，更别提互联网了，全美国的图书馆都很少能查到关于新中国的资料，信息搜集工作进行得特别

---

1 沃尔特·克朗凯特：美国当时的著名电视直播主持人。

艰难，在两天两夜没合眼的情况下，我翻阅了大量的文件，把相关的资料都整理了出来，做了厚厚的一本笔记。

转播当天，我的嗓子哑了，但没有人在意，所有人都在紧张地忙碌着。我提前半个小时坐进了 PBS 的演播室，眼前的笔记本已经快被我翻烂了。当我看着导播间的信号灯闪烁的时候，我的心提到了嗓子眼儿，紧张中夹杂着激动，马上就要看到我的祖国了。

一个工作人员跑过来递给我一叠纸："这是刚刚收到的中国领导人即将宣读的讲话。"

我接过来一看，全是简体中文！"我看不懂，麻烦帮我翻译。"

工作人员迅速从我手中抢回讲话稿，冲了出去。

"请不要等全部翻译完再给我，翻译一段就给我一段！"我喊道。

5——4——3——2——1，转播信号接入，画面上出现了天安门城楼。

奇怪的是，在看到天安门的那一瞬间，我的紧张感转瞬即逝，身为华人的自豪感油然而生，我淡定地面对镜头用英语解说着电视上出现的每一个画面。

就这样，一个多小时的实况转播，我全程都在同声翻译。包括画面上出现的所有标语，比如"走向世界，为国争光！"（Go out to the world, bring glory to the country），等等，这些都是我临时翻译的，之前全都没有准备。

整场转播结束时，导演喊 OK 的一刹那，演播室响起了一阵掌声和欢呼声。我如释重负，此刻，我发现自己已经严重地透支体力，一屁股瘫坐在演播台前。但即便如此，我脑海里还在回味着刚才祖国雄伟的画面，心里升腾起一股暖意。

回到家的我倒在床上，却久久无法入眠，心情既兴奋又酣畅，我感觉自己又完成了一项艰巨的任务，无比自豪。

这次电视转播可以说非常成功！在美国引起了极大的社会反响。很多华裔第一次在国外看到了自己的祖国，都激动得哭了。中国媒体也进行了大规模的报道。中国政府和中央电视台都非常开心，他们还特地派了当时非常著名的电视播音员吕大渝到美国采访我。

吕大渝一见到我，就递给我一个锦盒，说道："这是我们中央电视台送给你的礼物，表达一点谢意，请你收下！"

我打开锦盒，里面是一匹唐三彩马。

"哇！好漂亮的马！"我惊呼道。

"这种瓷器叫唐三彩，是中国唐朝的时候发明的一种瓷器的烧法，因为有三种颜色，所以叫唐三彩。送给你一匹马，寓意着你去中国与我们的合作马到成功。"吕大渝给我介绍道。

"马到成功！意思是我要骑着马去中国就能成功吗？"我问道。

我们都哈哈笑了起来。

吕大渝告诉我国内的领导们都观看了我的转播回放，还把我翻译的英语解说词又翻译成了中文，非常重视，甚至评论说："在美国竟然有一个不会说普通话的华人女性为我们做了节目，如果没有她的主持和翻译，美国电视台这次对中国国庆盛典的转播就会变得毫无意义了。"

吕大渝还转达了电视台台长对我发出的邀请，希望我年内抽出时间去中国访问中央电视台。

生活就是这样，所有的事情环环相扣，当我们做得好的时候，幸运之门就会为我们打开。

她做成了一件了不起的大事

徐创成 | 中央电视台前外事处处长

我是徐创成，1984 年时担任中央电视台的外事处处长。我与羽西相识，想起来真是有很大的偶然性，说是"天意"，恐怕也不过分。

1982 年，中央电视台台长出访美国，我是陪同的工作人员。按出访前预定的计划，台长到达纽约后，要加入当时文化部组织的代表团访问阿根廷。因此，我需要在纽约独自待 5 天，等台长从阿根廷返回后再继续陪同他完成之后的访美行程。这在当时应该算是一次很特殊的安排。当时，政府工作人员出国要求至少两人同行，原则上是不允许一个人在国外停留的。我那次属于特例。

出行前经多次讨论，领导给我做了特别安排：我一个人在纽约的那 5 天不能闲着，要利用宝贵的时间做点实事，即调研了解其他国家是如何利用媒体向美国观众介绍其自己的，再由此分析和总结出——像中国这样的东方国家，应如何让以美国人为代表的西方人对我们有比较全面的认知。

本来这也不算是太难完成的任务。可在当时的条件下，我在美国人地生疏，没几个认识的人，该找谁去了解呢? 出行前，我左思右想，突然想到有个人能帮上忙。这个人就是当年曾与我在中国国际广播电台共事多年的好友——美国专家李敦白（Sidney Rittenberg）。他认真想了几天后告诉我，可以去拜访一位叫靳羽西（Yue-Sai Kan）的女士。他介绍说，他在美国看过她的节目——《看东方》（*Looking East*）。他说，这个节目给他留下很好的印象，内容是向美国观众介绍东方国家的历史人文、风土人情，节目制作质量高，在美国算得上是一个受欢迎的节目。李敦白设法找到了靳羽西的电话，让我到纽约后去拜访她。

台长离开纽约的当天，我就开始着手完成调研任务，很顺利地打通了羽西的电话，约好了见面时间。第二天，我叫了出租车，上车后向司机报了街名。生平第一次在异国他乡坐出租车，担心司机对那个地方不熟，我还追问了一句："这地方好找吗？"

司机说，在纽约开出租车的没有不知道这个地方的。这下我踏实了许多，心想起码不会被拉到一个让我找不到北的地方。最后，我在纽约东城的一个高级公寓楼前下了车。下车后一看，这所公寓的看门人挺神气——穿着笔挺的制服，很有派头的样子。我对他说了靳羽西的名字和门牌号，他非常客气地开了门，还陪着我一起上了电梯，把我送到了羽西家门口。我心想这楼里的待客规格真不低。

开门后，我见到的羽西。她热情、大方、平易近人，让我一进门就少了拘束的感觉。她的家里有一架大钢琴，其他的摆设看上去大多是各个东方国家的名贵物件。客厅最显眼的位置挂了一幅国画，羽西介绍说："这是我父亲的作品，他是岭南派画家。"由此，我们谈起她的中文名字——靳羽西。我们见面的时候，她还只会讲广东话，普通话一句都不会讲，还好我多少能听懂一些广东话。她说，她出生在广西，所以叫羽西。

就这样，进屋后，在我坐下之前，羽西就三下两下把初次见面的客套程序走完了，再坐下来谈正事

羽西与徐创成

时，我就感觉和羽西亲近了不少，没有了陌生人的隔阂。

羽西是位健谈的人。在不长的时间里，她谈了许多我以前甚少听闻的见解。快 40 年了，她那天的一些观点我至今记忆犹新。她认为在美国这样一个电视传播业最发达最普及的国家，做电视要靠什么取胜——靠质量取胜。必须精心制作出高质量的节目，才能站住脚。你节目的画面要比人家的更美，内容要比人家的更深刻、生动，更接近生活——活生生的生活。她说，为什么在她的节目里出现好多皇室贵族、各类名人，因为西方人只认识这些人，所以要先从他们熟悉并且感兴趣的这些人入手，他们才会慢慢接受你，进而爱上你这个节目。我还了解到，她很看重团队的能力和效率，团队要精干，做事的人不在多而在精，大家不论是独立工作还是团队协作，对每项工作都必须精雕细刻不怕反复，做到自己满意为止。这样做出来的节目才能让观众满意、喜欢。

一上午，羽西跟我谈了许多，我受益匪浅。

后来我又收集了一些材料，我觉得应该让国人知道，在美国还有她这么一位做电视的"个体户"，在努力传播东方文化。我大胆地写了一篇挺长的文章投给了《中国电视报》。十分意外的是，《中国电视报》居然刊登了，而且分两期，每期半版，还配了羽西标志性的"童花头"照片。当年资讯没有现在这么发达，但有电视机的家庭几乎每家每户都订《中国电视报》。于是，全国的很多电视观众通过《中国电视报》开始知道了靳羽西。

四十多年来，羽西做过许许多多的事，其中有一件是令我终生难忘的。1984 年"国庆大阅兵"，那是当年央视的头等大事。"国庆大阅兵"能对美国实况转播吗？说实话，当时中央电视台里上上下下都没有把握，因为从来没有过。美国公共电视网 PBS 在转播前的几天才了解到，我们能提供的转播，只有画面没有英文解说。这样的话，美国那边的电视台肯定没法播呀！转播前两天，美国方面联系了羽西，请她担任实况转播时的主播。她胆子大，答应了。这事才落实。

接到这项工作后，羽西马上请我帮助她，因为她对要转播的是什么内容，一丝一毫都不知道！但我最大的难题是，按照惯例，这种大型活动里面的内容安排直到播出前的最后一刻，都是要绝对保密的。当时，经过领导批示，我只能发给她一个lineup（节目时间表），其他什么资料都不能给了。羽西相当聪明，而且非常努力，居然在短短两天内，就准备出大量的资料。经有关方面的决定，领导人当天的讲话文稿，是在转播前5分钟才能给到她。可以想象羽西所面临的挑战有多么大！

羽西很会想办法，她提前邀请中国常驻联合国代表团的一位朋友——许留根帮忙，他在转播当天跟羽西一起到了演播现场，在那里帮她做好文稿翻译。更重要的是，在转播过程中，当中国政府的领导人出现时，他还能帮她把领导人逐一对上号。羽西的能量真的是很大，她克服了许多的困难，这么一件几乎不可能完成的任务，她居然完成得堪称完美！这次转播圆满成功，不论在中国还是美国，都是一件被全国媒体大肆报道、交口赞誉的重大新闻。

在羽西为中国做过的诸多好事中，我一直认为这一桩应该是头等大事，也是中国外宣工作中极为辉煌的成就之一。

1984年之后，我有多次机会访问美国。访美期间，在我接触到的人（尤其是华人）中，几乎人人都会谈到1984年中国重返奥运会在洛杉矶的傲人战绩，以及1984年全美转播的"中国大阅兵"，认为那都是令他们扬眉吐气、引以为傲、终生难忘的大事，让他们真正感受到"中国人站起来了！"我记得，关于大阅兵，羽西在跟我探讨转播细节时，曾提醒我说，海外华人记不住太长的名字，比如"1984年纪念新中国成立 35 周年大游行和阅兵"，他们只能记住"中国大阅兵"这样简短的标题。如果电视中有太多太长的提法、口号（一句话有几十个字），那还没等她念完，观众就已经想不起前头说的是什么了。

我想——能真诚地提出这种看法的朋友是真朋友。

三　一纸合同改变了我的一生

1984 年 12 月 18 日，受中央电视台的邀请，我独自从纽约乘飞机到了北京。当时的首都机场非常小，也很旧，和现在真是完全不同。迎接我的是一位面带微笑，说话亲切的男士，他姓许。他告诉我接下来的行程中，将做我的向导。我很开心，很快便跟他熟络了起来。

从机场到市区没有高速公路，都是土路。两边是农田，货车、自行车，以及农民们赶着成群的牛、羊、鸡、鸭等牲畜都在路上走，路边还有很多卖大白菜和烤红薯的。我特别喜欢吃烤红薯，就让司机靠边停了车，我下车去买，我问许向导他想要吃几个，我请客。结果他说他再也不想吃了，他小时候每天吃红薯已经吃够了。我非常震惊，怎么我认为好吃的东西对他们来说已经吃怕了。我顿时觉得好惭愧，心想自己对祖国了解得太少了，并且迫切地想要学习和知道更多关于祖国人民的生活。

到市区时，天已经黑了，我被安排住进了当时首都最著名的酒店——北京饭店。房间里面灯光昏暗，我把手提包放在床上，环顾四周，床单是灰色的，窗帘有些旧了，床头柜上有一个暖水壶，里面是满满的一壶热水，旁边摆有一个茶缸。等我去关门时发现，房间的门是没有锁的，门闩也是坏的。我想把房间里的椅子顶靠在门上，又发现椅子后面的墙角露出了一个老鼠洞，我吓了一跳。但不知什么原因，也许是人归故里心踏实，那一夜我睡得特别好。

第二天一早，北京下起了当年冬天的第一场雪，从我房间的窗子望出去，雪花飘飘洒洒，落在碧瓦青砖上，我不禁感叹：祖国实在是太美了！

当天，我见到了中央电视台的领导和广播电影电视部部长。他们都非常热情，并首先对我在美国 PBS 电视台主持了国庆盛典的实况转播表示了感谢。这是中美两国在电视领域的首次成功合作，算是巨大贡献，并称赞这次转播创造了历史，感叹电视和媒体人的力量不可小觑。

寒暄之后，部长说道："如果中国人对外面的世界一无所知，外面的世界也对我们一无所知，那我们怎么打开国门去改革开放呢？"

他告诉我中国政府想要通过电视这个平台让中国大众了解外面的世界，也想让世界知道中国已经伸开双臂，期待与外界的学习和交流。如果制作一部电视节目可以达到这个目的，那他们想尝试一下。

我看到他们如此坦诚，便鼓起所有勇气毛遂自荐，向他们表示我是目前做这个节目的最佳人选，因为我比其他中国人更了解外国，而且"你们需要一个局外人，一个像我一样中立的局外人"。

没想到他们更直接："太好了，那你来做这个节目吧！"

听到这句话，我着实吓了一跳。我虽然没有怀疑过他们的诚意，但我还是提出要签订一个合同。始料未及的是，他们居然让我来起草这份合同。这份信任来得措手不及，让我不好意思提要求。当时的我一句普通话都不会说，却向他们承诺要做一档104集、每集15分钟的中英双语节目。

然而这个项目最大的问题是，中央电视台没有预算来支付制作这档节目的费用。这可怎么办？他们也找来各个部门的人一起开会探讨。最后，我看大家也商量不出什么结果，便提出如果实在没有制作经费，那就给我一些广告时段吧，这样我可以自己去找广告赞助来承担整个节目的制作费用。他们同意了，给了我片头5分钟的广告时间。

我把这些都写在了合同里。对我来说，这是一份"世纪合同"，是一份可能会改变我一生的重要文件，我一字一句不敢马虎，每一项内容都要斟酌好几遍。但是你们肯定想不到，这么重要的合同最后只有一页纸，8项内容，现在看来真是不可思议的事情！

我带着这份重要的"一页合同"离开了北京。在返回美国的飞机上，我遇到了两位美国朋友，在他们面前我只字未提这件事。其实在之后的一个星期里，我都没有向任何人提起这事。没有人能体会我当时所承受的巨大压力，手里的一页合同纸如同千斤重的宝盒，里面装的却不是珠宝，而是我满满的焦虑、不安，以及无法言喻的兴奋与期待。

除了这些复杂的情绪，这纸合同同时赋予我的是强烈的使命感。能从世界各地成千上万的电视记者中被选择和信任，这是无比难得的机会，我必须拼尽全力去做！每次有这样的想法，就会紧张到起鸡皮疙瘩，仿佛每根竖起的汗毛都在提醒我，千万不能出错。如果我做错了，他们随时可以取消这个节目，关闭这个窗口，中国人民将失去这个学习世界的机会。

如果造成这样的后果，我将永远无法原谅自己。

庆幸的是，后来这份合同成就了我，同时也开创了 CCTV 历史上的几个先河：

"第一个"由海外华人制作并主持的电视系列节目。

"第一个"没有任何约束，允许我们自主选题和拍摄制作的节目。

"第一个"自带广告赞助的电视节目。

四　第一个不会说普通话的央视节目主持人

我花了将近 2 年的时间来准备《世界各地》系列电视节目（不包括拍摄）。我需要找赞助、拉广告，需要决定去哪些国家，要用什么样的方式来做这个节目，更需要找合适的工作人员——制作人、监制、摄影师、录音师、翻译、后期制作、音乐等。另外，我还要与选定国家设立在美国的大使馆联系，安排即将进行的拍摄。

我们当时决定每个国家做 6 期节目，每一期的主题和内容都需要事先确定。

但这些都不是困扰我最大的问题，最大的问题是我不会说普通话。这也是我为什么花近 2 年时间筹备拍摄的原因，因为我要学中文。虽然我是中国人，但对当时的我来说，英语、广东话都不是问题，但普通话真的很难。

我当时住在纽约，但那个时候的纽约没有几个中文教师，所以我几乎是自学的。时间上，周一到周五每天下午 6 点到 9 点，周末早上 9 点到晚上 9 点我会进行系统学习，从拼音开始。其余时间，我就带着一个随身听和耳机，走到哪儿学到哪儿。我让中国的朋友帮我把中国的古诗词、散文都录下来给我听，像巴金的《朋友》、朱自清的《背影》都是我听了无数遍的文学作品。我边听边自己跟着说。这样学习超过了半年的时间。这半年时间里，我把能推掉的晚宴邀请和朋友聚会都推掉了，所有人都知道我在做什么。有些美国朋友甚至被我熏陶得也开始学起中文，但都只是坚持了几天就放弃了。

按照合同的规定，我需要制作 3 期试播节目，征求部长和央视领导的认同。我对这 3 期试播节目非常小心，因为这将确定以后全部系列片的格调和风格。

第一期是最困难的，为了决定这部电视片的基调和结构，我们无休止地开会讨论，来回不停地在房间里走动思考。首先是节奏问题，因为中央电视台要求我们制作的电视片是每集 15 分钟，这与当时世界上绝大多数电视台要求的长度不一样。我们必须重新构思，要改变过去习惯制作的 30 分钟片长的做法。这就使我们在剪辑胶片时比较紧张，压力很大。

其次是内容，第一期要讲什么内容？我是美籍华人，一定是先拍美国。但要怎么拍？怎样向中国观众传递独特的美国文化？我和团队都深入地探讨过。大家都觉得，最能体现美国特色的就是它的移民文化，所以第一期我们就拍摄了纽约移民。

我的第一个 30 秒的录像，是一段普通话的开场白。

"各位观众，你们好！我是靳羽西。欢迎收看《世界各地》节目。有机会在《世界各地》节目里欢迎你们，我感到非常高兴。在今年的《世界各地》节目中，我们将同你一起遨游二十多个国家，涉猎和学习各国文化、历史和风土人情。我们希望这个节目可以帮助大家进一步了解我们所生活的这个世界，增进中国人民同世界各国人民的友谊。"

这段普通话开场白，我花了整整 3 个小时一遍又一遍地录制，因为要不 NG 实在太难了，最后嘴唇都麻木了。

试播节目的穿着，我选择了和 CCTV 的其他主持人差不多的朴素的服装。部长很喜欢我的试播节目内容，但是，他问我如果是在美国做节目我是不是也穿成这样，我说当然不是。他说："那就按照你在美国做节目的标准来穿着打扮吧。"哇！听到他这么说，我兴奋极了。这简直太棒了！这也使我意识到，中国真的开始改革和对外开放了。

《世界各地》开场白

五　为 CCTV 广告赞助开创先河！

今天，CCTV 是拥有全球顶级身价的电视网络平台之一！

我最初跟 CCTV 合作的时候（1984 年），他们还相当拮据，因为他们几乎没有广告赞助收入。而我的《世界各地》是中国第一个有广告赞助的电视节目！

当时，中国社会的大众消费市场才刚刚起步，鼓励大众消费在当时是很开放的想法！

当时在中国销售产品的外国公司很少，更不用说在电视上做广告了。我对那些已经在中国做生意或者想要在中国做生意的外国品牌做了一些研究，并且每一个都亲自打电话过去询问。在美国，我安排了《纽约时报》这样重要的媒体发表有关《世界各地》的文章，吸引广告商来赞助。

在中央电视台播放广告是需要向主管报批的，所以我认为品牌大、形象好的广告商应该比较容易得到批准。宝洁、可口可乐、麦氏咖啡、吉列等国际大品牌都是我的目标客户。还好中央电视台的工作人员都很愿意帮助我，会指导我如何吸引广告客户，如何介绍中国市场和改革开放的政策等。

麦氏咖啡是第一个同意赞助的。其实当时我内心是有一丝顾虑的，中国是个以喝茶为主的国家呀！咖啡会受欢迎吗？结果广告播放不到 3 个月的时间，麦氏咖啡这个咖啡品牌就在中国销售一空！我可以自豪地说，是我把麦氏咖啡带入中国市场的！

当我得知 P&G（宝洁集团）愿意赞助时，我非常兴奋，因为他们是全球最大的日用消费品公司。我兴高采烈地去请求央视的批准。但谁知央视很快回复我说，不行！原因是他们认为 P&G 是个赌博公司，中国不允许赌博！这个回复让我哭笑不得，我跟他们解释，P&G 所代表的 Proctor and Gamble 中的 Gamble，在这里不是赌博的意思，只是其创始人的名字。

后来 P&G 总裁艾德·阿兹特先生（Mr. Ed Artzt）决定来中国与央视的领导们见面。回忆那次见面，我学到了很多，印象最深刻的是阿兹特先生对央视领导们说的一段话："广告对社会发展非常重要，因为它告诉人们市场上有什么新的东西！没有广告，人们是不会知道的。不知道的话怎么能促进大众消费呢？"我记得当时他们脸上豁然开朗的表情。随后很多国际大企业开始进入中国市场。可以说，我们真是开创并见证了很多历史性的时刻。

东西方之间的交流存在较大的文化差异，有时这种差异是言语无法解释的。那时的我每天都像生活在一个文化夹缝中，压力特别大。

比如，P&G 要亲自调研《世界各地》节目在中国的收视率，他们派市场工作人员去询问北京的出租车司机。可问题是，那时的出租车司机哪有时间看电视啊！最多听一下音乐磁带或汽车广播，反馈的调查结果当然不好。我们说他们的调查对象错了，但他们却说美国的出租车司机什么都知道。这种无奈是我经常会面对的。

还有一次，P&G 要求我去观看节目的广告拍摄。他们想卖自己的产品，比如洗发水、牙膏和洗衣粉。他们把一堆大浴巾带去拍摄现场，我问他们这是做什么的？他们说"当然是洗浴用的"。我告诉他们大浴巾可能不好卖，因为当时的中国老百姓洗澡也都用小毛巾。然而，制片人并不相信我。因为有麦氏咖啡在 3 个月内售罄的"珠玉在前"，对于 P&G 的做法我没有强烈反驳。如今，中国人洗澡都普遍用大浴巾了，我也需要检讨一下当年自己的想法是有局限性的。

当年，还有一个广告商是施乐复印机公司，它是在电视片播放前两星期时才同意赞助的。这是当时中国驻美国的大使帮助我解决的。我在纽约主持过一次午餐会，招待一些有可能成为赞助商的人。时任中国驻美国的大使从华盛顿市到纽约，坐了整整 8 个小时的汽车，过来帮我游说这些人。这对我来说，是莫大的支持！我至今都非常感激他。

其实，即使是拥有这样大牌的广告主，他们的赞助预算也不足以支撑整个系列节目的制作。

带领一个团队满世界飞，预算是相当大的。我们还需要机票和酒店的赞助，可并不是每次都能成功找到赞助商。

当时对我来说要不要坚持下去是一个非常艰难的决定。我纠结着如果我这样做了，那意味着我至少有三四年的时间不能做别的事情，只做电视，也可能为此奉献我的一生……

但我知道如果我做好了，这会给当时的中国观众带去怎样大的影响——他们可以足不出户就领略世界各地的风光，了解这个世界正在发生的瞬息万变，让中国人更实时地了解这个大千世界，这是我所追求的。这也是中国政府希望我能去做的事。改革开放，接受外来文化，对我来说这是一个神圣的使命！

我愿意在未来的几年里尽我所能地节约费用。甚至使用我在美国的电视节目《看东方》的收入来支持在中国的制作经费。但是，无论什么原因，如果央视在制作过程中取消节目的播出，我知道我肯定会破产！在这种情况下，我问自己还有勇气投身于这个项目吗？

当然，我的答案是肯定的。

央视第一个有广告赞助的节目

刘瑾如 | 原中央电视台广告部主任

我认识羽西的时候，是在她已经确定了要为中央电视台制作《世界各地》电视节目之后。那时的央视没有足够的节目制作经费给到羽西，但双方制作节目的意愿又非常强烈，所以台里承诺给到她广告时段，羽西可以自己拉广告赞助来承担制作费用。

我当时是央视的广告部主任，主要与羽西沟通广告方面的工作。刚接触她的时候，只知道她是著名的电视主持人，但是因为当时国内看不到她的节目，所以大家对她并不是很熟悉。她给我的第一印象是只会说简单的几句中文，但是人很随和，也没有名人架子，无论是台里领导还是工作人员，都非常愿意和她交流。从节目筹备到播出的一年时间里，我见到的羽西是一个非常有自控能力，刻苦耐劳的一个人。当时她经常飞回北京与我们开会，不但要克服时差困扰，还随时随地拿着一台随身听学习中文。我发现她的普通话进步很快，后来都开始用普通话与我们交流了。

在与我们合作过的人里面，羽西是唯一一个从来没有喊过苦和累的。她从未说过这件事我做不了或者做不下去了。无论是部里或台里的领导和节目组的人，都被她的敬业精神吸引，看到她如此投入，大家都很支持她，积极地帮助她。毕竟那时的她对中国还不是特别地了解，我们会告诉她中国的一些历史，中国观众都愿意看什么东西，如何说服广告客户投放广告等等。她也非常愿意倾听别人的意见。听完了之后她自己去消化，然后努力去做。

和她谈广告赞助的时候，她不像某些生意人那样算计，也从未和台里讨价还价，比如多要点广告时间。当时中国的电视广告市场并不是很好，毕竟改革开放之前，只有报纸和店铺海报等形式的广告，电视上是不允许播广告的。感觉广告是资本主义行为，更不可能在国家电视台播放。

1978年改革开放之后，1979年才开始有国内的客户在电视上播广告。中央电视台作为当时唯一一家覆盖全国的卫星电视台，广告客户也没有很多，只有在每天晚间节目播放前的几分钟是比较集中的。

1985年羽西回国做节目的时候，我们的海外广告客户只有日本的，没有欧美的。日本的广告也是因为中央电视台没钱引进日本的电视剧、动画片，才允许他们的节目自带广告进来，抵扣购买版权的费用。

期间我们也与美国 CBS 电视台以及 20 世纪 Fox 合作过，也是用广告时间抵扣购买节目的费用，但是这些节目都没有持续下去，因为他们拉不到广告赞助。所以可想而知，当时羽西能够找来美国的广告商是多么的不容易。

当年很多国外的客户进入中国市场都是通过香港的广告代理公司。那些在内地没有产品和市场的，是不会花钱投放电视广告的。

羽西首先提出合作的是可口可乐，当时可口可乐在国内只有装瓶厂，也没有在电视上做过广告，而且可口可乐到今天都比较偏向体育市场，所以羽西当时能够把可口可乐拉进来赞助她的文化类节目是很难得的。

还有之后与 P&G 宝洁集团合作也一波三折，P&G 还曾特地派销售代表在中国做节目调研，采访对象竟然是出租车司机。后来我们帮忙正确定位了调查对象并给出数据和报告，羽西再三说服才拿下了他们的广告。再后来，吉列等国际品牌的广告也陆续通过羽西的节目出现在了央视上。可以说是羽西开创了海外品牌在中国电视上做广告，赞助节目的先河。

羽西利用自己宽广的人脉，专业的制作团队，精良的节目质量，以及她并非浓妆艳抹，却又与众不同的形象，在中国吸引了大批观众，而且这些观众都是比较有文化涵养的。我想这也是广告客户在不看好中国市场的情况下依然能够赞助她的重要原因。

我在中央电视台工作了 40 年，羽西作为一个海外华人主持了一个国家电视台黄金时间段的节目，这是空前绝后的事情。在当时中国改革开放的大时代背景下，羽西凭借自己的能力、魅力和努力真正做到了"让中国了解世界，让世界了解中国"。

六 《世界各地》的与众不同，
以及我从中累积到的智慧

在《世界各地》的制片过程中，我忙到根本没有时间去考虑节目会有什么样的影响。我们总是比计划提前制作出 10 集内容。每周都要寄 1 集节目给中央电视台。他们要按规定完成点评、审批等一系列程序，我们要按他们提出的意见建议做出相应的修改。我们是非常幸运的，中央电视台在节目的内容和形式上基本没有太多的干涉，他们从来不会要求我不能做这个或必须要做那个。

为了给中国观众展现一些不一样的东西，我们会探索一个国家或城市的独特之处，以及会引起中国观众共鸣的话题。

但是万事开头难，如何选题曾让我辗转反侧。作为海外华人，纽约曾给了我无穷的创意和无尽的灵感，所以我决定《世界各地》的第一集就从纽约开始。而且要言简意赅地把纽约曼哈顿这个只有 21 公里长，6 公里宽的小岛的历史概括出来，让观众一瞬间就了解了这个城市的文化和历史。我是这样介绍的："当时荷兰人从印第安人手中将纽约买下来的时候，只花了 24 美元，相当于 120 元人民币。"通过这样的方式，我逐渐打开了自己的全部思路。

在介绍巴黎的节目中，我们谈到文物保护问题和巴黎的绿化，市政府为了保护 18 棵古树，而放弃了在那个地方建立汽车博物馆。还有新加坡如何解决民众住房的问题：政府每年花全年预算的 15% 为居民建房，仅在 1984 年就有 6 万栋新住宅建成完毕，使当地人民安居乐业，不为房产所苦恼，等等。这些选题我相信放到今天也是政府和民众积极讨论的话题。

我记得当年去意大利拍摄时，《图兰朵》（Turandot）正在上演，我通知摄制组人员要立即去拍摄这场歌剧。当时他们已很疲劳，但这确实是个难得的好机会，因为在意大利歌剧中的一幕有中国元素：这出歌剧的主旋律是用中国著名的民歌《茉莉花》改编的，而故事的主人公图兰朵是一位中国元朝时期的公主。我的那些筋疲力尽又顽强敬业的摄制组人员们，扛上沉重的机器，喘着粗气一路跟着我赶赴歌剧院。戏剧演到一半的时候，我心疼他们如此辛苦，就让他们先回旅馆休息。我一个人留下来继续观看，无论如何我不能错过这场戏。我永远不会忘记，在罗马的夏天，在卡瑞卡拉浴场剧院（Thermae of Caracalla）里看了一场中国主题的意大利歌剧。

在丹麦，我们探访了一个在家照顾孩子的丈夫。男人做全职爸爸当时在很多国家是闻所未闻的。但丹麦人好像并不介意，妻子们也很乐意在外面工作养家。这期节目播出之后，很多中国女性观众写信告诉我，如果她们的丈夫愿意在家做饭，哪怕帮忙做一点点家务，她们就谢天谢地了。相比今天，中国男人在家带孩子、做家务已经不是什么新鲜事了。

我们拍摄电视片，有时候不仅要让观众乐意看，还要使人相信我们的报道具有学术权威性。在埃及的时候，除了拍摄金字塔，片中还谈到了古埃及的纸莎草造纸比中国造纸术早两千年！当时中央电视台对这段内容表示了质疑。结果一调查，证明我们

拍摄埃及集市和造纸术

凌晨 5 点拍摄埃及金字塔

是对的。虽然造纸术是中国古代的发明，但埃及用纸莎草造纸确实比中国的发明要早。中国用木头做纸浆造的纸比较薄，柔韧性强，而纸莎草造的埃及纸比较昂贵而且一张张连在一起很长。最后中央台也同意放映了这期内容。当时，埃及驻中国的新闻领事看到这期节目之后，说他从来没有看过类似的电视片内容，还付费买了拷贝并在埃及的电视台播放。

整个节目制作过程中，只有两次中央电视台要求我们做一些修改。我记得其中有一次是，我们在丹麦的沙滩上拍到了一些镜头，那里的女人在沙滩休闲时习惯裸着上半身，我们拍摄时很小心，拍的都是背部，但还是没有通过，最后只好删掉这部分内容。

以上都是我记忆里印象比较深刻的《世界各地》拍摄故事。当然，在这些艰巨的工作任务下，我也获得了很多特别难得的机会，采访了世界上最优秀的人。

从特蕾莎修女身上学到了无私

1985 年 7 月 23 日，我永远不会忘记这一天。在这一天，我采访了特蕾莎修女 (Mother Teresa)！

特蕾莎修女在 1979 年获得诺贝尔和平奖。我与特蕾莎修女的谈话是我生命中最深刻的经历之一，它深深地触动了我的灵魂。

这位非凡的女士出生在阿尔巴尼亚。她把自己的一生都献给了加尔各答和意大利最贫苦的穷人。我很荣幸在罗马见到她，和她在一起待了一整天。她一整天都牵着我的手，探访孤儿院、未婚妈妈之家和医院。我问她住在哪里，她建议我们去看看。当我们的货车开上坡道时，我们看到许多修女跑出来欢迎她。快到我们跟前时，她们突然唱起了最欢快的歌。这场面是如此感人，包括我身边高大魁梧的摄影师都被感动到哭鼻子了。

我们在一个房间的地板上坐下，所有的姐妹都围坐在我们四周，我对她进行了采访。我问她，她是怎么弄到这么多钱来做她在加尔各答和罗马的项目的。她说她从未想过钱，无论什么时候

采访诺贝尔和平奖得主特蕾莎修女

她要开始一个项目，总会有人捐钱给她，因为她的使命就是帮助那些不幸的人。

她是如此纯洁和独特，甚至在离开之后，她身上的光芒还一直温暖着我的内心。她激励我在这个世界上多做善事，多奉献，这样我们的生命才有价值！

许多年过去，人们总是问我生命中印象最深刻的采访是什么？我总是会说当然是在罗马采访特雷莎修女的那一次！

与希腊总理夫人一起爬雅典卫城

我们去拍摄希腊的时候，这个国家正处于政治风暴中。我们想这部介绍希腊的电视片应该反映它的美丽，而不是它的政治。所以我们特意邀请了总理夫人而不是总理本人。

时任希腊总理是安德烈亚斯·帕潘德里欧（Andreas Papandreou），他当时的夫人玛格丽特·钱特（Margaret Chant）出生于美国，英文是母语，非常有气质和修养。采访当天，她身穿粉红色的衣服，典雅大方，3英寸高的鞋跟使她的身材显得更为修长。采访的地点我们放了在希腊最负盛名的雅典卫城。我和总理夫人一起往上爬时，感到这山永远都爬不完。总理夫人告诉我，雅典卫城是古雅典人的防御要塞，所以地形十分险要，确实很难攀登。看到我也穿了带跟的鞋子，她开玩笑地说："我可以肯定，古代人比我们聪明得多，因为他们穿拖鞋上山"。

当我们爬上山顶，眺望整个雅典城时，我顿时心生感叹，太壮观了！在那里，我向总理夫人了解了希腊的历史、文明和建筑，还谈到希腊人的生活方式，以及妇女问题。最让我感动的是，最后她通过我的节目向中国观众传达了问候。

采访时任希腊总理夫人玛格丽特·钱特

她说："能有机会向亿万中国观众致意，感到十分荣幸。中国的古老文化对东方文明起了十分重要的作用，在这个意义上就使我们联结在了一起。我相信我们可以共同为我们的后代建立一个更健康、完美的世界秩序而努力，共同为世界正义、世界和平而努力。在这儿，我们希腊人民向中国人民伸出友谊的双手，衷心祝愿你们幸福，美满，和平"。

总理夫人站在西方文明的中心向中国观众说出的这些话，让我禁不住热泪盈眶。我相信，当时看到这个节目的中国民众也和我一样感动。

《世界各地》当年还采访了法国巴黎市长希拉克（Jacques René Chirac），同年他就当选了法国总理，他也通过我们的镜头向中国观众致以了深切问候。巴西总统若泽·萨尔内（José Sarney）也是，虽然因为行程原因，没有进行深入采访，但是他也简短地表达了对我们的节目和中国观众的祝福。另外我们还采访到了一些国家的皇室成员，比如丹麦女王二世、锡金国皇妃、马来西亚的苏丹、柬埔寨国王、泰国的王子和公主、汤加国的国王等等，这些都是极其难得的机会。我有幸能和他们交谈，了解他们的政策和思想，并介绍给祖国观众，我想在当时没有互联网的年代，这是学习一个国家和其领导人最直接生动的方式了吧。

采访时任巴黎市长希拉克

采访丹麦女王

七 "不堪回首"的拍摄过程

1984 年至 1987 年，这四年是我一生中最难以置信，最呕心沥血的四年。

为了把《世界各地》节目拍好，我夜以继日地做着功课：节目选什么样的主题？如何能戏剧性地将主题表现出来？怎样筹集经费？怎样节省费用……

没有人可以对我进行指导，因为这是一个从未有人涉足探索过的电视内容领域，我只能靠自己，然后自己做决定。中央电视台给了我选择主题的全部自由，这是很难得的。

当时每天总有人会对我说："我真羡慕你有机会去那么多国家旅行"。

但事实上，拍片的旅行完全不同于休假旅行。时差，误点，在机场过夜，这些都还算不上辛苦。我们在一年时间里要拍摄 14 个国家，每次要将八九个人的行李从一个国家带到另一个国家。预订机票和旅店，办理签证，不习惯的饮食，不定时的三餐，处理超重的行李，对付脾气古怪的海关人员，以及打不通的电话，等等。所有能想到的和想不到的难处，我们都体会过。

至于那些拍片用的机器，即使是最好的，制片协调人见了它们也像是做噩梦。现在的摄像机可以小到握在手中随处携带，但在那个年代，我们携带的器材都是非常庞大而且笨重的。在整个拍摄过程中，陪伴我们拍摄团队的常常是十多个超大行李箱。我们的行李永远是超重的。运气好的时候，我们可以得到一些航空

带着沉重的摄像机到处飞

《世界各地》到美国好莱坞取景

公司的友情赞助，从而不需要为超重的行李付费；但运气不好的时候，我们就得支付巨额的行李托运费用。

　　带着如此庞大且笨重的摄影器材到处拍摄，本就是一件非常挑战的事情，如果再遇上天气不好、航班延误，或语言障碍等太多不可测的因素，会直接影响拍摄行程。为了节省时间成本，开拍之前，我会先派一位执行制片去目标国家踩点并落实拍摄流程。等全部落实好，我和摄制组其他成员再飞过去，到达之后就可以马上进入工作状态。摄制团队会分成两组，拍摄不同的内容，而我随时准备往返在两个团队之间。

实地拍摄永远是一项挑战，因为要"靠天吃饭"。天气这个不可控因素的影响实在太大。刮风、下雨、暴晒、严寒等都可能对我们的拍摄工作带来诸多不便。我们的团队一直靠着一辆大巴辗转于各个拍摄地点，而这辆大巴也成了我们的临时住所，很多任务，比如化妆、换衣服等前期准备工作，都在里面完成。因为预算紧张，我自己就是化妆师兼造型师。每天早上我把当天拍摄需要的服装拿出来熨烫准备好，到达拍摄地后，迅速在大巴车里用最短的时间完成换装、化妆、造型全部工作，同一时间拍摄团队也全部就位了，我们一分钟都不想浪费。

拍摄《世界各地》途中，我们在大巴里啃甘蔗

除此之外，我还掌握了在各种环境下拍摄的小技巧。比如，在很炎热的国家拍摄，我会准备很多条湿毛巾，放在一个随身携带的小塑料袋里面。天热的时候，我就用它来降暑，换装的时

候，我就用它来卸妆。真是一举多得！

因为总是来回奔波，倒时差成了我形影不离的朋友。它不像头痛可以吃药，时差这个东西，没有药可以治。记得有一次我从纽约飞首尔，抵达首尔机场时已经下午1点，那次的拍摄行程很赶，出了机场我就必须得立刻投入拍摄。作为"老板"，我一直提醒自己要准时，不能迟到。因为，如果我迟到了，摄影师和录音师都得等我，这些等待的时间也是要付工资的。这是对制作经费的浪费，而我们团队承担不起这样的浪费。但我真的太困了，不管使用什么抑制疲劳的方式，我的眼皮就是不争气地一直在打架。正当我觉得很抱歉，状态调整不好的时候，当地的工作人员递给了我一杯人参茶，神奇的事情发生了：那天下午我居然精神抖擞，整个拍摄过程都精力充沛。从此之后，人参成了我生活的必备良药。

我的摄影师和录音师

电视制作真的是烧钱的项目。许多国家必须在交付一笔昂贵的拍片费后才允许拍摄。比如在埃及，拍片费是每小时450元人民币。我们花了好长时间和当地政府沟通，最后在中国驻埃及大使馆的协助下，才拿到稍微优惠一点的价格。也有的国家限制电影胶片和音乐版权的使用，在瑞典的一期节目中，有 30 秒的原子弹爆炸镜头，版权使用费高达 1500 美元，后来也是通过我们长时间交涉，才争取到用资料交换的方法使用这组胶片。我们是个小型公司，人员有限、经费紧张，要比大制作公司付出加倍的力气才能完成任务，得到我们想要的结果。

除了实地拍摄，我们还需要完成大量的构思、研究、计划、写作等工作，以及繁重的剪辑工作，时间真的是永远不够用的，每周还必须制作普通话和英文解说两部片子。这真的需要有大力神的本领。

由于我是项目总负责人，我的目标就是花最少的钱，干最多的事。没钱租工作室，我就把自己的公寓贡献出来做办公室。当时我在纽约的房子非常小，一室一厅，厅里只有一个餐桌，它就是节目研究小组、剧本写作小组以及制作人的办公桌。卧室是后期制作室，大家只能蜷在床上完成节目编辑、音乐制作以及配音等工作。有时我也和他们挤在一起。至于睡觉，也成了一种奢求，因为我只能在团队成员全部都离开后，才能躺在床上稍稍休息一会。

我在纽约的家成了团队的工作室

当时按照规定，中央电视台不允许节目嵌入字幕，所以我们需要给纪录片加入旁白。为了节省成本，我更是一人分饰多种角色：既是主持人又是旁白配音者。我曾在泰国曼谷的一个洗手间里录制过旁白，甚至还亲自参与后期制作。有时我实在是忙不过来，必须另外找旁白人员。这也是一项挑战，因为那时在美国生活和工作的中国人特别少，想要找到合适的中文旁白人员非常困难。

我的后期制作经理颜正安想出了一个非常聪明的办法，她决定找当时在美国留学的中国学生。其中，谭盾就是帮助我们配音的留学生之一。我记得那时给他的薪酬是 50 美元一天，这在当时是相当丰厚的酬劳了。如今的他已经是全球闻名的音乐家了，我们还会经常联系和见面。时间过得可真快，再回首《世界各地》的制作过程，距离今天已经三十多年了。

每次重新审视它的片段，我的感想都一样。电视是这样一种复杂的艺术，无论拍出的片子多受欢迎，像我这样的制片人还是会有遗憾之情。我总是想："也许这里的音乐应该早放两秒，也许这句话那样说更好，摄影机这里应该再往左移一点，镜头就显得更有光彩……"

那段时期，我的心情总是忐忑不安，焦虑万分。我是一个追求完美的人，但我知道完美是不存在的。我的节目受时间和预算的限制，没办法去探索一个复杂的主题，何况是一个国家的文化。

《世界各地》的英文叫 One World，翻译过来其实是"同一个世界"。拍摄这个节目让我认识了很多来自不同国家的朋友，也让我意识到，我们生活在同一个世界，文化是可以互通的。

整个《世界各地》的拍摄历程是不是真的"不堪回首"？我相信每个参与了这个项目的人，再回首去看的时候，脸上应该会露出真诚的、会心的笑容。

美国最受欢迎的著名布偶——科密特蛙

在新加坡和明星朋友阿明一起吃早餐

《世界各地》拍摄时的各种情况和 NG 镜头

你, 自成先锋: 靳羽西自传

她有无穷的能量，总能感染他人

颜正安 | 曾任《世界各地》制片助理

1985 年，我和羽西相识，当时她在做中央电视台的节目《世界各地》，我刚从纽约大学毕业，正到处找制片或编导的工作。羽西是第一位给我工作的人，她就见了我一面，直接就给了我制片助理的职位，负责后期配音和剪辑等工作。配音我负责女生部分，而负责男生配音的，我们当时找的是出国留学的学生。这些人现在都是非常有名的人物了，比如谭盾。当时虽然做节目的经费非常紧张，但是羽西给他 50 美元一天的酬劳，是非常慷慨的。

做《世界各地》真是不简单，羽西在有限的资源中发挥出她最大的能量。她是一位不断散发无穷能量的人，并且让身边的人感受到她的能量。她是个无所畏惧的人，在她眼里没有可怕的事情。她是一个随时都专注于做事、随时都绷得紧紧的人。我们如果总处于绷紧的状态就会崩溃，但她却不会断弦，不知道她是怎么平衡的。她可以在最紧急的情况下泰然处之，好像有用不完的精力。做节目期间，她当时面对来自各方面的巨大的压力，会有强烈的情绪，会有生气和发泄的时候，但她也只是针对事件有的放矢而不会胡乱发脾气，有非常好的情绪控制力。她非常有自信，不会在意别人对她的负面评价，对此她总是有则改之，无则加勉。在我眼里，她代表了一种精神，一种不可折服的精神，只要自己认定的事情就去做，不管别人怎么说，不管会不会成功，做了再说。这种精神很值得我们大家去学习！

我在《世界各地》工作一年后，打算离开纽约去华盛顿工作，她虽然觉得有些遗憾，但还是给我写了一封推荐信，还在推荐信里把我的职位从制片助理提成联合制片，她说希望我以后走得更远，更成功。作为前辈，她总是乐于提携年轻人。我这辈子都很感激她。

八　一个元宵节改变了我的人生轨迹!

1986 年 2 月 23 日是中国传统的元宵节，也是中国春节假期的最后一天。大家还在参加各种聚会和设宴招待亲朋好友。北京的街上到处都是人，夜晚的大街小巷都充满了热闹欢乐的鞭炮声，所有人仍沉浸在春节的喜悦中。我当时住在北京唯一的一家四星级酒店——建国饭店。那一整天我都感到很紧张。因为那是《世界各地》的首播日。

晚上，我和广告赞助商 P&G 的高管还有其他人，一起在宾馆的中餐厅吃完晚饭后，去了我的房间，围坐在电视机前。晚上 9 点，我的节目正式在央视开播了!

当我听到熟悉的音乐响起，看到《世界各地》节目的 logo（标识）出现在屏幕上，紧接着看到自己出现在了屏幕上，我感觉身上的汗毛都竖了起来，手心里都是汗。房间里所有人都屏气凝神地盯着电视屏幕。当听到"各位观众，我是靳羽西"这句开场白时，大家都面带微笑地看向了我，而我紧紧地盯着屏幕中的自己，听着那不是特别流利的中文，介绍节目的第一集："纽约，一个汇集了各国移民的城市……"

不知不觉，我的眼眶湿了，滚烫的泪水流进了我的嘴里，我发现它是甜的，那一刻的我忘掉了所有在制作节目过程中遇到的困难、压力和委屈，欣慰地觉得一切的努力和付出都是值得的。

当晚，伴随着窗外的烟花爆竹声，我居然睡了一个好觉，那是两年来睡得最好的一个晚上。

　　第二天清晨醒来，感觉昨晚的一切都仍像做梦一样，"发生了什么？我的节目真的在中央台播出了吗？""真的播给几百万中国观众看了吗？""有没有收视率？如果反响不好怎么办？""会不会有观众误解我，不喜欢我？""中国领导会不会不满意而取消之后的节目？"正在我感到焦虑和不安的时候，一阵敲门声响起，我穿上外套，强装镇定地去开了门。身穿制服的酒店员工递给我一个卷筒包裹。关上门，我把包裹拆开，里面是一幅非常精美的彩墨画。还有一封来自中央领导的亲笔信，信上祝贺我的

《世界各地》节目的成功播出。

我兴奋不已，把它拿给中央电视台外事主任徐创成先生看，他笑得很开心，并告诉我，发生的一切都是真实的，重要的，美好的。他说这是一件值得庆祝的事！

我如释重负，两年来我追逐的梦想终于实现了！

当时没有人在中央电视台做过这样的节目，尤其是一个海外华人。

我感觉我似乎漫步在没有人去过的月球，我成为了父亲说的那一个"第一个登上月球的人"。

成功的喜悦、感动、感激，在我内心交织在一起。我知道，从那个元宵节的晚上开始，我的人生将会发生巨大改变，我的命运将永远和中国紧紧地联系在一起。

◆ 他们眼中的羽西

当年国内的主持人都在学羽西

孙晓红｜电视制片人，曾在地方电视台任职

认识羽西姐已经很久了，用今天话说，我"粉"她很久了。

1986 年，那时的我还是国内一家省级电视台的一名电视新闻播音员，在那一年，中央电视台播出了一档《世界各地》的文化专题节目，主持人走出演播室，用出镜记者的形式带着观众边走边看边介绍，给当时的电视节目制作带来了新意和冲击。当时的中国电视屏幕上没有铺天盖地的广告宣传，但是在这个节目中的靳羽西的形象却是家喻户晓：她顶着一头乌黑浓密的童花头，一抹鲜艳的红唇在她极具东方特点的脸上是那么漂亮……我国观众从靳羽西主持的节目中领略到异国情调、文化、习俗、风貌，并把它作为了解世界的一个窗口，同时观众也目睹了主持人端庄秀美、诙谐大方的风采。

经过 30 年的发展，主持人风格已呈现丰富多彩的多样化、个性化的发展趋势。但在 20 世纪 80 年代，各省级电视台还没有实现卫星直播，各电视台的综艺类节目大多也是由新闻播音员担任主持，播报式的主持显得很有距离感。

记得当时电视台开业务讨论会的时候，领导要求我们要多观摩《世界各地》里羽西的主持风格，大胆尝试、创新求变。要知道那时的出镜记者很少，但凡出镜也是要求普通话标准，而且不能有明显的地方口音。

这样的主持语言风格放在本土电视台节目解说中可行吗？大家着实讨论了一阵子。同事们都是电视新闻播音员，开口讲究的是字正腔圆，拿起话筒自然就有播音腔。而新闻播报和说话聊天式的主持是有很大不同的。

时代发展到今天，主持人、主持风格的分类已是非常细化，可当时的我们，这一群热血青年主持人们很是挑战了自己一番：各种讨论会，与节目制作的编导们进行了各种尝试，极尽努力了一番……终究也没有得到认可，哈哈。

羽西的主持风格是我带你走、我带你看、我讲给你听，用今天的话说，就是接地气、有亲切感，还有她"努力"的汉语普通话解说，让大家感到新鲜又能接受，打破了观众对主持人语言风格的一贯认知。时隔 30 年后认识了羽西姐，并和她说起了这一段往事，我们都笑得很开心……

九 成为全世界观众最多的电视主持人

《世界各地》为中国广播电视的开放铺平了道路，在很长一段时间里，没有哪个节目可以媲美它的风格，用真实的纪录片向中国观众介绍世界。当时，每周日的晚上，它在中央电视台的黄金时段播出两次，一次普通话，一次英语。

而在美国，我还在制作《看东方》节目。我喜欢什么事情都亲力亲为。在同时制作《看东方》和《世界各地》两部纪录片的日子里，为了保证每周两个节目在中美两国顺利播出，我不分昼夜地工作，以至于体重下降到80斤。父亲说我，"瘦得都能被风吹跑了"。家里人都很心疼我，母亲甚至要我不要做了，但我还是坚持了下来。

《看东方》节目总观众数达到美国人口总数的40%。在中国，1988年2月19日的《人民日报》刊登了一条新闻是这样报道的："靳羽西女士在中国大陆已几乎家喻户晓，她为中国观众制作的《世界各地》受到近3亿中国电视观众的热烈欢迎。"

当我看到这篇报道的时候，着实吓了一跳。当时中国总人口11亿，有¼的人在观看我的节目，而当时美国总人口才2.4亿。这些数字意味着，我成为当时世界上观众数量最多的主持人！从那之后，媒体采访的邀约蜂拥而至，对我的报道也越来越多。

美国最有影响力的《时代》周刊（*Time*）评价我是"东方世界的女皇"（Queen of the Middle Kingdom），《人物》杂志（*People*）称我是"中国最有名的女人"（The most famous woman in China）。

被《人物》杂志称为"中国最有名的女人"

被美国和法国最有影响力的《时代》周刊评价为"东方世界的女皇"

第三章　传媒人的非常记录

时任美国总统乔治·布什（George Bush）
祝贺我获得"亚美贡献奖"

获得纽约华商会"年度女性奖"

时任纽约市市长郭德华（Ed. Koch）来信
肯定《看东方》

荣获"中美文化大使奖"（The Ambassador Award）

你，自成先锋：靳羽西自传

在美国获得"更好的世界"协会颁发的奖项（Better World Society Award）

两次受访美国著名脱口秀节目——大卫·莱特曼深夜秀（Late Night with David Letterman）

第三章　传媒人的非常记录

我听说《世界各地》节目开播前，央视的内部会议上有人提到："羽西的普通话这么差，你们不担心吗？我们是中央电视台，主持人的口语必须是无可挑剔的。"结果节目播出后反响特别好，时任广播电影电视部部长说："你看，我告诉过你不要担心羽西的普通话。这从来都不是问题。人们看着她的节目，不是要学中文，他们想通过她学习了解这个世界！"

当时的中央电视台总编辑陈汉元先生说："她确实像是一股新鲜的空气。她的外表，她的风格，她的节目信息和制作节目的方式都与我们所看到的完全不同。我们可以学到许多，她让我们大开眼界。"

虽然中国政府没有因此给我颁什么奖，但在当时的很多媒体报道中可以看到他们对我的评价。曾任《中国日报》副总编辑的于友先生说："我们和靳羽西同是炎黄子孙，肯定有新闻工作人员是有条件像她那样做好《世界各地》的报道的，但难的是要有她那样强烈的意愿和热情，还要具备丰富的知识和文艺才能，积极肯干，不怕吃苦。"上海《文汇报》更直接，他们呼吁中国新闻界，是否能出个"靳羽西"？

其实在中国发生的这些事情，我都是后来才知道的，因为我当时还在带着摄制组满世界地拍摄。我只听说，节目播出后，中国的观众们到时间就会聚在一起观看我的节目。还有老师会组织学生们一边观看，一边学习英文。

直到有一次，我参加了一场中国驻联合国代表团的英语演讲。结束后，我走上前祝贺那位演讲人。但是在我开口之前，他先对我说："嗨，羽西小姐，久仰大名。我是通过你的节目学习的英语！"我才知道我的节目居然这么有用！

《世界各地》在央视播出一年后，在中国各地，甚至是纽约、巴黎、柏林等地，我经常会被很多粉丝认出来，然后被团团围住，跟我要签名。

当时我的发型被称为"羽西头"，在中国被广泛地模仿。我每到一个地方都会被问到："羽西，你的头发是怎么打理的呀？为什么我的头发做不出你这样的发型？"有很多人去理发店想剪成和我一样的发型。另外，我不标准的普通话，混合着英语和粤语口音，也被大家认为是"别具一格"的。

后来，时任广播电影电视部部长建议我写一本关于《世界各地》这档节目的书，用来指导中国电视从业人员如何制作电视节目，尤其是如何去不同的地方或国家实地拍摄。当时国内还没有人这么做节目，央视主要做的还是架着两台摄像机在录影棚里面采访的节目而已。部长认为这本书将对整个广播电视界具有指导意义，也会推动中国电视行业的发展。

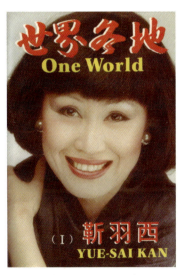

我的第一本书——《世界各地》

我欣然同意，相比起实地拍摄来说，这简单多了。他要求我在书中详细记录整个拍摄过程，还要加上主持人的播报稿，而且需要中英文双语。其实，在节目播出期间，《中国电视报》就已经刊登了《世界各地》的中英文解说词，每周一期，很多学校会拿去作为学生学习英语的教材。

我把这些解说词再次进行了整理，并补写了一些拍摄过程中的幕后见闻。书名就叫《世界各地》。这本书分为上、下两册，前面是英语，后面是中文，定价是3.9元一套。在全国各地的新华书店一上市就变得非常畅销。我不知道具体卖了多少本，也没有任何稿费，但是能受到大家的喜爱，我就非常开心了。

当时，天津市政府邀请我去访问，同时做一场签售会，我愉快地答应了。当我到达现场时，被眼前的景象惊呆了——几千人排了好长好长的队伍在等待我签名。天津新华书店为此活动调动了150名保安。签售过程中，场面曾一度失控，不断有人推挤和喊叫，玻璃门都被撞破了。我真的从未见过这样的场面。但我并不感到害怕，因为我知道这些热情的读者是不会伤害我的。

原本计划1个小时的活动，让我签1000本书，结果我在1个小时内签了2000本。大家的热情感染了我，让我一点都不觉得累。

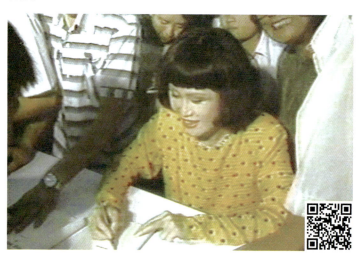

《世界各地》天津签售会现场

羽西在创造"更好的世界"

朱迪思·乌姆拉斯（Judith W.Umlas）｜羽西早期顾问

为靳羽西工作的时候，我还处于个人职业生涯的早期。当时，她是两个系列电视节目的主持人和执行制片人，她的节目促进了东西方文化之间的交流和理解，她的成就让我非常敬佩。

我听说"更好的世界"协会（Better World Society）有一个颁奖典礼，而这个组织是由 CNN 创始人、著名的亿万富翁特德·特纳先生（Ted Turner）于 1985 年设立的，旨在表彰为全球和平与繁荣做出贡献的人们。我觉得羽西完全可以获奖这个奖项，于是，我向"更好的世界"提交了奖项提名信。在奖项提名申请信上，我写道："羽西努力为结合东西方文化所做的节目成功吸引了每周超过 4 亿的全球观众。"

当羽西收到"更好的世界"协会发来的获奖通知时，她有些震惊，然后才知道原来是我"秘密"递交了提名信。那天的颁奖活动在纽约华尔道夫酒店（Waldorf Astoria）举行，多次获奥斯卡金像奖提名的著名女演员简·亚历山大（Jane Alexander），著名的演员、舞者、歌手本·沃伦（Ben Vereen），脱口秀主持人菲尔·多纳休（Phil Donahue）和老牌电影人简 - 迈克尔·库斯托（Jean-Michel Cousteau）等名人都出席了。特德·特纳作为主席亲自为羽西颁奖。

对于羽西来说，这次经历不仅是获得一个荣誉这么简单，还收获了一批极具影响力的人物的广泛宣传和进一步认可。

特德·特纳先生当时还是单身，他很喜欢羽西，他们两个人还交往过一段时间，而且直到现在，他们也是很好的朋友。

十　与 CNN 创办者特德·特纳先生的一段情缘

因为《看东方》和《世界各地》，我频繁地收获美国各界人士的褒奖。在美国，每次我接受访问，被讨论最多的都是关于中国的话题。他们问我在中国吃什么？看到了什么？学习到什么？问题是无止境的。

美国人认为我在中美文化间架起了一座桥梁，给我颁了很多奖，包括全美最大的有线电视新闻网——CNN 的创办者特德·特纳先生（Ted Turner）也颁给了我一个大奖，同时得奖的还有哥斯达黎加总统。

颁奖典礼前的一个周末，主办方在纽约市华尔道夫阿斯托里亚酒店举行了一场鸡尾酒会，所有获奖者都聚集在此，其中还有不少大明星，那也是我第一次见到特德的地方。

他给我的第一印象是帅气、潇洒，讲话还带着美国南方人慢吞吞地拉长调子的语气，幽默又有魅力。当晚他介绍了很多人给我认识，我并没有注意到他一直在我身边，是我的助理后来告诉我的，说他好像对我有意思。

当时，他还是个单身汉，但听朋友说他是一个害怕寂寞的人，身边一直都要有人陪伴，当然女朋友也没断过。

特德是个很有趣的人，他非常喜欢中国文化，在他的办公室墙上挂了一把中式宝剑。他会在接待中国友人的时候，拿出宝剑表演一番中国功夫。我很欣赏他的幽默，在我答应了他的约会请求之后，他经常跑到我的一居室小公寓看我，他说和他在纽约华

与 CNN 创始人特德·特纳（Ted Turner）一起出席活动

尔道夫顶层的豪华公寓相比，他更愿意待在我这儿。

那时他太有名了，我公寓里的邻居见到他都特别兴奋，就连门卫都向他索要签名，而且不止一次。他开玩笑地同门卫讲："你不会是要拿去卖钱吧？"

尽管特德是个亿万富翁，也是世界上最富有的人之一，但他从不吹嘘自己的财富。而且他是第一个向联合国捐赠 10 亿美元，并成立联合国基金会的人。他一直是联合国最忠实的公益使者。

在生活中的特德，其实很简单。他不怎么喝酒，也不太挑食，这和我很像。和他在一起的时候，他总是会深情款款地牵着我的手。我们和其他情侣一样，吃饭、约会、看电影，记忆中我们看了电影《飘》的彩色版首映礼，那是他最喜欢的电影。我称他是半个电影人，因为他经常参与经典黑白电影的着色和渲染工作。

我人生中的第一条牛仔裤，是特德给我买的。他邀请我去他在佛罗里达州的私人牧场和种植园，并特地用一架私人飞机去纽约接我，当看我穿着连衣裙而且还没有带长裤时，他直接带我去买了一条，因为他怕种植园的植物划伤我的皮肤。这条牛仔裤在那次旅行中真的保护了我的腿。

特德曾一度被认为是美国最大的私人土地所有者，但那些土地即使作为他的私人财产，他也不搞开发，坚决不破坏自然环境。在他的牧场，我们会去钓鱼，他教我如何飞钓。太难了，我没学会。他还养了很多野牛，告诉了我很多关于野牛的习性，我本以为这些牛儿很幸福，但他却说因为他觉得野牛的肉更健康，后来还开了一家野牛肉连锁店。

和特德共度的每个周末都是有趣的，我能从他身上以及他的朋友那里学习到很多。比如，和前总统吉米·卡特夫妇（Jimmy Carter）聊政治，和世界著名的天文学家卡尔·萨根（Carl Sagan）及他可爱的作家妻子安·德鲁扬（Ann Druyan）聊宇宙和写作，和鳟鱼专家讨论如何维护良好的自然水域环境……每个周末都能让我收获不同的惊喜。

他对任何事物都充满了好奇心，这让我认为他非常愿意看书学习。有一次他生日时，我送了他一本关于媒体世家——宾厄姆家族（Bingham Family）的书。我以为他会喜欢，但结果他告诉我："谢谢你羽西，但我不读书的"。我当时非常惊讶，心想：这样一位媒体巨头，居然不爱看书！

他是个很容易相处的人，但同时我也发现他经常会焦躁不安。

有段时间，他在为自己的电视台争取获得一些体育比赛的独家播放权。期间我们约好一起吃晚饭，但是时间到了，他还在开会，于是他很体贴地每半小时给我打一次电话，只是为了告诉我他的最新工作进展。最后，谈判并没有成功，我知道他很失望，但是令我印象深刻的是，哪怕我俩已经到了深夜才吃上饭，他仍然在我面前表现得很开心。

特德像台永动机，永远也停不下来。他在亚特兰大的 CNN 大楼顶上有一套公寓，每次我去看他，他会到楼下来接我，然后先把我送上电梯，自己再从楼梯跑上去。我问他是不是有幽闭恐惧症，但他却说，这是他保持头脑清醒的运动方式。他的幽默是无时无刻的，会经常像说唱歌手一样把话说得很押韵："今天阳光真明媚，一切好事有准备。"

和特德约会，虽然很美好，但交往时间越长，我越觉得很难跟上他的节奏，最重要的是他给我一种强烈的不安全感。由于他一直需要陪伴，所以我知道我们不见面的时间，他就会和别人在一起。

在和特德约会了一年之后，我遇到了马明斯，我觉得马明斯更适合我。1990 年，我和马明斯结婚，特德便开始和影星简·方达（Jane Fonda）约会，次年（1991 年）特德和简也结婚了。同年，简宣布息影，我推测这和特德输出的不安全感有很大的关系。但我相信特德真的很重视简，简也在与他结婚的 10 年期间没有拍过任何电影。

这期间，我见过特德一次，当时我在纽约萨顿广场的家里，管家说有人在花园里敲我家客厅的门。我出去一看，是他，特德·特纳。他说他正在和我的邻居——当时的联合国秘书长布特罗斯·加利（Boutros Ghali）一起吃午饭，他邀请我加入他们。

他从未来过我的这所房子，我很好奇他是怎么知道我住在隔壁的。布特罗斯·加利的夫人解释说，他们夫妇在和特德聊天时得知，他曾经和一个住在萨顿广场的中国女人约会，他们马上意识到那个中国女人就是我，于是对他说："我敢打赌，那一定就是羽西，现在她是我的邻居！"

他一听兴奋极了，直接跑到后院敲我家的窗户！就这样，那天我们一起吃了一顿丰盛又开心的午餐。

之后直到 2000 年，我又接到特德的电话，他邀请我参加一些活动。我知道他的婚姻有问题，虽然那时我已经离婚了，但我并没考虑过和他再度约会。2001 年，他与简离婚，同时又交往了四个女友，而且这四个女友相互都认识。为了不让约会冲突，每个月初，特德的助手都会给她们发一条信息，是关于他这个月的时间安排。他对此非常坦率，他说，虽然有四个女朋友有点乱，但还是比只娶一个好。

2009 年 Ted Turner 来上海，我在家里办派对为他接风

2009 年，特德来上海旅行，我在自己的寓所为他举办了一个聚会，邀请了很多朋友。在聚会上，他形容自己的财富是"easy come easy go"（来得轻松，去也轻松），潇洒自如地背诵起莎士比亚，还演唱了一首古老的乡村歌曲《牧场是我家》（Home on the Range）。

当时我看着他，心想经历过大风大浪，见过大世面的他，真是魅力不减当年啊。

2013 年在亚特兰大，特德 75 岁生日聚会，我再次见到他，他的精神仍然很好。

然而不到两年，我受邀去他在阿根廷的牧场看望他时，他开始变了，出现了身体健康上的问题。

在那里，他每天都会给我们一份时间表，上面写着这样的内容：7 点吃早餐，

出席 Ted Turner 的 75 岁生日派对

10 点骑马，下午 2 点钓鱼，6 点晚餐。但每次饭后，他都需要睡一会儿，他的精力已大不如前。

看着他孤独的背影，我内心五味杂陈。曾经聚光灯下的辉煌人生，也抵不过岁月的流逝，如今的特德除了他邀请的客人，几乎没有邻居或访客，而且这个地方如此偏远，他真的只有一个人。

近年，特德患了莱维小体病痴呆症，他变得思维迟钝，行动缓慢。每次看到媒体对他最新的一些采访与报道，我心里就很难受。他已不再是我认识的特德了。

但是和他的这段情缘，我永远都会珍视。

十一　为上海市政府做了一件非常酷的事情

1986 年，上海电视台台长策划了第一届"上海电视节"。他打电话邀请我担任主持人。开幕式的前两天，我专门从纽约飞回

与叶惠贤先生共同主持了第一届"上海电视节"开幕式

来。我和上海著名主持人叶惠贤、"燕子姐姐"陈燕华一起搭档，做了第一届"上海电视节"的主持人。

电视节邀请了来自不同国家的朋友相聚在上海，还供应上海人最喜欢的阳澄湖大闸蟹作为晚餐。虽然外国人并不知道怎么吃螃蟹，但是这种做法真的很有意思（当年花 1 美元就可以买到 1 斤阳澄湖大闸蟹，今天估计要花 100 美元）。

现场还有一支中国乐队演奏，当外国人被邀请上台唱歌时，发现这支乐队不会演奏外国的歌曲，尤其是 1949 年至 1986 年的国外流行歌曲，因为这些歌曲很多乐手都没听过，现场也没有乐谱。没办法，大家最后一起合唱了《桑塔·露西亚》（Santa Lucia）这首老歌。

总体来说，第一届"上海电视节"是成功的，中国当时正处于逐步开放的过程中，外国人还没开始大批进入中国，电视节邀请外国嘉宾的出席代表着中国开始接受外来文化，并愿意开放自己，让外国人了解中国。

当然，这届电视节也催生了后来的"上海国际电影节"。

◆ 他们眼中的羽西

羽西与上海的电视缘

陈双庆 | 羽西的第一个上海朋友

羽西曾不止一次地对别人说："我在上海最早认识的朋友就是双庆！"

我很荣幸认识了羽西，也尽力让羽西认识了上海，并与上海结缘。

我是在 1985 年结识靳羽西的，当时靳羽西的《看东方》电视系列片已在上海电视台播放。《看东方》不仅向西方人揭开了中国的神秘面纱，而且也让中国人打开了视野。

靳羽西的名字，连同她那童花头的发型，以及并不标准的普通话，给上海观众留下了深刻的印象。就在那年的春天，我作为上海电视台的外事干部，接待了第一次来上海的靳羽西。她是应中央电视台的邀请，参加电视片《世界各地》的摄制。摄制组一行从北京到上海拍摄，并到上海电视台参观访问。主持接待的是当时上海电视台台长，以及我和播音员晨光。晨光因日本电视剧《姿三四郎》的出色配音一举成名，此剧刚刚在上海播出。

"你好，我是靳羽西！"羽西热情地与我们握手，像是刚从屏幕上走下来一样。她还是那个童花头，穿着一身靓丽的红色衣裙，浑身散发着青春的活力。

台长向摄制组介绍情况时，靳羽西听得很专注，不时用她那不标准的普通话发问，有时找不到适当的中文词表达，她的翻译——一位叫莎莎的小姐就适时为我们解释。

台长是一位很有开放意识的领导，当时就对靳羽西发出邀请："今后有机会，希望能一起合作！"

"可以啊！"靳羽西一口应承。

我带靳羽西一行参观了演播室，以及当时还耸立在南京路大院的铁塔，即电视发射塔。只见靳羽西睁大了眼睛仔细观察，不停地提问，也不停地做笔记，看得出她是个认真好学的人，也是个称职的电视人。就餐时我发现靳羽西一点儿也不挑剔，她什么都吃，但比较喜欢清淡的，也能吃点辣的，这可能与她是广西人有关。短暂的参观访问之后，我们对彼此留下了好印象。

第二年，也就是 1986 年年末，为了推动上海电视走向国际，上海电视台正式筹备举办"第一届国际友好城市电视节"（后来正式命名为"上海电视节"）。这是上海电视台第一次举办国际性大型活动，我也参加了筹备工作。为了这次活动的开幕式晚会具有国际性，我们考虑要中文与英文双语主持。但当时上海电视台还没有外语主持人。台长立即提出，邀请靳羽西小姐来担当。我们向靳羽西发出邀请，她二话不说，兴冲冲地赶到上海。

晚会开幕式是在上海展览中心举办的，来自 16 个国家的 23 家电视台及制片公司，以及中国各城市电视台的四百多人参加。羽西高雅端庄地站在聚光灯下，用娴熟的英语，与知名主持人叶惠贤一起，成功地主持了上海"第一届友好城市电视节"开幕式。

这次重逢，靳羽西带给我一套儿童乐高积木，因为她知道我有个五岁的儿子。当时国内连"乐高"这个名字也没听说过。因为严格的外事纪律，我不敢收这份礼物，直到得到领导同意后方才收下。羽西的这套乐高玩具伴随了我儿子的整个童年生活。

后来，靳羽西与我成了无话不谈的朋友，她直率地批评我的衣着："千万别再穿灰色的衣服了，东方人的肤色绝对不该穿灰暗色调的。女人只有自己漂亮了，才能影响别人啊！"

与靳羽西接触，时刻会感到新鲜，感到活力，当然有时也会感到压力，那是我们的思维跟不上她的缘故。

羽西结缘上海后，在上海安家，在上海办企业，还在上海做慈善。

2000年，上海市政府为了奖励靳羽西对上海经济建设和社会发展做出的贡献，特授予她"白玉兰奖"。

可以这么说，几十年来我见证了她事业的开拓，她见证了上海改革开放的发展。

羽西与"燕子"姐姐陈燕华（左），叶惠贤先生（右）共同主持第一届"上海电视节"

十二　继续用摄影机讲中国故事

曾经有人问我为美国和中国制作节目有什么区别。我回答："基本上没有区别！"两国人民对彼此的历史和文化都知之甚少，并且同样充满好奇心。

当然，我作为电视片内容的决策者，不仅要熟悉两个国家对电视报道的要求，还要把片子的情节组织得生动活泼，引人入胜。我希望我的解说词能像感人的散文一样，娓娓动听。这是很复杂的综合艺术。

我喜欢做电视。我觉得能够通过摄影机讲述这么多精彩故事，真是太神奇了。

在《看东方》和《世界各地》之后，我在美国还陆续制作过其他电视纪录片，继续给美国观众讲中国故事。

《变化中的中国》Journey Through a Changing China（1988 年）

这部纪录片是我与美国电视制片人阿尔文·珀尔穆特（Alvin Perlmutter）一起联合制作的。

拍摄从我的家乡桂林开始，然后是上海、西安，一直到中国最北部的黑龙江省。横跨中国几十个省市自治区。展现了改革开放前期，中国各地区的发展和不同民族的文化。

在黑龙江，我们成为第一批拍摄冰雕节的海外记者，也是第一批在中国的边境线上拍摄的团队。在零下三十多度的外景地拍

《变化中的中国》在桂林拍摄片段

《变化中的中国》在哈尔滨拍摄片段

第三章　传媒人的非常记录

Congressional Record

PROCEEDINGS AND DEBATES OF THE 100ᵗʰ CONGRESS, SECOND SESSION

United States of America

Vol. 134   WASHINGTON, WEDNESDAY, JULY 27, 1988   No. 109

Senate

CHINA DOCUMENTARY COMMENDED

● Mr. INOUYE. Mr. President, I wish to call to the attention of my colleagues a recent television broadcast that was exceptional in its scope and subject. This was a 1-hour documentary entitled, "Journey Through a Changing China," which was produced and hosted by Miss Yue-Sai Kan, an American of Chinese ancestry. The program aired on June 22 on WUSA-TV in Washington, DC.

The program took viewers on an exciting and colorful journey to the middle of the new China and offered a colorful sampling of the day-to-day lives of the Chinese people, who comprise one-quarter of the world population. I hope that "Journey through a Changing China" will be seen by other audiences throughout our Nation because of its fascinating and revealing study of the social, economic, and cultural changes being brought about by China's version of glasnost.

It may interest my colleagues to know that Miss Kan is probably the best known American in China. Her weekly television program about Western society, "One World," is seen by millions of Chinese viewers. Thanks to her unique relationship with the people and Government of China, Miss Kan opened doors in her documentary to places most of us have only read about. Her charming, insightful, and loving portrait of China gave me a new perspective toward the changes now occurring in that ancient land, especially the influence of modern Western democracy on contemporary Chinese culture.

Miss Kan's program was underwritten by the American Express Co., which deserves our thanks for its support of intercultural understanding. In an age of declining expectations by American television audiences, this exemplary broadcast demonstrates the full potential of television as a medium of entertainment and beauty and, most importantly, as an instrument of peace and understanding between two societies.●

For Yue Sai Kan with much admiration and affection
Aloha
Daniel K. Inouye
U.S. Senator

《变化中的中国》被收录进美国《国会记录》

摄冬泳表演时，我拿着话筒却没办法讲话，感觉自己的嘴好像被冻住了，把一旁的工作人员笑翻了。

这个节目在美国播出后反响很大，美国当时非常有威望的参议员丹尼尔·井上（Daniel Inouye）偶然看到了这个节目，给我打了一个电话，称赞我在这方面所做的出色工作。

1988 年 7 月 27 日，这部纪录片被收录进美国《国会记录》，并称我是"真正的平民大使"！

《中国的墙与桥》China: Walls and Bridges（1989 年）

这部片子是我为美国 ABC 电视网制作的。我们凭借这部纪录片赢得了美国电视最高奖——艾美奖！我欣喜若狂！

《中国的墙与桥》荣获美国电视最高奖——艾美奖

《看东方》之介绍中国新农村片段节选

《看东方》之采访中国农民牧羊人片段

你, 自成先锋: 靳羽西自传

《看东方》之中国城乡发展建设片段

《变化中的中国》采访黑龙江"老人节"片段

《看东方》之万里长城片段节选

《变化中的中国》之西安秦始皇兵马俑

151

《变化中的中国》之北京某广场英语角

《变化中的中国》20世纪80年代的上海发展与变化

《如何在亚洲经商》（PBS，1990 年）

这部纪录片涵盖了亚洲四个国家，一共 4 集，其中一集是《如何在中国经商》。

我了解到，当时许多外国人对亚洲金融风暴还心有余悸，影响了他们来亚洲投资的信心。

在中国加入 WTO 后，很多外国投资者对中国这个大市场感兴趣，但是还有很多投资者对中国不太了解。我的这部电视片就是向他们介绍中国良好的投资环境和如何在中国投资，希望通过这部片子，吸引一些投资者加入中国的经济建设，促进经济交流与发展。

《如何在中国经商》片段

这部纪录片是我做过的最具商业价值的纪录片之一。多年来，它已被销往全球各大商学院。

曾有一次，我在巴黎的一家小酒馆里，一位年轻人走过来告诉我，他刚刚在他的研究生院看到了该片关于韩国的一集，并从中学到了很多东西！这无疑对我是一份惊喜与鼓励。

该片促使美国明尼苏达州和华盛顿州州长宣布，命名节目播出的那个星期为"亚洲商业周"！这对我来说是一种莫大的荣誉。

那个年代的美国，关于亚洲的电视节目很少，以上这几部都被认为是非常有价值的电视片。

在中国，无论是电视从业者还是电视观众均对"放眼看世界"和"让世界了解中国"有了更为强烈的欲望。经常穿梭在中美两国拍摄的我，为了满足国人的这种欲望，一直在乐此不疲地忙碌着。虽然期间得了很多奖，受到政府的爱护和民众的拥戴，但我觉得我还是我，还需要努力工作，认真生活，感恩生命中出现的每一个人。

"不要太高估自己，名气是别人给你的"，我总是想起我的导师萨克勒博士（Arthur Sackler）所说的这句话。

十三　向祖国人民的深情厚谊致敬

1988 年新年过后，我收到了时任黑龙江省省长的邀请。黑龙江省政府想要授予我"荣誉市民"的称号，因为我曾两次带领摄制组前往黑龙江拍摄，把那里的民俗文化介绍给了海外观众。这是黑龙江政府对我的感谢，并邀请我作为嘉宾出席授予仪式。他们同时还邀请了我的父母和妹妹们一同前往。这是我们全家一起经历的最好的一次旅行。

1988年，黑龙江省政府授予我"荣誉市民"称号，全家人在哈尔滨的留影

在整个旅行中，招待我们的东道主是当地的政府官员，我们被视为VVIPs，享用了最美味的饭菜，参观了当地最有趣的地方，并且坐着游轮巡游了著名的松花江。夏天的黑龙江真美！

1988年8月6日，这是一个我不会忘记的日子。这一天，省长在一个很隆重的仪式上给我颁发了"荣誉市民"证书。

北方人酒量好，他们的啤酒都是一打一打地喝。省长给我父亲敬酒时说道："靳老，你真的是很幸运，你的女儿有10亿人爱她！"

父亲幽默地回答道："但是她只需要爱一个呀。"

大家都笑了起来，七嘴八舌地要给我说起媒来。

黑龙江之旅结束后，我回到了纽约继续工作，我的妹妹们陪父母去了中国的其他几个城市，然后又去了马来西亚、新加坡、菲律宾等地游玩，我从来没有见过他们这么开心过！

旅行结束，回到纽约后不久，母亲说她的脊椎非常痛，医生让她住院做了一个骨髓化验，检查结果并没有什么问题，便让我们接她出院了。几天后，我接到妹妹的电话，说母亲在浴室里摔了一跤，被送到了医院急诊室。当时她的腿已经没有了血色，是青绿色的。后来我们得知，那是因为她的腹股处的血管里出现了血栓，阻挡了血液流向腿部。但是手术之后，她并没有从 ICU（重症监护室）里出来。我们被告知她还在昏迷当中，没有脱离危险，医生需要进行更多的脑部检测扫描。

检查结果显示，她有多处血栓，其中一处脑血栓更是导致了她的中风。而造成她身体多处血栓的原因，竟然是之前她因为脊椎疼入院时，医生停了她一直服用的溶栓药，但当她出院的时候，医生居然忘了告诉我们，她必须恢复用药！结果，母亲在出院后没有及时服用溶栓药，所以血液变浓了，几天之后就有了血块，导致了这次诱发性的中风。

我既生气又自责，生气医院的不专业，更自责当初接她出院的时候，我为什么没有向医生多问一句，关于她服用药物的注意细则。

在母亲住院期间，我接到了一个来自北京的长途电话。

对方说："听说您母亲得了脑中风。中医的针灸治疗对中风非常有效。我们正好有一位中医在纽约，可以请他帮助治疗你的母亲。他姓金，是中国非常有名的老中医，擅长针灸。他这两天就会联系你。"

我激动地问道："真的吗？我需要为他做些什么吗？"

"不用。我们已经安排好了！"

我问金医生可以待多久，他说两个月，我又问那我如何支付对方说："不用，这些我们都会负责的。你只要偶尔带他去吃顿饭就行了。"

听完之后，我简直不敢相信！善良、体贴、慷慨……这就是中国政府！这就是中国人民！我放下电话，眼泪夺眶而出。我觉得比起我为中国所做的，他们回报给我的要多得多！我永远都不会忘记这些！

金医生在美国的两个月，每天都给母亲进行一次治疗。在医院的时候，我们不得不带着金医生偷偷"潜入"母亲的病房，不能让任何医生和护士知道他是来给母亲做针灸的。因为在美国，依照法律规定，除了医院的医生外，没有人可以医治医院里的病患。后来，等母亲出院回家了，金医生的治疗才变得方便许多。

在那次中风之后，母亲再也不能说话了，全家人都非常难过，每次和母亲的沟通都需要仔细观察她，去猜测她的意思。这对我们全家每一个人来说，都是一种考验，考验着我们每个人让自己的内心变得更强大，更考验着我们每个人必须有足够的耐心和毅力，来帮助行动不便的母亲去生活。但是母亲非常坚强，也非常乐观，虽然不能说话，但是她积极配合治疗。在金医生的针灸治疗下，慢慢地她居然可以走路了，这真算得上是个奇迹般的恢复！

我们全家都非常感激金医生，据我所知，在此之前，美国著名的新闻记者埃德加·斯诺（Edgar Snow）也接受过中国医生的治疗。我为母亲能够得到和斯诺一样的待遇而感动，更向祖国人民的深情厚谊致敬！

每次回国都能感受到祖国人民的热情和爱护

第三章　传媒人的非常记录

第四章

我结婚了

　　我曾经说过："我不是一个非常向往婚姻的人，结婚对我的人生来说并不是最重要的。"所以能够让我做出结婚这个决定的人一定是非常优秀的男人。而且他还需要理解和包容婚姻里我的"三不原则"：不做家庭主妇，也不当坐享其成的阔太太，更不会为了婚姻放弃梦想以及对事业的追求。

一　和世界上最棒的男人相爱了

尽管我的三个妹妹们都相继嫁人生子，但我这个长姐一直以来对婚姻不急不躁的态度，让周围很多人为我的终身大事开始着急起来。

我在纽约有一位 80 岁的富商好朋友，他和他的太太一直想把我嫁出去，经常邀请我去他们家做客，同时给我安排不同的"相亲"。

我和马明斯（James McManus），就是在这样一次"相亲"的场合上认识的。

马明斯的中文名是根据他的英文姓氏 McManus 的发音起的。

我对他的第一印象很好，1 米 85 的身高，温和的笑容，对人彬彬有礼，举手投足都透着绅士范。他是一个名副其实白手起家的企业家，但他从不炫耀自己的财富。

马明斯年少时家庭并不富裕，父母都是非常普通的工薪阶层，但是他很聪明，也非常能吃苦，成年后慢慢地创建了自己的商业帝国。业务涉及航空、酒店、房地产、广告营销公司、汽车、餐饮等众多庞大的领域。他的公司在美国康涅狄格州西港市最大的办公楼，他也是那个城市最大的雇主。

马明斯曾经有过一段婚姻，还有四个孩子。他的妻子在我认识他之前好几年就因病去世了。

他第一眼见到我，就表明非常喜欢我，并展开了猛烈的追求，希望能成为我的男朋友。但我一直在犹豫。他比我大 18

岁，结过婚，有孩子，我虽然年纪也不小了，但也不乏其他追求者。只是逐渐地，我发现和他待在一起时，都觉得时间过得好快。

他比我接触的其他男人都更可爱，这份可爱不是他追求我时的讨好和迁就，而是他从很多方面都会细心地为我着想。

我是一个经常因为工作原因而需要东奔西走的人，这些年和我约会过的男性朋友都因为我的忙碌而抱怨过我。很多时候，所谓的约会和恋爱到最后不了了之，多半也是这个原因。但马明斯总是会问我："羽西，你那么忙，我可以为你做点什么吗？"

我们刚相识的那个周末，我要去弗吉尼亚州做演讲，从纽约去弗吉尼亚州虽然路程不远，但当时交通不太便利，我需要换乘航班才能抵达。

马明斯打电话给我："去弗吉尼亚州虽然不远，但是交通不便利，让我用我的飞机送你一程可好？这样你在旅途上也能舒适一些。"

他电话那头的语气是极其温暖和有风度的。对于我这种普通的出差，他居然要启动这个"大家伙"来为我特地飞一趟，这让我感觉非常温暖。

他知道我和父母还有妹妹们关系亲近，于是每次放假的时候，他再忙都会抽空陪我和我家人，带我们去东海岸度假，去巴塞罗那看奥运会，去法国南部旅游……

渐渐地，我感觉自己正在一点一点被这个男人照耀出的光芒融化……

那一段时间，我整个人都焕发着"开心"和"幸福"的神采！我想经过我身边的每一个人都应该能感受到我坠入爱河的那份愉悦。

163

带家人一起出游

和马明斯在巴塞罗那度假

和马明斯在阿斯彭滑雪

马明斯是个非常浪漫的人，他常常会倾诉他对我的爱，并告诉我他为什么爱我。他说我是他见过的最有魅力的女人，身上散发着迷人的光芒，他爱我的独立与乐观，爱我的坚韧与温柔，爱我的忙忙碌碌，永不让自己闲下来的样子……

好吧，我相信此刻这个男人也和我一样，陷入了热恋中。

后来，顺理成章地，他向我求婚，我们订婚了。

期间，他想送我一辆时髦的跑车作为礼物，我说我们买一

第四章　我结婚了

辆商务车吧，这样每周末我就可以带上所有家人去"中国城"喝茶啦。

马明斯知道我一直很重视家庭和睦，所以，在结婚前，他特地在他家里开了一次家庭会议，让我和他的四个孩子一起出席。他郑重其事地对孩子们说："你们是我的孩子，是我生命中重要的人，我永远爱你们，而羽西将成为我的妻子，她也会是我生命中最重要的人！我希望你们也能爱她。我们今后是一家人，要彼此相爱。"

一直以来，我都很感谢马明斯为我做的这一切，让我在和他的婚姻生活中，跟他的孩子们也能和谐友好地相处。

我的父母和妹妹们也都非常喜欢他，尤其是我的父母，他们并未因为马明斯的年龄偏大而有什么想法，作为传统的中国父母，我不得不说，他们对我的择偶和人生选择是非常开明的。他们觉得只要这个男人是真心对待我，就可以了。当然，马明斯在和家庭成员的相处中，处事成熟、体贴，举止得当，赢得了我父母非常好的印象和赞誉。我的妹妹们甚至我的侄女、侄子，都喜欢他，并且尊敬他。

我觉得，那时候的我是世界上最幸运的女人，感谢上帝把马明斯带进了我的生活里。

1990 年 2 月 11 日，我和马明斯结婚了。

我们的婚礼被当时的媒体称为"年度婚礼"。

婚礼现场有三组表演团队——中国传统乐团、仪式三重奏和晚餐后的舞蹈乐队。天花板上垂吊下来的 500 个灯笼，映照着礼堂里由著名花匠为我们精心装饰的花朵。

受邀前来的宾客有上百位，都是美国有头有脸的大人物。

エ堂门口有 75 辆豪华轿车随时待命，接送客人。著名的婚礼蛋糕设计师西尔维亚 · 温斯托克（Silvia Weinstock）给我们设计制作了一个 5 层中国宝塔式婚礼蛋糕。

我当时身穿一件刺绣精美的传统中式龙凤礼服，没有穿婚纱。我的朋友们都很惊讶，我告诉他们，我想 5 年后当我们重新发誓挚爱彼此的时候再穿婚纱。

我们的婚礼现场

第四章　我结婚了

二　成为幸福的马太太

我喜欢在家里开派对，所以我想把房子布置成一个超级舒适的娱乐空间。马明斯给了我无限的发挥空间，让我重新装修我们的房子。

他会对别人说我是个好妻子，因为在他下班后走进房子的那一刻，我对待他的身份不是靳羽西，而是他的夫人。

我从马明斯那里学到了很多好习惯。例如，他非常爱干净。他的衣柜总是很整洁。他脱下来的衣服要么整齐地挂起来，要么就是折叠好。他在使用过洗手台后，会擦得很干净，一点水渍都没有。使用马桶后，会把座便盖放下来并保持清洁，使用过的洗手间就好像从没被使用过一样。

这些事看起来很微不足道，但现实生活中就有因为这样的小事，引发夫妻之间的争吵不休！不要怀疑，有时一场婚姻的破裂真可能是从一个弄脏的马桶圈，一滴餐桌上的油渍开始的。

马明斯也很注意公共场所的卫生。如果看到街上有垃圾，他会捡起来扔进垃圾桶。我俩一起出门的时候，他总是会帮我穿上外套，或帮我开车门。如果我的手提包很重的话，他也会帮我提。

他总是有很多充满智慧的想法，也总是会有解决问题的办法。我决定开始做羽西化妆品后，他是最支持我的那个人。他帮我培训了总经理，还帮我筹集了必要的资金，他带着他的会计师来我的公司帮我建立了会计制度，审核公司财务。我也很愿意和他探讨问题，因为他知道如何做生意，是一个绝好的合作伙伴。当我遇到业务方面的问题时，他总是可以提出很好的解决方案。我很幸运能同时拥有他的爱和智慧。

另外，他也是一个伟大的慈善家，支持许多不同的慈善事业。有一次我们回到他的母校——位于美国伊利诺伊州的西北大学（Northwestern University）。他在那里捐赠了一个大型体育馆和以他的名字命名的一整栋建筑——"James McManus 生活和学习中心"。他想带我去参观一下。当我们要走进去的时候，被一名保安人员拦住了，让我们出示身份证件。我指着马明斯说："你眼前的这位就是这座建筑的捐助者 James McManus 先生！"保安看了看他，十分抱歉地说道："哦，真对不起！我以为 McManus 先生已经去世了。"我们听到后笑得前仰后合。这也不能怪他，因为在美国，很多人都是去世后才捐赠建筑物的。

马明斯为人慷慨，周围的朋友们都知道，和他一起出去吃饭，他的小费总是给很多。有一次，我问他为什么要给那么多小费，他说因为这些服务员的底薪太低了，大部分其实要依靠小费生活。如果他去朋友家里做客，他也会给朋友的仆人非常多的小费。因为他不想让这些人觉得自己老板的朋友很小气。但我认为，他如此慷慨的原因是他喜欢看到这些人开心的笑容，这种笑容可以产生巨大的正能量。

马明斯的自律性非常高，这也是让我非常欣赏甚至是钦佩的地方。例如，他以前每天会抽 3 包烟。突然有一天，他决定戒烟了，他就真的再也没吸过烟。我知道很多人想戒烟但都失败了，但是他真的做到了，从来没见过谁，像他这样拥有坚强的意志力。

还有一次经历也让我印象深刻，那是我们从欧洲旅行结束要飞回纽约的时候。在回程的两天之前，他患了一种非常严重的皮疹，我知道他很痒，但不能用手抓。因为抓破了可能会流血，而身上流血的话，如果被美国海关看到可能会被扣留。所以，在整个长途飞行的过程中，他从来没有抓过，一直在强忍着，一直忍到从机场出来，我们直接去医院看急诊。

仅仅通过这些小事，就可以看出他的自律和自控能力有多强。而这是我缺少的特质。我常常以他为榜样，向他学习这种自律和自控能力。

我们俩还达成了一个共识，就是不要生小孩。马明斯曾经问过我要不要孩子，我说，不。在我看来，他的四个孩子，也是我的孩子。而且他们都已经成年，不用我们过多操心，这对我来说是件幸福的事。

马明斯经常带我和家人出去度假，这是快速增进他与我家人彼此间感情的方式。但并不是每次旅行都是完美的。

那次我们去美国著名的滑雪胜地——科罗拉多州的阿斯彭(Aspen)滑雪，住在马明斯名下的杰罗姆饭店 (Hotel Jerome)。当时正值圣诞节前夕，我们装点了圣诞树，正准备举办一场盛大的派对宴请亲朋好友。傍晚我接到电话，说妹妹羽屏在滑雪时发生意外，颈椎骨折已被送往医院。

放下电话，一直在我身边的马明斯已经给我安排了车子，告诉我什么都不要担心，他先留下来安排好客人们，随后去医院和我会合。我赶紧连夜驱车前往羽屏所在的医院，从杰罗姆饭店到医院，正常开车需要一个多小时，而当天天气寒冷，因为下过雪，路上都结了厚厚的一层冰，车子只能缓慢前行。等我赶到医院时，羽屏刚从手术的麻醉中苏醒过来。

看到羽屏惨白的脸色，我吓坏了。

"大家姐，让你担心了"，羽屏吃力地吐出几个字。

我心里很清楚，羽屏嘴上说着让我担心了，其实内心最紧张的还是怕被父母知道。毕竟，羽屏受伤的事，两位老人除了担心，也帮不了什么忙。于是，我叮嘱所有人，如果父母问起来，就说羽屏有急事回中国了。

在接下来的一段日子里，我每天都早早地来到医院，照顾羽屏。有时马明斯会和我一起来探望羽屏，他会讲一些有意思的事情逗我们开心。

我督促着她按时服药、吃饭。虽然知道她已不是小孩子，但是那一刻，我不知不觉忘记了自己的年龄，卸下了成年人之间的拘束与小心翼翼。我俩仿佛又回到了小时候，回到姐姐和妹妹之间的亲密无间的氛围里。

隆冬很快过去了，当积雪开始融化时，羽屏的伤势已大好，出院那天，马明斯特地安排了私人飞机，直接把我们都接回了家。

在我的婚姻里，没有相夫教子这样的故事，马明斯是我的爱人，也是我的老师，我在他身上学到了很多有用的东西。我可

马明斯的家人和我的家人

以在他面前任性，也可以和他讨论人生。他知道我是个事业心很强的人，所以婚后他并没有要求我放弃工作，甚至在我规划未来的路上，宁愿做我"背后的男人"。

第五章

羽西化妆品的诞生

现代管理学之父彼得·德鲁克曾经说过："创新就是创造一种资源。"对我来说，羽西化妆品的诞生，就是一种创新，它为中国女性在形象领域创造了一种全新的资源。而能成为它的创造者，是我的荣幸，也是我人生中最大的挑战与最大的幸福。让世界变得更美丽，一直是我的理想，当理想实现，这就是一种巨大的幸福。

如果你能通过化妆改变你天生的容貌，那你还有什么是做不了的呢！

一　创业初心

1990 年 2 月，我和马明斯回到中国度蜜月。第一站是桂林，我想带他看看我出生的地方。桂林市市长得知我们要来，不但亲自接机，还安排在我们所住的酒店门口，为我们放了礼炮，祝贺我们新婚。

一进酒店的房间，香气扑鼻，床上撒满了新鲜的花瓣，房间被布置得像婚房一样浪漫。马明斯第一次见到这种场面，激动地对我说，这个新婚礼物他一辈子都不会忘。

1990 年 2 月和马明斯在中国度蜜月

在桂林待了几天后，我们去了北京。刚入住酒店便收到消息，中央领导想接见我们，我同马明斯欣然赴约。

谈话间，领导们见到马明斯，对他说："你现在是中国女婿了，如果想在中国投资做生意，我们会支持你。"

晚上回到酒店，马明斯坐在沙发上发呆，我问他在想什么，他说在想领导们的话。转头，他问我："如果要在中国做生意，你会做什么生意呢？"

我脱口而出："化妆品。"

马明斯一脸诧异地看着我："你确定吗？我好像没看到中国女性爱化妆呢。"

其实这个问题我很早就考虑过。作为一名电视主持人，我上电视必须要化妆，但总是找不到专门为亚洲人设计的化妆品。我们中国人的长相和肤色与外国人不同，商店里都是适合金发碧眼、高鼻梁、白皮肤的外国人的化妆品，却没有适合我们中国人的化妆品。我们的化妆需求与外国人不一样，我们需要更适合我们肤色的粉底、眼影、口红……

而中国市面上的化妆产品基本上都是西方研制生产的零星产品。除了友谊、百雀羚、永芳等老品牌的护肤品，基本看不到系统性的彩妆产品。

在美国，女人用化妆品就好像刷牙一样平常。而在当时的中国，大多数女性连化妆品是什么都还不清楚。

当然我知道发生这样的情况是有客观原因的，当时大部分中国人对美不是很注重。相比较其他国家，孩子从小就从父母那里学习到审美观，尤其是女孩子受母亲的影响很大，她们的第一支口红可能是母亲的，第一双高跟鞋可能是母亲的。但在中国，很多孩子的母亲可能一辈子都没用过口红。

在这种文化背景的熏陶下，中国近代的化妆品市场发展缓慢，也是情理之中的事。

我和马明斯说："如果我们能开发出属于中国人的化妆品就好了。"

马明斯听后耸耸肩："其实只要你愿意做，我们就可以尝试做。"

一言既出，驷马难追。当时有些朋友一听说我要在中国投资做化妆品生意，都很反对。他们有的认为我要从文化人转行做商人了，但商人给人的印象不好。他们有的认为化妆品在中国根本不会有市场，觉得我在做一件必定会失败的事情。

我每次听到有朋友这么说，就会想起一个寓言故事：一个卖鞋子的人去非洲考察，回来沮丧地对老板说，这个市场绝对不行，因为非洲没有人穿鞋子。另外一个卖鞋子的人同样去非洲考察，回来兴奋地对老板说，非洲没有人穿鞋，我们的市场很大！

我知道，在中国，不是女性不用化妆品，而是她们不知道怎么用。哪有女人不爱美的？我的目的是设计出一套专为亚洲女性使用的化妆品，利用这个工具帮助中国女性展现自己最好的一面。让她们美起来，自信起来。

化妆品可以赋予一个人变美的权力。我经常说："如果你能通过化妆改变你天生的容貌，那你还有什么是做不了的呢！"这是我想给中国女性传达的理念。

父亲不是说要我做第一个登上月球的人吗？作为独立电视制作人，《看东方》和《世界各地》打破了许多纪录，证明我可以做自己想做的事情。即使是挑战自我，和自己竞争，我也想赢。

我几乎找不出比她还努力的人

徐辉 | 1994—1996 年羽西纽约秘书

　　我第一次遇见羽西是在 1984 年，我想这是她第一次来北京。从那时起到 1989 年我离开中国期间，她每次来中国时，我和我的家人都会与她见面，当时她正在为中国做一档电视节目。我也有一些机会和她一起环游中国。

　　大约 1986 年时，我和羽西天津之行中的一些小细节，至今还留在我的脑海中。

　　羽西刚来中国时根本不会说普通话，但她和中央电视台签订《世界各地》的拍摄合同后，她不得不加速学习普通话。在天津时，我们订的是酒店双人标间，我和羽西住在一起。入住的第一天，我早上醒来时，听到羽西正在练习说普通话，她大声地朗读一些短语，一遍又一遍地重复练习。之后，她洗了个澡（在那之前，我从没见过有人在早上洗澡），很快地吹干头发，不费吹灰之力就打造出了完美的羽西风格造型。然后，她让我看着她化妆，向我展示了睫毛膏对睫毛的作用。这些对羽西来说再平常不过的生活起居，却让我大开眼界。

　　20 世纪 90 年代初，羽西化妆品的推出对国人产生了极大影响。可以说，她是为中国女性提供专业护肤和彩妆系列产品的先驱。要知道，在那之前的几十年里，中国女性根本没有护肤的概念，更不懂得使用彩妆产品。羽西的成就并不仅限于制造出了适合亚洲女性的美容产品，更重要的是，她通过出书、讲座和培训，为女性提供了色彩搭配、穿衣打扮和化妆造型等提升个人形象的全方位知识。

每当我回想起天津的那个早晨，我明白了羽西为什么会在中国获得如此成功。首先，她工作时真的非常努力，我几乎找不出身边比她还努力的人。其次，她善于发现机会，抓住机会，不带任何恐惧和犹豫，勇往直前。

二 创业历程

说到羽西化妆品的创立，我首先要感谢几位比较重要的人。

第一位是时任国务院负责深圳特区办公室的领导，没有他的启发、鼓励和支持，我怀疑这一切是否会发生。

其次，我要感谢马明斯，他做生意的经验非常丰富。公司成立初期他帮了我很大的忙，不但给我提供了很多专业的商业意见，还帮我找到了一些投资者。在我的创业阶段，他不仅是支持着我创业的老公，还是指导我的商业顾问，身边能有这样一个完美的人，我感到自己很幸运。

另外还有华山和沈宏夫妇，他们都曾任联合国的国际职员。PBS 的中国 35 周年国庆转播之后，华山和沈宏陪同中央电视台的主持人吕大渝来见我。从那时起，我们就成了好朋友。

在我决定进入化妆品行业的那一年，华山刚从约翰·霍普金斯大学 (The Johns Hopkins University) 获得国际经济硕士学位。我和马明斯都认为他是公司总经理的完美人选。同时他也非常愿意向马明斯学习如何经营企业。华山被任命为羽西化妆品首位总经理。

沈宏是在公司成立一年后才加入的，作为全国市场总监和公共关系总监。她能言善辩，有极强的管理能力，她还与商场进行了进场谈判，争取了最佳的店柜位置等。没有沈宏和华山，我的羽西化妆品公司不可能发展得那么快，那么好。他们是我的坚实后盾，我由衷地感谢华山和沈宏为羽西品牌的创立所做出的重要贡献。

与华山（左一）、沈宏（中排右一）、马明斯（后排），还有几位羽西化妆品员工

华山帮我做的第一件事就是去中国各地调查注册羽西化妆品的最佳城市。经过一段时间调研，他汇报说，深圳是最好的地方，因为作为一个自由经济区，深圳提供了许多有吸引力的税收优惠。

我们准备申请营业执照，但很快被告知，全外资企业受到限制，我们必须要与一家中国本土公司合作。我告诉深圳市市长，如果是这样的话，我将撤回申请。

中国第一张外商独资化妆品企业营业执照

华山 | 羽西化妆品第一任总经理

1991 年 3 月 5 日，正是学雷锋纪念日，我和羽西、马明斯来到中国，着手羽西化妆品在中国立项的工作。我们分别到北京、天津、上海考察和参观了三地的化妆品工厂，当时中国化妆品生产落后的状态令人印象深刻。最头疼的是，各地招商引资部门还不欢迎化妆品项目，觉得它不具科技含量且投资金额不高。到了上海，羽西化妆品项目被上海市外国投资工作委员会婉言相拒，当时上海家化联合股份有限公司的总经理葛文耀先生说："羽西，建议你请华山去深圳调研一下，那是中国改革开放的前沿，那是一片热土而且那里的人相对没有那么保守。"羽西听了葛总这番话当即拍板，对我说："明天你去深圳！"我有些犯难，在深圳我是两眼一抹黑，该找谁呢？无奈之下，我向远在纽约的太太沈宏求助："深圳你有认识人吗？明天我要去那里。"

沈宏二话不说直接打电话到当时的国务院负责深圳特区办公室。

很快，电话那头传来了好消息："请华山先生到深圳后，与市委办公室联系，他们会派人协助办理此事！"

到了深圳，我一刻不停歇地直奔市委办公室。那是一间不足40平方米的房间，里面挤满了开会的人，我一下子感受到了深圳特区政府务实、高效的工作气息。不一会儿，市委书记在结束这一个会议即将开下一个会议之间，见缝插针地特地走过来，微笑着对我说："我们收到了上级领导的电话，现在介绍这位同志协助你，他是深圳投资促进中心的。"说完话，下一个会议又开始了。

当时羽西项目最大的难题是：

1. 化妆品项目是不被鼓励投资的项目，并且也存在环保问题

2. 相关部门规定，外商独资项目必须保证每年的产品有90％出口，才能允许立项

我把这些情况向在上海的羽西汇报，她在电话那头急得大声说道："我的产品是专为亚洲女性设计的！怎么能销到美国？我们在美国根本没有销售网络呀！向哪里出口90％呢？"

我说："他们建议成立一个合资公司，可以减少出口比例或延迟出口年限。"

"NO！NO！NO！"，羽西急得用英文大声回复我。

政府文件明确规定：化妆品项目属于外商投资的限制性项目。而羽西又希望此项目独资。怎么办？此时的我是打道回府？还是背水一战？在深圳的名都酒店里，我彻夜难眠。子夜的深圳仍是一片喧哗，我拨通了他们协办人的电话，约好早上7点讨论羽西独资立项。

清晨，面对深圳投资促进中心的同事，我陈词道：

"羽西项目并不是一个普通的项目。

首先羽西在此时到中国投资是冒着极大的个人名誉风险的，如果成功了会在中国产生很大的影响力，如果失败了比成功的影响力更大！用中国的话说：好事不出门，坏事传千里！如果羽西只是开办一个贸易公司，让我做第一任总经理我是不会来的，因为谁都可以。我在美国听到羽西说，她要实现自己的一个梦想，即以她名字命名建立一个化妆品品牌来改变中国女性的形象，使她们走向世界。这是青史留名的事，值得一搏。

我们一路走来几乎处处碰壁，但深圳给了我们希望。深圳是改革开放的代名词，希望深圳能实现我们的梦想，至于每年投资出口比例，我们可以谈谈变通的办法。世上办法总比困难多！倘若羽西这个项目与深圳擦肩而过，我还可以去做我的外交官，羽西还可以去做她的电视节目，但那将会给在座的各位及深圳留下一个深深的遗憾！"

我真情实意的一番话，一鼓作气倾倒而出，顿时让对方陷入了沉思。我知道我的这番话打动了他们，很快，他们就回复说："我们明白华先生所言。咱们是否先共同起草一份立项申请书上报深圳经发局审批？"在深圳经发局审阅羽西项目的100天中，羽西和我跟对方进行了无数次沟通、讨论、协商。最终如愿以偿，项目成功立项。

1991年8月15日，羽西、马明斯与我兴高采烈地奔赴深圳，拿到了深圳历史上第一个外商独资的化妆品企业营业执照。在答谢深圳市政府的宴会上，深圳市委书记深情地说："羽西化妆品立项是在一个特殊的时期，因为一位特殊的人而批准的一个特殊的项目！"

当时的深圳是一个新兴开放城市。与中国其他城市不同的是，这里的居民来自全国各地。换句话说，这是一个移民城市，并且有税收优惠，我们可以进口先进的化妆品生产机器但不用缴纳高额的进口税。我们在市区的一栋楼里租了一间办公室，又在当地买了一家工厂。这个工厂规模不大，我们只用来做产品的生产和包装。没有研发，因为当时在中国找不到研发化妆品的技术人员。所有产品，包括口红和护肤品原料，都是在美国的化妆品工厂研发的，完成检验之后，再海运回深圳的工厂进行统一制作和包装。

虽然我知道如何使用化妆品，但我一开始并不知道如何制作化妆品。决定创立羽西化妆品品牌之后，我做的第一件事就是学习如何用最好的方法制造化妆品。

我找到美国最大的化妆品实验室，向那里的化学家们学习各种化妆品成分，我又向中医教授们请教，了解各种中草药，并把它们纳入我的化妆品配方中。

和马明斯视察在深圳的羽西化妆品第一家工厂

我的目标是创造一种结合东方和西方最好原料的产品，每种产品都必须有传统的中草药成分。我们的皮肤对外界是非常敏感的，所以化妆和护肤品配方必须适合中国人的皮肤，我们调配的色调也必须是最适合中国人肤色的。

因此，我要测试颜色。在这么多颜色中，不适合我们中国人的颜色有很多。不同于金发碧眼的外国人，我们是黑头发、黄皮肤，很多他们能用的颜色，我们不能用。像英国王妃黛安娜，她能用蓝色的眼影和眼线，因为她有一双美丽的蓝眼睛，但用在我们脸上就会很奇怪。

我花了几个月时间在各种中国人的皮肤上测试各种色调。在那段日子里，我的中国朋友们都怕见我，说我一见到他们，就要拿他们做实验，强迫他们坐在自然光线下做各种颜色测试。当然，我也没少在自己身上试验。我研究了两百多种不同颜色、质地的面料，逐一与亚洲人特有的黄皮肤进行试样对比，不断摸索、积累，最终，我设计出世界上第一张适合亚洲女性的服装和化妆对应的"配色表"。

在美国学习色彩的搭配

　　配色表上的两边分别是经过仔细研究和选择的面料颜色，让中国人的皮肤看起来更年轻、更明亮、更完美。是的，颜色确实很神奇。某种颜色会让你看起来要么耀眼，要么沉闷，所以作为亚洲人，我们拥有特别的肤色和发色，一定要慎重选择。我还没有看到一个穿着芥末色衣服的亚洲人看起来很好。这种颜色只会使我们的脸色看起来更黄，而且看上去很累。决定服装颜色后，我将它们分为三个系列——橙色、粉色和中性色。

　　为了与它们协调，我选择了9种口红颜色和两种胭脂颜色

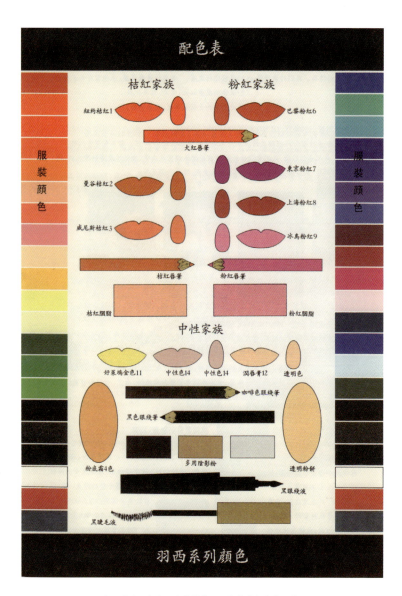

我设计的配色表（本书篇章页的色彩选择参考此表）

你, 自成先锋: 靳羽西自传

(橙色和粉红色)，并归纳成不同颜色家族：桔红家族和粉红家族。如果我从配色表的一侧选择一件粉红色的连衣裙，通过它查看相应的化妆品配色，一目了然，马上选择"粉红家族"的口红。而且三种不同的粉色都可以，从深粉色到柔粉色，所有这些都经过了我们的测试。黑色、深棕色或深蓝色等中性服装将与两组中的任何一组口红搭配。睫毛膏、眼线笔、眼线液等眼部产品都属于中性家族，任何人都可以用它来搭配所有的衣服颜色。

这张图表使穿衣化妆变得简单容易，消除了使用化妆品的恐惧。我知道我们的客户正在寻求指导，这种简单易懂的操作形式很快就流行起来了。大家知道只要在这个配色表里面选择就一定不会出错。我们设计的第一批口红就是配色表上的这 9 种颜色，我至今仍然可以保证它们是最适合中国人的颜色。

我觉得，产品名称很重要，我从不喜欢使用相同的名字或者复制别人用过的名字。所以我给它们每一个都命名了不一样的名字。我想，我的顾客肯定都是新用户，那么为了提高顾客们对颜色的敏感度，我希望口红的名字可以与我做过的电视节目《世界各地》关联起来，这也是对我的《世界各地》节目的一种致敬。

比如"桔红家族"里面有纽约桔红、曼谷桔红、威尼斯桔红等；"粉红家族"里有巴黎粉红、东京粉红、冰岛粉红等。我相信中国的消费者听到这些与世界各地城市名字关联起来的颜色会很容易联想到节目内容。比如纽约桔红，能想到它是充满活力、引人注目的颜色，就像城市本身。巴黎粉红，就是性感和时尚的。冰岛粉红，肯定是清新淡雅的，而不是强烈的。我希望这些颜色能够成为经典，让顾客记忆深刻，而且在我们的配方里有中草药成分，所以每支口红都有独特的芳香。

前段时间还有人在网上给我留言，问我在哪里可以买到"曼谷桔红"的口红，那是能让人想起泰国僧侣所穿的藏红花长袍的颜色。时隔这么久还有人记得，我感到很开心。

我过去常常告诉我的团队："如果我们不断复制而不创新，品牌注定要失败。"每天说服数十万顾客购买我们的产品，是遍布全国的羽西化妆品专柜的美容顾问的工作。我知道如果美容顾问没有受过良好的训练，我们的生意就会失败。

不是每个人都需要化妆品，但我的想法是，如果你真的买了口红，我希望你真的知道如何正确使用它，同时还要知道穿什么颜色的衣服可以和你的妆容相协调。我的品牌精神是鼓励女性展示她们的特点、优点，展现自信，从而改善生活的其他方面。但是这种推动并不要求每一位女性都跟从，不是穿着同样款式的衣服或梳着同样的发型。每一位羽西的顾客都有自己的容貌，做自己，表达自己的个性才是最终目的。化妆品只是一种工具。

当时市面上的化妆品几乎都是为白种人创造的，他们的眼睛和脸型与亚洲人不同。与他们相比，我们的眼睛没有那么深邃，眼球和头发的颜色基本上是黑色或深棕色。我们的鼻子没那么高，大多数人的面孔看起来不是特别立体。根据这种特性，我创造了一种叫作"三色阴影粉"的产品，只有三种颜色——白色、浅棕色和深棕色。

在我看来，这三个颜色组合用在我们中国人脸上已经足够了。白色是高光，可以涂在眉峰，突出眉毛，也可以涂在鼻梁中央，浅棕色用于修饰鼻侧，形成阴影；深棕色用在眼皮处，这样可以使眼睛看上去更深邃，鼻梁更高；整体使用后，我们整个面部会显得特别立体。我通常还会把浅棕色打在两腮上，使脸看起来没那么宽。一个三色的小盒子就能有这么多功能，既方便又实用。而且我们还在盒子里放入了讲解图片，一步一步地教消费者如何使用。这在当时的市场上是独一无二的。

"三色阴影粉"的推出，迅速成为当时中国所有化妆师最常用的单品。那时很难找到一个化妆师，他或她的化妆包里没有这个产品。这款小巧的紧凑型产品很快成为了中国化妆品行业的标准。它真的没有辜负我们的口号——"献给亚洲女性最好的爱"。

这个口号曾经非常有名。我前几年在上海乘坐出租车，出租车司机是位有点年纪的男士。看到我之后就顺口背出来了，我夸他真是好记性啊。其实，在设计这些羽西化妆品产品

三色阴影粉

在羽西化妆品工厂和员工们合影

上海市南京西路第一百货门前

羽西化妆品产品介绍视频

羽西化妆品第一条生产线的产品

第五章 羽西化妆品的诞生

之前，我读了很多书。让我印象最深刻的两本是：《美容购物指南》（*Don't Go to the Cosmetics Counter Without Me*）和《蓝色眼影应该被禁止》（*Blue Eye Shadows Should Be Illegal*）。这两本书都是由宝拉珍选（Paula's Choice）化妆品品牌的创始人宝拉·培冈（Paula Begoun）编写的。她有个绰号叫作"美国化妆品警察"。书中宝拉对化妆品市场上的产品有独到的看法和解读，也很直言不讳地批评她认为不好的产品。我在她的书中学到了很多有用的信息。有一次，我在檀香山的一家餐馆见到了宝拉，并一起共进了晚餐。我很高兴见到这位化妆品传奇人物，我们随后成了好朋友。

关于产品的包装，我和团队也设计了很久。因为这个品牌叫"羽西"，最后我决定产品的包装必须符合我的个性。我的发型可能是我最显著的特征，很多中国人都知道。所以当时所有的产品包装都制作成了我的童花头形状，包括粉盒，指甲油瓶。它是由著名的包装设计师乔治·戈特利布（George Gottlieb）设计的。1993 年，这个包装设计在"伦敦国际广告奖"上获得了化妆品包装设计奖。我的化妆柜里至今还一直保留着它们。

成分、颜色、设计等都有了，就要开始投入生产了。因为当时我们只有深圳一家化妆品工厂，缺少研发人员，所以我在纽约聘请了最好的化学家先制作出半成品，再带回深圳做来料加工和生产。我们的员工都非常有热情，并且相当认真。为了保证产品达到最好的标准，他们也跟我一样，经常拿自己做实验。

另外，我要感谢上海家化集团的葛文耀先生，当时上海家化是国内最大的生产护肤产品的国营企业，六神和美加净都是他们旗下品牌。葛文耀先生得知我们没有进口粉末产品，也没有投资购买大型机器，让他的工厂帮助我们生产了所有的粉饼。可以说，他是我的"恩人"。

与好友葛文耀先生

三　打造了中国第一批化妆品行业职业经理人

　　当时在中国做生意真的不容易，在国内想找一个管理工厂的经理人，都找不到合适的人选，因为当时有这方面经验和资历的国人实在太少了。最终我从美国找到一家化妆品工厂的老板，他把自己的工厂卖给资生堂之后，我请他来中国工作，并帮我培训中国的员工。他答应了，他和太太一起来到中国，在深圳工作了一年多。

　　做化妆品生意的前提是，我需要知道如何根据每个人的面部特征来正确使用化妆品。虽然我会给自己化妆，但我很少给别人

给顾客化妆

化妆，我记得第一次给别人化妆的时候，紧张到手都在抖，手心全是汗。

化妆也是一门艺术，需要一遍一遍地反复练习，提高自己的艺术技巧。

我把好朋友和妹妹们都叫来给我当模特，我的化妆技术在一次次实践中娴熟起来。很自豪地说，羽西化妆品的美容顾问大多都是我亲自培训出来的！

说到美容顾问，当时中国哪有这个职业啊！我们只能培训新人。

第一批培训的美容顾问有 30 个，男女都有，他们都是从上百名报名者中挑选出来的，形象都非常好，但是他们对化妆与化妆品的了解可以说是完全空白的，一切要从头开始。

我们第一次集中培训是在上海的锦江文华酒店，他们从来没有住过这么好的酒店，每个人都特别兴奋。培训时间是一个月，在这段时间，我感觉自己又当爹又当妈。除了教他们化妆技巧，还要纠正他们很多不好的生活习惯。比如，每次用完洗手间，水池和地面都是湿的，纸巾乱丢，整个洗手间被弄得一塌糊涂。单单让他们改掉这些坏习惯，我就用了很多时间和精力。

当时我们的培训不仅教他们自己使用化妆品的方法，给别人化妆的方法，如何销售，还教他们怎样选择适合的发型，训练他们说话的语气和声调，正确的走路姿势，用餐的礼仪，以及关于卫生的各种良好习惯，比如，吃完早中晚三餐都要刷牙，用完的洗手间要保持洁净，等等。

羽西化妆品员工培训

除了不教唱歌跳舞，其他和如今的偶像训练营没多大差别。每个美容顾问接受完培训都像偶像明星一样，精致的妆容，优雅的举止，好听的声音。我们还给每个顾问设计制作了专门的制服、耳环、丝巾、化妆包，看起来既美丽又专业。

为了开辟中国不成熟的化妆品市场，我做了很多跟教育有关的工作。当时中国没有几个人会用电脑，网络也不发达，更别说智能手机了，完全不像现在可以随时随地掏出手机看直播。那个时候做品牌，可不是一间屋子一部手机就能搞定的。

我要亲自去全国各地进行教育宣传，为了教授女性如何化妆和服饰穿搭，告诉她们在提升自己内在修养的同时注重外在修养，我举办讲座，撰写文章，接受采访，利用各种途径扩大中国女性对美的认知。

与此同时，我写的《羽西——亚洲妇女美容指南》出版了，这是一本专门教中国人怎样化妆，怎样搭配衣服配饰，什么脸型剪什么样的头发，如何扬长避短的工具类书籍。而这种专门针对国人的时尚理念，以前从来没有人教过。

当时我去山东的时候，山东电视台和媒体称我是"美的教育家"。我不敢称自己为教育家，但是对改革开放后如何提升中国人的自我形象来说，我们的确迈出了至关重要的第一步，羽西化妆品也为中国化妆品市场奠定了具有开拓性意义的基础。

羽西化妆品美容讲座

《羽西——亚洲妇女美容指南》签售会

羽西让我一起在中国开创美的纪元

唐娜·福莫斯 (Donna Fumoso)｜羽西化妆品培训顾问 (1990—1997 年)

我是一名来自纽约的化妆造型师。1990 年是我的人生转折点。当时，我被推荐给羽西，我并不知道等待我的是什么样的挑战。在和羽西一起工作的六七年中，我们经常穿梭于纽约和中国各个城市之间。

我的第一次中国之行，去的是上海。在那里，我帮助羽西培训了即将要在她的化妆品柜台做美容顾问的第一批员工，有 30 个人。

我们用了很多时间给他们讲解化妆的详细过程和每一个细节。当时，他们从来没有化过妆，也不知道如何使用化妆品，但所有人都非常愿意学习，对他们来说这是一个很有意义的挑战。

羽西是一个精力充沛的人，有时候别人很难跟上她的步伐。她每一次举行的大型演讲都是座无虚席，规模最大的一次有 5000 人！大家都聚集到一起认真聆听和学习她的观点与理念，真是难以置信，这的确是令我无法忘怀的经历。

她对台下观众的着装好坏非常敏感，能够一眼看到着装最差的人，并请他们上台，解释为什么他们的着装和搭配是错误的。然后，她会详细介绍最能展现个人特质的服装颜色和款式，以及如何搭配。我们会在观众面前马上改造他们，除了化妆，我们还准备了服装给他们试穿，甚至还会打理他们的头发，在很短的时间，将他们打造得焕然一新。我们向观众展示了他们被改造前后的对比样貌，所有人都发出惊叹声！这些小小的改变不仅可以让他们发现自身魅力，而且能增强他们的自信心。随后，场下的观众每个人都想上台被改造，那种踊跃的情景给我留下了深刻的印象。

还有一些我永远不会忘记的时刻——羽西和沈宏救了我的命。有一次，我在中国工作时，突发肾脏疾病，剧烈的疼痛让我无法行动。羽西和沈宏吓坏了，他们叫来了急救车，协助医护人员用担架把我抬出酒店，送上救护车，到去北京最好的医院。我的随行口译员陪我在医院待了一夜，因为病房里只有一张小床，所以她睡在我旁边的桌子上，直到后来确认我没事了，她才离开。我非常感激羽西和我的中国同事们，是大家的善良和爱心帮助我度过了这一劫。

我和羽西以及她的团队一起去了中国的许多地方，如北京、上海、广州、深圳、天津、常州、武汉等等。每到一个地方，羽西都会让她的团队带我到处走走。他们带我去看城市的亮点，品尝特色美食。当地人似乎对我的脸，特别是对我的鼻子很好奇。他们都想要和一样我坚挺的鼻子。坦率地说，如果可以，我很乐意和他们交换鼻子。他们都非常友好、可爱，这让我觉得非常甜蜜和美好。

和羽西一起行动的时候，我们永远不会在一个地方停留太久。因为大家都认识她，一旦被发现，人们就会蜂拥而至，她会被围得水泄不通，这种场面真是疯狂。

我也会经常出差，到工厂进行检查，以确保产品的颜色和质量与羽西批准的相匹配。这种工作对我来说非常有吸引力，我喜欢和色彩一起工作。看着眼前大桶颜色互相混合，能给我带来无限的乐趣。我很相信自己对色彩的感觉，为了确保色调正确，工厂的工作人员时常会被我折磨到崩溃，因为我知道羽西不会接受任何不完美的东西。

回到纽约，我们会拍摄妆前妆后视频以及平面照片。这些是关于如何给不同的脸型化妆的教学视频。羽西为了展示东方人脸部轮廓以及使用化妆品后的真实效果，坚持不使用专业模特。就像现在你在 Instagram 和 Youtube 上看到的相似技术和实践，其实羽西很早就使用过了。我们还拍摄了商业广告来吸引公众的注意力。

我帮助她绘制了所有不同形状的面孔和眼睛，供她的团队参考学习。后来这些都收录在了《羽西——亚洲妇女美容指南》一书中，成为一本全面展示如何化妆，如何穿衣搭配和展示自己的畅销书。

羽西和她的团队都非常尊重我。和她在一起非常轻松愉快，从来都不像是在工作，她的幽默经常让我开怀大笑。所以如果她现在问我愿不愿意再跟着她干，我会毫不犹豫地答应她！

羽西与唐娜·福莫斯（Donna Fumoso）

　　1992 年 10 月 1 日，羽西化妆品在中国正式上市。第一站我们选择了当时中国最具时尚气质的城市——上海，因为我觉得上海女性能更加快速地接受新的时尚潮流。

　　说实话，虽然我对自己的产品和服务都很有信心，我们的准备也很充分，但我的内心还是有担忧的。羽西化妆品是新的公司，还存在很多问题，比如各个部门的协作、宣传推广、调整物流、培训销售等，我需要时间来完善这些。另外，我不知道中国社会需要多长时间来适应这种新产品。我背负着这些忧思，却又满怀期待地踏出了憧憬的第一步。

　　羽西化妆品第一个柜台开设在南京东路的上海第一百货商店。当时我邀请了设计师罗兰多·塞恩哈特（Rolando Seinhart）为我们做了柜台和橱窗的整体外观设计，他是一个视觉天才，当年最吸引人的那些橱窗设计都是由他完成的。

上海第一百货的羽西化妆品橱窗

　　橱窗里的那幅以我的头像来设计的海报，是很久之前在纽约，闻名世界的艺术家安迪·沃霍尔（Andy Warhol）给我的灵感。在他的建议下，稍微对我的照片做了修饰，没想到却成为了最经典的羽西化妆品的招牌广告。在他过世的 5 年后，羽西化妆品的招牌广告出现在了中国城市的大街小巷。我想他如果知道肯定会非常开心的。

　　上海第一百货大楼一进门就能看到我们的柜台，在很显眼的位置。我们的美容顾问穿着整齐的羽西化妆品工作服，气质非凡，与众不同，一眼就能看出她们受过专业培训。大家叫她们"小羽西"，因为她们就是我的替身，代表我和每一位顾客交流。她们也确实都具备了羽西化妆品所要传递的关于美和优雅的精神和态度，给顾客提供了令人惊喜的服务。

　　"小羽西"们给每位在柜台前驻足的顾客详细介绍着每一款产品，推荐顾客试用，现场为顾客化妆。很多女性看到镜子里自己

羽西化妆品美容顾问们

为各地新专柜"站柜台"

化妆前后的容貌变化如此巨大，都露出了惊喜又满意的笑容。

羽西化妆品的美容顾问们为客户提供了优质的服务，这一点让我感到非常自豪。

很快地，我们进驻了上海的各大商场，越来越多的人前来柜台咨询和购买，没过多久，我们的口红就售罄了。大家都说我们上市的第一仗打得非常成功。羽西化妆品需要继续开拓市场战线了。

◆ 他们眼中的羽西

羽西，我的人生导师

沈冰峰 | 首批羽西化妆品美容顾问

当羽西化妆品公司在中国招聘美容顾问时，我有幸地成为了第一批美容顾问，这也是我的第一份职业。时隔近30年，羽西精神可以说融入了我的血液，引领我不断追求进步。

　　依稀记得我人生的第一次面试，面对3位面试官，其中一位就是羽西。当时羽西问我为什么来应聘，我不假思索地回答："希望自己变得更美，也希望把别人变得更美"。之后回想起来，对自己的回答很不满意，认为这个面试可能不会通过。没想到我居然接到了录取通知。

　　接下来的每一天我几乎都和羽西朝夕相处，在国际视野中进行各种繁忙的学习，那是一段非常美好的回忆，也深深地影响我到现在。

　　当时我还很年轻，不懂事，今天时而想起很多往事，深感羞愧。记得有一次，我把洗手间的台面上搞得全是水，羽西笑着对我说："我每次用完卫生间，都把水台擦得很干净，可是我先生要求很高，还是会说我把卫生间搞得都是水。"当时我根本没有意识到她是在教育我，现在想起来羽西的育人方式是多么用心！后来，我也把这件事讲给两个女儿听，希望她们也能从中悟出一些人生思考。

　　后来我和先生一起创业，创办了一个社区媒体，羽西得知后给了我很多鼓励和支持。最让我感动的是她特地来到我们举办的一个社区颁奖典礼为我们站台，当大家知道羽西要来，都早早地在现场等着。当天活动举办地的广场总经理说："我们的广场第一次这样人山人海，水泄不通。"

　　世界真的很小，有一次我邀请羽西来社区做讲座，我的邻居说："羽西是他一直在寻找，希望能够当面感谢的人，实在没想到今天有机会见到，心情太激动了，我想送给羽西一个礼物"。原来他初到美国留学时曾获得了"羽西奖学金"，这份奖学金给了他很大的支持和鼓励。今天他在从事乐高教育，决定用乐高拼一幅巨大的羽西头像作为礼物，这幅巨作今天还被羽西珍藏着。

今天，我从社区媒体转型到亲子运动，初衷未变，一直希望做一件可以给其他人带来价值的事。这是羽西带给我，植入血液的这种羽西精神，一直影响着我。

◆ 他们眼中的羽西

很自豪，羽西带我们一起引领了时尚潮流

张葭薇（Jessica Zhang）│羽西化妆品美容顾问

我最怀念的就是羽西所引领的时尚潮流——不仅她的穿衣打扮被大家争相模仿，她的招牌式童花头也影响了整整一代人的发型。甚至，因为羽西化妆品的热卖，连羽西美容顾问的制服都成了众人拷贝的服饰模版。

我记得，当年我还在上海市百一店做柜长，有一天下午交接班的时候，我看到有位女士站在离柜台2米左右的走道上，捧着一个小本子认真地写着什么。我发现：她不时地抬头端详我那些在柜台里为顾客服务的同事，然后低头在本子上写写画画。这引起了我的好奇，我走到她旁边瞄了一眼她的本子，原来她在画我们的制服。我问她："你很喜欢我们的衣服？"她说："是啊，太好看了！我准备照样子让裁缝做一身，搭配丝巾可以出席重要场合。"我当时心里特别骄傲，我们的制服不仅时髦还很优雅，那一身质地优良、剪裁合体的黑色套装，配搭精致的丝巾，就是商场里最耀眼的一抹亮色。

羽西化妆品美容顾问们的制服都是经过精心设计和定制的

第五章 羽西化妆品的诞生

羽西化妆品讲座

6 个月后，我们在北京发售。我很紧张，因为北京的民风相对保守，我很担心有人会站出来谴责女性使用化妆品，但没想到北京的女性对化妆品的接受度非常之高，销量出奇地好。

当时我们的"小羽西"美容顾问遍布各大卖场，工资是所有行业里最高的。每月业绩好的话可以拿到三千多元的工资，而当时的每个月平均工资才四百多元。员工们告诉我，他们的父母嘱咐他们一定要好好工作，留在羽西化妆品公司。

如果说羽西化妆品创造了独一无二的企业文化，那就是当时羽西公司的员工，人人都是化妆高手，这一切都来自我们对培训的重视。除了美容顾问"小羽西"，各大地区的销售经理几乎都是男士，但是他们必须具备精湛的化妆技术。

我是一个要求严格的人，也致使员工们面临考试的时候都非常紧张。有一天我接到一个电话，是北京的一名销售经理的母亲打来的，说她儿子即将参与我们的培训考核，所以每次回家都让她做模特，无论是做家务的时候，还是做饭的时候，她一边干活，儿子一边给她化妆。化得她脸都疼了。因为每次化得不好的时候，都要卸妆重来。我听后觉得好笑的同时，心里有些不好受。后来我们联系了首都宾馆的女服务员，让她们来当化妆模特。

另外，每次到柜台，我都会检查工作人员的妆容，看看有什么不对，有的话，会马上批评！我会抽查每个工作人员的化妆包，看她们是否用羽西的产品，我对自己的产品特别有信心，并告诉她们，如果你自己都不用羽西，或你自己都用得不当，那你怎样可以推荐给别人？你怎么可以说服你的顾客？并且如果你们发现别的品牌产品比我们的好，请向公司力荐，我们会改善的。

就这样，我们打造了中国第一批化妆品行业职业经理人，如今很多中国公司，比如露华浓的总经理，也是 MAC 的全国销售总监赵立新，伽蓝集团的公关总经理陈涓玲，都来自我们公司，也都是我亲自培训的。可以说，我们开拓了在中国化妆品这个领域里培养专业团队的先河。

对我来说，培训是业务的核心。记得有一次，我非常敬佩的美国美妆行业巨头——雅诗兰黛的主席伦纳德·劳德先生（Mr. Leonard Lauder）来到上海。他请我吃午餐，但我告诉他我正在一家酒店培训我的员工，为了了解我们的培训课程，他特地来到我所在的酒店，看到培训室里的 150 个培训师，他非常惊讶，并对此印象深刻。之后的午餐中，他半开玩笑地问我是否可以把公司卖给他。我着实吓了一跳，同时也很激动。虽然这是一笔没有达成的交易，但是能与他会面和交谈并得到他的青睐，我感到十分荣幸。

深受求职者青睐的"羽西"

富绕 | 羽西公司东北地区培训师（1995—2003 年）

　　羽西公司最初在报纸上刊登广告招聘美容顾问时，为了提高效率，直接在广告上写明面试时间和地点。有一次面试安排在一个周末，由我负责。那天，来面试的人从屋内排到了楼梯，让我哭笑不得的是，居然有很多中年男士来应聘美容顾问，并信心满满地表示自己能胜任这一职位。我不得不很认真地向他们解释美容顾问的工作内容、工作环境和任职的年龄要求、素质要求……

　　那时候，与其他的企业相比，羽西公司给员工提供的待遇和福利真的是太好了，名声在外，很多人都想到羽西公司来工作，每次面试都异常火爆。毫不夸张地说，当时能进入羽西公司的人，都是万里挑一。

羽西和"小羽西"们

四　风雨过后便是彩虹

　　羽西化妆品开始在全国各地进驻各大百货商场开设柜台，数量达到八百多个。由于业务不断扩大，各地区的代理商会追着我们要货，我们还要不断地推陈出新。我的经理华山同我说，新品可不可以不要亲身测试了，直接生产，能节省时间，我说，不！每次推出新品之前，我还是都会亲自试用样品，真的没有问题之后，才会签字批准生产。因为这是我的名字命名的产品，我一定要确保它没有问题，否则我无法承担那么大的责任！

　　另外，新品的名称我们也要起得漂亮，当年我们的"第一次爱怎能忘记"牌香水就是一个例子，还有以各种城市和颜色命名的口红，卖疯掉的"与众不同"面霜，都是我自己起的名字。我不愿意抄袭，我觉得如果一个品牌永远都是抄别人，不创新的话，那这个品牌迟早会失败，因为它没有存在的必要！

羽西香水广告，我作为模特，背部出镜

　　当然，新品上市的问题很多，比如物流。当时羽西化妆品是从深圳出货，经火车运往全国各地，而且我们要在火车站等到有空置的车厢的时候才可以运货，有时甚至要等一个礼拜，遇到这种情况只能干着急。有几次火车到了目的地，我们发现货品的包装全都被拆开了，里面的产品被洗劫一空! 我的工作人员气得直接坐在地上哭。那也没有办法，只能重新调货。

在公司的管理上，我也是新手。我当时的普通话也不是很好，在布置工作的时候经常闹出好多笑话。在一次新品发布会前，我召开工作会议，会议快结束时我要求工作人员给每一位发布会的现场来宾赠送一对羽西耳环，结果我说成了一只羽西耳朵，当时员工们都瞪大了眼睛，疑惑地看着我，紧张地问："哪一只? 左耳朵还是右耳朵? "

羽西化妆品热卖期间，如果哪家直营店铺对外透露了我要到访的行程，这家店的门口就会聚集成百上千的人等着见我，商店被围得水泄不通! 他们都想要跟我打招呼，或者问我一些问题，比如"应该涂什么颜色的口红?""用什么产品能减少皱纹"等等，而我推荐的东西他们都会蜂拥抢购。我记得有一位顾客拿着一只羽西口红，颤抖地对我说："羽西小姐，不好意思，我好紧张，因为这是我第一次用口红! "……

在柜台与顾客们交流，经常听到她们说自己是第一次使用口红，很紧张

羽西公司的辉煌，从一开始就让人惊叹

李世樽 | 羽西公司财务部总会计师，财务部资历最久的员工

1992年冬，羽西化妆品天津分公司成立。完成美容顾问的集中培训后，我们在1993年正式进驻商场。每每回想起"天津劝业场"羽西柜台开业的情景，一幅画面就会立时呈现在我眼前，仿佛发生在昨天。当时，"羽西将亲自到劝业场"这个消息一经发出，人们便口口相传，很快就成了家喻户晓的新闻。开业当天一早，大量的消费者等在商场门口，像要投入战斗一样，商场早上一开门，人群就涌向"羽西柜台"。

不一会儿，柜台就被热情高涨的人群挤歪了。此时，羽西很快就要亲临现场，商场及时与区公安局联系，派出多名警察赶来"增援"，迅速维持住现场秩序，还为羽西拦出了一条入场通道，

羽西去商场柜台考察被围观

避免她被兴奋的粉丝们包围。一切准备就绪时，羽西出现了，人们大声呼喊着："羽西！羽西！"当天，柜台准备的纽约桔红、东京粉红、三色阴影粉等全部产品，一会儿工夫就都卖完了。

那时候，走在天津步行街上，看到迎面而来画着口红的女性，我们能分辨出她用的是哪一种羽西口红。那种感觉，真是让我们骄傲，享受到难以言表的巨大成就感。

经过各大电视台，以及《天津日报》《今晚报》等媒体的连续报道，"羽西化妆品上市当天便售罄"，成为人尽皆知的爆炸性新闻。羽西专柜销量直线上升，单凭专柜已不能满足市场的需求，公司决定扩大营业，做 COD（批发业务）。

当时，羽西化妆品公司在天津宾馆办公。记得有一天，我一到公司，便看到公司门前有位男士在等候。他说："请问，我要做东北地区羽西化妆品代理商，可以尽快卖给我一些产品吗？"说着，他就打开了随身的旅行袋，里面居然是满满一袋子的现金！我们大吃一惊，此人既没有事先给我们打电话，也没有经过我们的相关审查，第一次来就要付现款拿一批货！怎么办？为了公司利益不受影响，并尽快让羽西化妆品打开东北市场，我们迅速商量后就做出了决定，我们当场回复他："我们目前有意向在东北发展，欢迎你加入代理商队伍，但除了先付款再提货，你还需要配合我们完成公司规定的代理商审核，我们可以给你特批审核绿色通道"。这位男士欣然同意，踏踏实实地坐了下来。

就这样，我们马上对这位"不速之客"开始了审核。通过了解，这位先生的条件符合我公司对代理商的要求，他在沈阳、长春等地商场内都有柜台，与商场的合作关系很好，没有不良记录。完成审核后，我们让他付了定金，并约定下个月就发货，他登门当天就成为"羽西代理商"的一员。直到今天,这位曾经的代理商仍然对我们那天的高效回应感激不尽。从此,羽西化妆品在东北地区声名鹊起。之后,以同样的方式,"羽西代理商"迅速遍及中国大地。

羽西改变了我的一生

姚红(Holly Yao)｜曾任羽西行政助理

作为羽西的行政助理,我常陪同羽西在中国各地出差。记得在杭州的一个傍晚,晚饭后,羽西和我在酒店散步。我问羽西:"你对羽西公司的梦想是什么?"她回答说:"我非常希望'羽西'这个牌子能长青不老,它的生命能超过我的有生之年,像香奈儿品牌那样,在创始人可可·香奈尔(Coco Chanel)去世后仍然屹立不衰。"听到她的这个梦想时,我很震撼,也很振奋。

入职羽西化妆品公司后,我是从羽西的行政助理干起的。羽西总是乐于给我机会,晋升了我很多次,经过若干次的工作加码,她让我到美国总部工作。这对我的人生来说是一次非常棒的机会!要知道,在20世纪90年代,中国人很难有机会出国旅游,更别说到国外工作、定居了。跟当时99.9%的中国人一样,我连护照长什么样都不知道。

我到美国后,羽西让我在她曼哈顿的漂亮别墅里免费住了一年。当我决定搬出去自住后,羽西亲自去"审查","批准"了我想租下的公寓，而且还帮我付了定金。

后来，我虽然离开了羽西公司，但一直和羽西保持着联系，因为羽西在我心里已经不只是老板、导师，她更像是爱护我的阿姨。多年后，当我碰到我现在的老公，明确恋爱关系时，我第一个带他见的人就是羽西。希望羽西来把关和批准属于我的"准老公"。一年后，羽西还做了我们的证婚人。

羽西有明确而坚定的梦想，她自强自信，勇往直前，总是乐于迎接挑战。在她的世界里，没有什么是不可能的！

在经营化妆品公司期间，为促进化妆品的销售到全国各地出差，是羽西的工作常态。我记得，有一次去杭州，羽西的行程一如既往排得满满的：上午去商店促销，在柜台一站就是几个小时，不停地为顾客演示；中午和经销商吃饭；下午与浙江省省长和杭州市市长见面；傍晚接受电视台采访。当天，浙江电视台的陈台长全程陪同。到了晚间采访的时候，他把我拉到一边，悄声问道："Holly，你是羽西的助理，你一定知道答案。我们都很好奇，羽西是吃了什么药还是补品？这么一天下来，我们都已经精疲力竭了，她怎么精神还那么好？"我笑着回答："羽西什么药、什么补品都不吃，她呀，越忙越精神。"

和羽西工作，你要赶得上"羽西速度"。记得我住在羽西纽约家里的那段日子，我们经常谈工作谈到深夜。第二天早上醒来，我发现羽西已经在我办公桌上留下一张长长的工作清单，我那时也很纳闷："这位女士不睡觉的吗？！"

羽西的脑子转得特别快，主意一个接一个！而且还都是原创的。羽西有一次开玩笑地说，没有一个商学院会录取她，但我觉得她应该属于商业天才，商学院的那些循规蹈矩的思路可能会禁锢她的想法、做法（没有任何贬低商学院的意思，我本人读过商学院，觉得受益匪浅）。我的意思是，羽西做事信手拈来，没有束缚，她总是愿意去尝试新的想法，她不会轻易因为别人说"不行"而裹足不前。记得羽西化妆品公司刚成立那会儿，羽西拿出了好多新的想法，但她需要去一一说服百货商场去实现。比如：她想成立专柜；她想让她专柜服务员穿公司的制服；如果一个柜台有三名员工，她想让其中一名站在柜台外面，以便和顾客有更好的互动……所有这些，在当时的中国百货行业是没有先例的，商场方面最初都出于各种各样的顾虑不愿尝试，但是羽西用她的魅力和不懈的精神赢得了一个又一个商场的支持，创造了一个又一个的"第一"！

羽西亲自给顾客传授化妆技巧

然而，在我们大力推广中国女性使用化妆品的过程中，还是会遇到很多问题，质疑声不绝于耳。当时产生了两种不同的态度，一种是支持，一种是藐视。

我去复旦大学做过一次讲座，现场的老师们之间对化妆有很大的争议，一部分人说应该学会使用化妆品这个工具，把自己打扮得更漂亮；另一部分人说它是精神污染，我们不需要化妆，素颜才能保持最真实的自己。

同样有一次在北京，我和一群高中教师交谈，其中一位说："教师要以身作则，要以不化妆来体现节俭和不虚荣的美德。"

我很理解她们的这种"不赞成"，但我还是表达了自己的看法，我告诉这些老师们："老师当然要以身作则，但在某些情况下，化妆是对他人的尊重。在更正式的活动中，你绝对不想让自己看起来凌乱不堪。老师也是领导者，你的形象很重要。你的学生会跟随你的脚步，学习为自己创造良好的形象。"

后来，在北京市教委的组织下，我们在北京人民大会堂，举办了"北京市女教师形象设计大赛"。如今回想起来，我都觉得非常有成就感。

在各地做讲座，我都会遇到反对者。有一次在北京百货大楼，我出席羽西柜台举办的体验新品的促销活动。就在我给顾客化妆时，听到围观的群众里有位女性用极其轻蔑的语气说："看她那个样子！化得像个鬼似的。"

我身旁的沈宏可能是怕我听见后伤心，赶紧对那位女士说："你怎么这样说话？太没礼貌了。"

我当然听到了，便接着她的话开玩笑地问道："我像鬼吗？对不起，是不是吓到你了？"

1995 年，在庄严肃穆的北京人民大会堂举办了"第一届首都女教师形象大奖赛"。我作为此大赛的总策划及总评委，借调了上海、深圳、天津等 6 家分公司的美容顾问，参与培训来自北京各区、县的 850 名优秀教师。羽西化妆品一举成为家喻户晓的驰名商标！

第五章 羽西化妆品的诞生

你，自成先锋：靳羽西自传

马不停蹄地穿梭于全国各地的羽西化妆品专柜

第五章　　羽西化妆品的诞生

这时大家都笑了，而那位女士一声不吭地迅速跑开了。

类似这样的事情当时经常发生。其实我理解这些人，他们只是需要时间去了解和接受化妆品，改变对化妆品的认知，让他们知道化妆品可以提高女性外在形象气质，这种钱是值得花的。

我的大部分时间都花在了培训和教育推广上，教女性学会怎么使用化妆品，并让她们明白化妆品能够改变她们的容貌。如果天生的容貌都可以改变，那还有什么是不能改变的呢？这就是化妆品能够赋予人神奇的美的精神与力量！

1995 年，中华全国妇女联合会主办的"联合国第四次世界妇女大会"在北京举行。

羽西化妆品被选为"联合国第四届妇女大会"指定化妆用品

时任妇联的领导人希望我提前给她们做个培训。并允许我在培训讲座上用她作为化妆模特，现场也是特别有趣。我帮她画了口红之后，她问我，"我的眼睛怎么样？"所以我继续教她如何画眼妆。然后她问，"我的皮肤怎么样？需不需要一些胭脂？"

我最终帮她化了一个完整的妆容。她对结果非常满意。其他妇联的女同事们也都学习到了，开始自己动手化妆。我帮她们做调整，直到每个人都欣赏到了自己焕然一新的容貌。

大会开幕式上，我看到妇联的女领导们一个个都妆容精致，打扮得特别漂亮。让在场所有人都耳目一新，我也特别开心。

1996 年，时任国家领导人访美，我送了他一个"羽西"透明粉饼，并跟他解释说，"形象对于政治家来说特别重要。克林顿总统在重大活动或者接受电视访问的时候，都会用一些散粉，避免脸上出现明晃晃的油光。您也可以用一些。"没想到他在联合国会议发言前真的采纳了我的建议，在脸上扑了些粉。后来，这件事被各大媒体报道出来，说我是唯一一个直接建议国家领导人擦粉的女人。

我们所做的工作不仅在中国掀起了一场消费革命，也激励了一代女企业家。我确信许多中国女性，看到我的成功，一定对自己说：羽西能做到，我也能！

羽西化妆品在 20 世纪 90 年代中期创下传奇的销售业绩，它带动了整个中国化妆品行业消费市场，以 95% 的品牌认知率成为中国化妆品行业的领导企业。它让中国女性美起来了，自信起来了。

消息传到国外，外媒评价我："羽西，用一支又一支口红改变了中国人的形象。"

美国《时代》周刊更称呼我是"中国化妆品王国的皇后"。

这些让我受宠若惊的评价和赞誉促使我更加坚定地告诉自己：我还要付出更大的努力。

1992

西，用一支又一支口红改变了中国人的形

— 福布斯 FORBE

"羽西"商标的故事和品牌成功的原因

沈宏 | 羽西化妆品全国市场兼公关总监

羽西品牌特卖专柜以雷霆万钧之势在一年之内已从上海、北京、天津席卷主要省份，且在各地商场雄居五个之最：最好的柜台位置，最醒目的形象，最好的销售，最好的折扣率，最短的返款时间！

在成都人民商场，你会见到具有百年历史的日本化妆品品牌柜台的销售员含泪撕掉她们的 Logo 说，我们这个柜台要搬到旁边去了，羽西化妆品来了。

羽西化妆品来了，但缺少香水品类。当时，我们研发的"第一次爱"香水的英文名称"First Love"，已被某一化妆品品牌在全球注册了。

当我告诉羽西这一消息时犹如晴天霹雳！怎么办？

羽西对我说："沈宏，世界上办法总比困难多！"

羽西给了我一个不可完成的使命。因为当时开发及生产耗资百万的"第一次爱"香水也已经运到各地，销售单价 199 元。

我找到商标局的负责人，对方回答：羽西申请的商标已过了公告期不予受理。商标局提供了对方的联系方式但一直未回复。突然我发现商标局给我们信函只讲到英文名"First Love"已被注册。并没有提到中文名"第一次爱"是否被注册。我即刻飞到北京商标局，想再申请中文名"第一次爱"。重申"羽西"品牌将会走向世界，希望予以批准。于是，我在未得到受理通知的十天内，天天去局长办公室报道。

天道酬勤，终于商标局答复中文名受理注册成功，有"®"的标志，意喻受保护，英文"First Love"如要使用不可有"®"标志，不受保护！我满怀喜悦地告诉羽西，此时羽西立即说：我们应该把化妆品以外的其他品类商标都要注册掉。

当我们向国家商标局提出注册羽西品牌所有商标申请，得到的结论是：北京附近郊区的某个县村民，已注册了除化妆品和军火以外的所有羽西商标。我通过当地一名挂职干部了解到：1.对方提出100万元人民币的补偿。2.只接受与靳羽西女士面谈。

因为羽西商标被抢注牵扯到几个知名投资公司无法对羽西公司的战略并购谈判的继续。于是，公司决定总经理华山陪北京挂职的副县长及我上门拜访对方。但第一次却吃了对方的"闭门羹"。那位副县长透露，对方虽是农民但他的亲戚是县工商局的主管，抢注知名品牌的延伸品类是致富的一条捷径，当时并没有明文禁止。

我在北京找了几家律师事务所，也都没有人接过类似的案子。万般无奈下，我们只有亲自出马去找这个抢注者面谈。当我们的车开到村口时，只见路上横着一个狼牙棒，村民说车不能进村，要步行。这位H姓农民大门紧锁，四只大狼狗在院子里不停地冲我们吠。我们叫了半天门，他才出来开门，怀里还抱着一个小孩子。开门后他的第一句话就是："把你的大哥大（手机）交出来。"我灵机一动掏出事先准备的巧克力冲小孩子说："你让阿姨抱，就有糖吃。"小孩一下就挣开了对方的怀抱跑到我跟前。主人见状随即向院内吼了声："把狗拴起来，别伤了孩子。"

经过近四个小时的唇枪舌剑，对方表示愿意具体谈一个价格出让。后来，我们以10万元人民币将对方抢注的所有商标收购回羽西公司。

羽西与沈宏、华山

　　说起羽西品牌的成功，有数不清的原因，中国女人爱戴羽西，相信她，是一个重要的原因。她是一个家喻户晓的人物，也是另一个原因。但是最大的原因与她个人严谨的工作态度很有关联，她是追求完美的人。比如在她研制口红的时候，起码在500个中国女人的嘴唇上涂过每一个颜色来做比较，到最后决定什么颜色是最漂亮的。

　　羽西在推出名为"First Love"香水的时候，当时的slogan是"第一次爱怎能忘记？"。但令我不能忘记的是，在那段时间里，为了能够准确地知道这款香水的头香、中香和尾香在人体上能够停留的时长，羽西亲身试验。有一次，我去羽西纽约的住所，发现她正在把香水涂抹在胳膊上，还用笔标出每个香味。我说："羽西，你太认真了，没有消费者会用秒表体察香味的具体留存时间的！"羽西回复我说："我最最不喜欢的是'不认真'三字！"

第五章　羽西化妆品的诞生

羽西所有产品的名字都是由她亲自命名。有的时候连培训手册的每句话都是自己写，真的特别用心。她认为，如果她的美容顾问不懂得怎样销售，那我们的生意绝对不会好的。她们要代表羽西在全国说服成千上万的顾客！

每一次去商场她都会"站柜台"。她自己进行销售，亲自与顾客交流。她说："我要听听顾客对产品的反应和他们的要求。这样，我就知道怎样改善产品或者开发新品。"羽西当年连柜台的设计都亲自参与！她说，柜台就是我们的招牌，它不仅要很漂亮而且要很实用，而且每一英寸都应该服务于销售，用什么样的镜子，它该放在哪儿才合适？纸巾应该放在哪？产品怎么陈列摆放才使美容顾问用的时候最方便？每一个小细节羽西都亲自参与，她非常在乎我们认为不重要的这些细节。但最终结果说明她是正确的。

有人会问：羽西品牌的成功，是因为她的产品吗？当然是！羽西每一个产品的配方和质量都是特别棒的。羽西当年的主打产品是"三色多用阴影粉"，这个产品绝对是专门为中国女性的脸型设计的。三个哑光的颜色，当时在市面上很难买到。这是最经典的永远不会过时的颜色，我可以肯定地说当时全中国的化妆师都在用这个产品。

羽西不仅改变了美的概念，而且引进了一些新的美的概念：比如她是第一个引进防晒概念的。当时中国人根本上没有防晒意识，我们专门做了公关宣传活动，把防晒乳送到在烈日下工作的交警手里。

羽西常常说，很多人会因为我的名声来买一次我的产品，但是如果我们的产品不够好，他们就不会再来了，所以我们的产品一定要是百分之百好，生意要做得大，要靠回头的客户。

你，自成先锋：靳羽西自传

五　成功背后的无可奈何

作为品牌创始人，我需要经常出差考察各地柜台。每次入住酒店的第一件事就是去清洁洗手间，把马桶刷干净才用，已经养成了习惯。给羽西化妆品"站柜台"的那些日子，我全国各地跑，不知道刷了多少个酒店马桶。

可能有人会说我这样亲力亲为是强迫症，但是其实我只是想高效解决当下的问题。

作家车尔尼雪夫斯基曾说过："既然太阳上也有黑点，那么人世间的事情就更不可能没有缺陷。"一旦我发现自己哪件事没有做好，我也会感到非常遗憾和内疚，我会记得这些不完美的事，时刻提醒自己今后一定不能再犯相同的错误。

有一次，我带着一个电视摄制组人员去内蒙古，晚饭后，当地人放起音乐，在市长的带领下大家一起跳舞。内蒙古真的就像歌里描述的那样——美丽的草原，让人心旷神怡。

他们为我准备了美味的烤全羊，还要我吃羊眼，这对我来说还真困难。一天的欢歌笑语下来，其实我已经筋疲力尽了。原本第二天早上5点钟需要前往内蒙古另一个城镇，结果直到上午8点才离开。我们迟到了两个多小时，当地市政府领导和一个大型的儿童乐团还在那里等我举行升旗仪式。让几百人等了这么久，我从来没有觉得这么惭愧过。我发誓以后绝对不迟到。而我也从未因个人原因再迟到过。

离开内蒙古之后，我去日本出差，结果弄丢了手提行李，里面有我在内蒙古拍摄的所有视频录影带，现在每次想起来还是觉得很遗憾。

羽西化妆品在内蒙古的巨幅广告牌

羽西化妆品团队在内蒙古受到热情接待

第五章　羽西化妆品的诞生

　　全国各地到处跑的我，每到一个城市，当地都会召开媒体见面会。接受媒体采访之后，我还要和分公司人员开会，给业务员上培训课，请当地的明星经理吃饭，帮助他们解决遇到的问题，比如柜台的位置、人员的配备等。

　　我们的业务发展非常迅速，产品非常受欢迎。当时无论我们要求什么，总是能够获得批准，而我走到哪儿都会有一群人围上来。我开心地享受着这种名人待遇，但同时也会遇到一些很无奈的事——我的名字常常被别人冒用。比如在超市或商店里，能常常看到以我的名字命名的假化妆品，离谱的还有"羽西"牌的卫生巾、衣服，甚至白酒，这真是让平时滴酒不沾的我啼笑皆非，我从未做过这些产品。还有很多美容院没有得到我的同意就用我的名字开店。我记得有一次在黑龙江大庆市，有人对我说："羽西，你的美容院和按摩院在我们大庆都做得非常成功，祝贺你！"听得我一头雾水。

冒牌的"羽西牌"卫生巾　　　　　　冒牌的"羽西美容沙龙"

　　曾有一个美国的电视台来中国采访我，我们准备先去书店看看我的书。因为当时我写了至少五六本书，书店的经理特别好心把我所有的书都放在门口处很显眼的一张桌子上。结果我们到了之后特别尴尬，因为桌上的 9 本"靳羽西著作"里，其中 3 本我

自己都没见过，都是别人假借我的名字写的。用我的名字和照片写书，里面很多信息是错误的，居然还能出版，真是不可思议！

虽然我的商标经常被冒用，但我没有追究他们的责任，因为毕竟那些都是不足为道的小生意，我觉得大家都不容易，而且被别人冒用，不是更说明我的品牌有影响力嘛！但我不提倡这种行为，放到现在可是要吃官司的哦。千万不要这样做。

在我辛苦创业期间，母亲病重在床。每次我回到纽约，都是下了飞机就直接过去看她，离开纽约时也要再去看看她。每次离别我会忍不住伤心流泪，我害怕那是我们的最后一面。

当时只有父亲和小妹羽姗陪在母亲身边精心照顾，羽姗更是整整一年没有去工作。

身不由己之时，父亲还是非常支持我，在他的回忆录中记录了他对我做化妆品事业的看法："羽西眼见国内女性化妆意识的缺乏，容貌上与欧美女性相比具有天壤之别，影响所及有自卑之感。她觉得要使中国女性在国际上站立起来，非从注意外在美入手不可。果然在她的努力之下，不到数年的短促光景，从建厂，培训人才，资金的筹集，宣传设计，到巡回演讲，相继出版化妆类书籍。她办事之迅速和魄力，真是惊人。她不费父母一分一毫的资助，便有此成绩，令人羡佩不已。我们为有此女儿而感到自豪。"

后来母亲离世，我用巨大的工作量来麻痹自己，使自己忘掉痛苦。

而我和丈夫马明斯的关系也在那时开始出现了问题。

第六章

爱情，婚姻，
家庭不是一回事

在人生的长河里，多数人做不到好聚好散，很多人相爱的时候爱得死去活来，分手的时候也非要分得你死我活。一个成年人对情绪管理能力是非常重要的。当你面对一段感情的挫折，一份不再美好的婚姻时，你最重要的就是要学会梳理好自己的情绪，当你有健康的心态，你的情感世界才会跟着你一起变得强大而美好起来。

一 童话般的婚姻并不完美——1996 年，我离婚了

我明白和我结婚并不是一件容易的事。

由于要经营羽西化妆品事业，我不得不经常去中国。我和马明斯约定每次分开的时间最多不超过两个星期，而且如果他也有时间，会和我一起去中国。他是公司的股东之一，需要与总经理华山他们开会，查看所有的报表。但是很快我意识到，他在中国很无聊。20 世纪 90 年代初，中国会说英语的人不多，他没有人可以交流，他也不会说中文。只有华山是他唯一能用英语交流的伙伴，他们有时候可以去打高尔夫球解解闷。

与马明斯在广州出席活动

马明斯和华山在中国

因为当时在中国所有活动都以我为主角，马明斯渐渐成了别人口中"羽西的老公"。每次出席活动，媒体记者们和粉丝们都会冲到我面前，把他挤到一边，冷落了他。其实他本身就是成功

的企业家，但是在中国鲜有人知道他，或者鲜有人愿意去了解他，大家的焦点都在我的身上。刚开始他还无所谓，甚至觉得很有趣，但时间一长，次数多了，他开始显现出不爽和不耐烦。

渐渐地，他开始减少和我一起回中国的次数了。再后来，每次我告诉他我要去中国的时候，他都非常不高兴。他不再是当初那个看到我忙，就会询问能帮我做点什么的体贴入微的男人了。他开始抱怨我经常不在他身边，想见我都见不到。

而对我来说，公司是我的责任和义务，需要我处理的事情太多，也没有办法说放弃就放弃。总有人问我，作为职业女性要如何平衡事业和家庭，其实我不知道要如何回答这种问题。因为如果我能平衡好，就不会离婚了。就这样，当时我的生活一直在工作和情感之间来回拉扯，无数次让我感到心力交瘁。

我们俩这种远隔两国，我白天他黑夜的情况越来越频繁。但是我万万没想到，在我忙于工作的时候，他却带着另外一个女人去度假了。

那天我在北京，晚上要主持"中国国际管乐艺术节"的开幕式。在酒店房间里，我正准备化妆，这时电话响了。

我接起电话，是一位美国女朋友打来的。她来北京接她领养的孩子。电话里她支支吾吾地说："羽西，我昨天在劳德代尔堡机场看到马明斯了！"

我心里一惊："你看错了吧，马明斯在纽约呢。"

她的语气变得很尴尬，说马明斯身边还有个女人，两个人举止很亲密。

当她描述那个女人大概的行头打扮时，我瞬间知道是谁了，那是马明斯多年来的女助理，我太熟悉她了。

这个晴天霹雳般的信息，像电流一样刺激着我，我不由自主地浑身颤抖。

这些日子来，作为女人的直觉，我不是没怀疑过，但是我总是选择相信马明斯。

此时我只感觉朋友的声音在电话的那头越来越远，我用最后的一丝力气挂掉了朋友的电话。

天色渐暗，房间里的空气凝结着，安静得可怕。我一直呆坐在原地，什么都不想做。

我终于理解了一句话，一个人悲伤到极致是没有眼泪的。

不知过了多久，房门被推开，沈宏走了进来。

"呀！羽西，你怎么没开灯？"

看到我坐在黑暗的房间里，沈宏把灯打开了，一边向我走来一边问："您准备好了吗？今晚两万多观众已经陆续进场了。"

但是当她看到我的模样时，顿时愣住了，半晌才小心翼翼地问我："羽西，发生什么事了？你的脸色怎么这么难看？"

我努力让自己平静下来，长吁一口气："我有一件事，现在要告诉你。"

看到我一脸凝重，沈宏的表情也变得严肃起来。

"我刚得到一个确切的消息"，我低声说道："我老公出轨了。"

"什么？怎么会？……那……那怎么办……"沈宏被这个突如其来的消息吓到了。

"我们有可能会离婚……"我突然感到胸口一阵钻心般的疼，一股酸楚从心头直涌到双眼。

然而在眼泪崩泻而出的那一刻，我却在提醒自己，不能陷在悲伤的情绪中，至少现在不可以！我得先做好主持人的工作。

于是，我赶紧抬起头，擦干眼泪，平复自己的心情。

看到沈宏低着头也在抹眼泪，我便跟她说道："别为我难过，我现在很好。我们先化妆，再过一会儿活动就要开始了。"

我双手颤抖着给自己化了妆，看着镜子里化好妆的自己，告诉她要坚强！

换好登台的服装，我和沈宏一起往外走。

今晚在北京奥林匹克体育场演出，场地特别大，节目组给我设计了一个我先钻进一顶轿子里，被抬到舞台上再主持的环节。

而这个场面，对我如今的婚姻状况是多么大的嘲讽啊！我将像一个幸福的新娘一样出现在舞台上……

在通往舞台的那条长长的走道上，我边走边听到四周越来越热闹的人声和欢呼声。有那么一刻，我仿佛看到一个疲惫的自己，正被生活撕扯得四分五裂……

走到即将抬我上舞台中央的大轿子面前，这是一顶经典的中国大花轿，鲜红的轿衣此刻分外扎眼。工作人员递来话筒，我习惯性地接过，然后弯腰坐进轿内。

当轿帘再次被掀开，我已经抵达舞台正中央，我走出轿子，站到舞台中心，一束追光灯照射过来。强烈的光芒直接打在我的全身，令我无处藏匿，那瞬间，仿佛一切都在告诉我，我是一名主持人，我正肩负着神圣的庄重的工作使命！

我深呼吸了一下，让自己瞬间变得精神抖擞、笑容满面，就像什么事都没发生过那样。我告诉自己，不能搞砸了。当时除了沈宏，没有其他人知道我刚经历的事情，包括现场和我搭档的另外一位主持人黄宗江先生。

　　我和黄宗江先生搭配默契，顺利地完成了当天艺术节开幕式的主持工作。

　　第二天，我搭乘最早的航班回到纽约，马明斯来机场接我。在回家的路上我们一直没有说话，他面色暗沉，眼神总是在回避我。他每一次对我的回避，都让我更加伤心。

　　到家之后，我要求和他一起坐下来心平气和地聊一聊。

　　我直截了当地问他是不是出轨了，他否认。但他的语气和态度却告诉我，他在说谎。我没有继续逼问他。

　　为了挽救这段婚姻，我们还曾去咨询一位著名的婚姻心理学医生，但是很遗憾并没有什么帮助。从那之后，我发现他开始刻意疏远我。我一回到纽约他就出差，我俩几乎见不到面。

　　有一天下午一点钟左右，我打电话去他办公室，秘书说他已经下班了。而那晚他彻夜未归，他从不会这样！我哭了一整晚。直到第二天早上 7 点他才回家，我当然知道他去了哪里，但我什么都没问。我不想吵架，也不想让自己失控。

　　这种糟糕透顶的状态持续了近半年的时间。终于有一次我找到了和他一起吃晚饭的机会。我们面对面坐在餐厅里，他眉头紧锁，刻意避开我的视线。我开门见山地对他说："我们现在的生活状态并不是婚姻，如果我愿意为了你改变自己的生活方式，你会考虑为了我改变你的生活方式吗？"

　　他只是低头思考了一下，然后毫无表情地说了一句："不能。"

　　听到他的回答，我的心彻底凉了！我低头轻声说："既然这样，那我们还是离婚吧。"

　　他貌似等待这句话已经等了很久，只见他如释重负地舒了一口气："好吧，我会把房子留给你。"

我没说话，只想赶快吃完这顿饭。

失落像宇宙黑洞一般，此刻正漫无边际地深深地在我内心蔓延……

随后的一段日子，我们开始办理离婚手续。

虽然他承诺把房子留给我，但事后所有的手续费用都是我付的，而且他还要求我支付他当初帮助羽西化妆品公司创办期间，投资、招商等一切费用。

没有任何争论，我给了他所要求的全部。

我的律师恼怒地对我说："不要告诉任何人我是你的律师！你明明可以打场胜仗，但竟然放弃了一切！"

我不想发脾气，也不想闹得所有人都不愉快。不就是钱嘛，我总是可以赚回来的。

我知道随着我们的离婚，外界铺天盖地各种的媒体报道也会接踵而来。我就像一朵暴露在狂风骤雨中的花蕾，随时会被碾碎，但我时刻告诉自己：我要坚强！坚强！坚强！

我也不愿意在人前哭泣，处理完离婚事宜后，我依然想用工作让自己忙碌起来，直接飞到法国尼斯参加商务会议。

但当会议结束，从会议室走出来的那一刻，突然一阵无以言表的心痛，犹如一双隐形的爪子掐住我往深渊坠落。这种心痛令我窒息，我需要让自己放松下来，重新收拾一下自己的情绪。

于是，我简单地交代了一下工作，便独自去了圣·让·卡·费拉特 (Saint Jean Cap Ferrat)，那是离尼斯不远的一个海边小村落。我在那里谁也不认识，随便找中介租了个小房子，想一个人在那儿住一段时间。

每天站在大海边，看着一望无际的海水，听着有规律的潮汐声，万物在我眼里依旧是如此美好。

可我，却每天泪流满面，悲伤看不到边际……

我跟自己说，羽西，我给你两周时间来消化悲伤，只有两周，两周之后你必须要振作起来！做个全新的自己！

在这段时间里，我回想自己和马明斯的婚姻，总结出主要有三件事时刻影响着我们的婚姻质量。

1. 我们的年龄差异。他比我大 18 岁，结婚时他已经快退休了，外国人退休之后的生活很清闲。他可以去佛罗里达州打高尔夫，去阿斯本滑雪，去世界各地旅行，享受生活。但那时的我却正处于事业巅峰时期，我想尝试新事物，学习新知识，想真正实现我的梦想。没办法一直陪着他游山玩水。这就是我们之间的年龄差距产生的问题。

2. 我们的文化差异。我从 16 岁起就住在美国，所以我很了解美国的文化，我的英语也很好。但他对我的祖国知之甚少，也不会说中文。对中国的历史和文化更是一无所知。导致最后他还是无法适应我！他无法明白在中国做生意和在美国做生意是多么不同。

3. 我们的爱好也不一样。他喜欢打高尔夫球，我不喜欢。因为我不喜欢被太阳晒着，而且我也没有那么多的时间。他喜欢滑雪，出于同样的原因我也不喜欢，再加上我还有恐高症。所以夫妻有共同爱好是特别重要的，尤其年龄大了之后，两人之间的差异导致的问题会非常明显。

五年的婚姻，就此画上句号。

五年后，我终究没有披上见证山盟海誓的纯白婚纱。

说来很讽刺，和马明斯签署离婚文件是在情人节那一天，办理时我没有出席。

情人节过后的春节期间，我收到了一封他写给我的信：

1996 年 2 月 14 号

靳羽西女士

6 Sutton Square

New York, NY 10022

亲爱的羽西：

当我坐在我们的离婚交割会上，处理了一整天我们的离婚事宜，把萨顿广场的别墅过户给你，还有重组我们共同的羽西化妆品公司的资产时，我给你写下了这封关于友情和爱的信笺。

此时此刻，我对你心存无限感激——感谢你从我们 1988 年 10 月 12 日初次见面以来对我的爱与温柔，感谢你在 5 年多婚姻中给我的陪伴与支持，感谢你给我们之间关系注入的诚实和活力。当然，此时此刻我也惊叹和困惑于我们怎么会走到如此无法回头的境地。

我想再次表达对你由衷的赞赏——我希望你能继续做一个出类拔萃的人，把美好的事物带给他人；我希望能帮助你实现你的商业目标；我也希望你能好好照顾自己，这样才能保持精神饱满，身体健康。

我还有很多其他感受和想法可以表达，但是对我们之间深厚的情谊做一个历史性或者说哲学性的阐述并不是写这封信的目的。我只想说，我在乎你，也想要给你最好的一切。

希望你过几天从中国回纽约后，我们可以一起吃个午饭或者喝杯咖啡。除了处理一些琐事，最重要的还是可以决定在未来的日子里，我们的友谊能够在何等基础上维持和发展下去。我会等你的电话。

春节快乐，照顾好你自己！

James（马明斯）

说实话，如果在这之前，我对他婚内出轨还抱有愤愤不平的情绪的话，当看完这封信时，我释然了。我们都是独立的人，此生不能以爱人长相厮守，我们还可以以朋友关系好好相处下去啊！

我不喜欢与人交恶，更不喜欢分手后老死不相往来。在我看来，那些做法都是缺乏情绪管理能力的表现。我看到大多数人离婚时双方都争吵得很激烈，但我和马明斯却平静而友好地结束了我们的婚姻缘分。

在我们离婚后的一年内，他就和他的助理结婚了。但是，我和他还会时不时有联系，他的生日也会邀请我去吃个饭。

2018年2月，马明斯因为癌症去世了。在他去世的半年前，我和妹妹曾一起去探望过他。见到他时，我很惊讶，出现在我面前的这个男人已经完全变了模样。头发花白稀疏，皮肤上都是凸起的老年斑，没有了挺拔的身材，眼神里失去了光芒，整个人看起来无精打采。他的妻子一直在他身边照顾，这点让我很感动。但在我心里，我不止一次地想象着，如果我还是他的妻子，肯定不会让他变成现在这个样子。我也会在他身边悉心照顾，让他在人生最后阶段留给他人的形象是完美的。

然而，一切姻缘，是冥冥中注定的。命运的安排自有深意，不乱于心，不困于情，不畏将来，不念过往。如此，安好！愿马明斯在天堂幸福开心。

242

◆ 他们眼中的羽西

她成功地化解了离婚给她带来的危机

撒世雯（Stephanie Jacobs）| 羽西化妆品早期总裁秘书

当时，羽西化妆品公司在美国的办事处分为两个，一个在羽西的联排别墅，负责营销和产品开发；另一个是本土公司，负责会计和财务，而这家公司由羽西的丈夫马明斯掌管。

在别墅办事处，有八个人为羽西工作：营销部门的杰克（Jack）和霍莉（Holly），生产部门的坎迪斯（Candice）和慧（Hui），电视部门乔·周（Joe Chow），还有她的司机哈利（Harry）和管家安妮（Annie）。当然，还有我。我作为羽西的助理，在开始工作后不久，就得知羽西正在办理离婚手续。同时，美国公司开始把原本他们负责的所有财务、会计工作委托给我。生产经理坎迪斯告诉我，马明斯是一个可怕的人，他背着羽西出轨了！虽然我从未见过马明斯，但我当时相信他肯定是个坏人，因为他让羽西伤心。我不喜欢他！

我记得在我进入新工作第三到第四周的某一天，我看到一个又

你，自成先锋：靳羽西自传

高又帅的男士，银灰色头发，蓝色的眼睛。他站在餐厅的门口，手里拿着一杯威士忌，微笑着介绍自己，他就是马明斯。他问我是不是新来的员工，住在哪里，目前的工作是否顺利。他仔细聆听了我所说的话，并就如何为羽西工作和如何适应纽约的生活给了我一些建议。他非常真诚、善良而温暖。最后，他对我说："谢谢你照顾羽西"。

他看起来真是个好人，也很帅！难怪邓文迪后来试图向他寻求自己职业生涯的"建议"。我记得羽西曾对她说："嗨，文迪，如果你想跟我老公约会的话，请告诉我一声。"我觉得羽西真棒！

在此之后，我又见过马明斯几次。每一次，他都给我留下了非常好的印象。看到羽西和马明斯离婚是非常难过的。他们看起来是一对非常般配的夫妻。可能有时，两个完美的人不一定能成就完美的婚姻，羽西和马明斯或许就是这样。

在离婚过程中，马明斯公司开始将他们以前负责的会计和财务工作转移到羽西公司这一方。离婚后，我记得在没有马明斯公司支持的情况下，羽西的资金开始减少。但是，羽西化妆品公司发展迅速，产品畅销中国各大城市。我们经常收到中国的催货信，要求我们尽快安排羽西产品的补货，这些产品应该被送到所有的百货公司。但是，由于羽西的公司资金不足而无法支付美国这边的产品生产费用，因此交付延迟了。

我记得那是中国春节的前夕，中国的所有百货商店下单订购的羽西化妆品越来越多。当时所有人都很着急。羽西化妆品不能因为断货受影响，它已经取得了巨大成功，不能因为资金紧缺而倒闭！最后，羽西最小的妹妹羽姗借给了羽西10万美元来支付生产费，这批货最终按时送到了中国的百货商店。我们终于松一口气了。

后来我们了解到，办理离婚时，羽西并不想要马明斯的任何东西，即使离婚时她能分到很多，但是她一分钱都不想要。我们所有人都认为她很傻，她有资格获得马明斯至少一半的资产，但是羽西非常顽固，她就是不想要他的任何东西！她唯一保留的是她也出过钱的联排别墅，还有就是订婚戒指。

离婚后，我记得有一天羽西和我去了蒂芙尼，把她的订婚戒指换成了一个漂亮的黄钻石戒指。我想，对羽西来说，这样的舍弃和更新，应该是告别离婚的伤痛，重新开启幸福人生的新起点。

二　如何与异性交往

虽然我告诉自己，只能用两周时间沉浸在悲伤中，但离婚的打击对我来说是巨大的。至今，我回想起这段经历，心底里仍然隐隐作痛。

如今我历经沧海，再看待爱情、婚姻、家庭，这三件事根本就不是一回事儿！

在我的一生中，有很多很好的男性朋友，其中包括了普通朋友、恋人、老师和商业伙伴。我从他们每个人身上都学到了很多，他们都是我的良师益友。

记得刚到纽约不久，我认识了一位匈牙利人，他叫乔治·朗（George Lang），比我大25岁。他多才多艺，不但是一位了不起的小提琴家，还是一个优秀的作家，写了很多书。他的人脉很

245

和乔治·朗先生一起演奏　　　　　　　与乔治·朗先生

广，好朋友遍布世界各地，有政治家、企业家、音乐家、设计师、酒店开发商、作家、名厨……他自己也是烹饪艺术的专家，在纽约和世界各地为许多非常重要的餐馆做顾问。他虽然称不上富豪，但在纽约繁华市中心拥有一套非常漂亮的复式公寓，也是他经常举办派对的地方。每次派对会布置最美丽的鲜花、美味的食物、优美的音乐，和令人兴奋的表演，当然还有他邀请的各界名流。

　　我很高兴能通过他认识很多著名的音乐家，比如大提琴家亚诺什·斯塔克（Janos Starker）、指挥家洛林·马泽尔（Lorin Maazel）、小提琴家和指挥家皮恩卡斯·祖克曼（Pinchas Zukerman）。曾教授过郎朗和王羽佳的钢琴家加里·格雷夫曼（Gary Graffman）等等。我之前从未想过有生之年能和这些人成为朋友，简直像做梦一样。我非常荣幸能够认识乔治，也十分珍惜我和他之间的友谊。

　　但遗憾的是，我们的友谊在我拒绝了他的求婚后就结束了。

　　那是我一生中收到的第一个求婚，非常浪漫。他专门请了一位设计师，重新设计了他的公寓。他想把那里装修成我们的婚房，能够让我在那里住得舒服。

但我知道我不爱他，所以不可能嫁给他。而且，我那时还很年轻，才 20 出头，我并不愿意这么早就结婚。

拒绝他的求婚后，他就不再和我说话了。他的朋友告诉我，每次一提到我的名字，他就会难过，这件事让他伤心了很长一段时间。我也是，但当时的我真的没有结婚的打算，我想独立自由地生活。

我必须承认我从他那里学到了如何享受生活，如何在工作中出类拔萃，如何写书，如何热爱音乐，最重要的是，如何给大家带来欢乐。

当我第一次到纽约的时候，感觉那是一个和我在夏威夷上大学时完全不同的地方。城里几乎见不到任何亚洲女人。我们属于"有异国风情"的人。无论我走到哪里，都会被人注意到。

我知道许多外国人对我们亚洲人仅仅只是好奇和感兴趣而已，并不意味着他们真喜欢我。我们在这些外国男人眼中就像可爱的中国娃娃，他们希望我们能顺从他们。

我记得在一次高端晚宴上，坐在我旁边的是一个在华尔街很有权势的人。他上下打量我之后，居然对我说："你这么年轻漂亮，没有人包养你吗？"我当时震惊了，用诧异的眼光看着他，不敢相信他会对我说出这种话。在我否定他之后，他居然还用不相信的眼神看着我。当时这种歧视不是针对华人女性的，凡是亚洲女性几乎都会遇到，很多外国人是戴着有色眼镜看我们的。

我一直知道，在所谓的美国上流社会，拥有一张亚洲面孔会带给我很多关注，我一定要保证不给我的中国脸丢人。

我很注意自己的穿着打扮，我要确保自己能说很地道的英语，还要知道当时最流行的话题和新闻是什么。这样人们就不会瞧不起我这个移民了。

说实话，我年轻时交往过很多有头有脸的大人物。他们其中有音乐家、商人、房地产商、教授、画家……我发现这些朋友对扩展我的人生观非常有帮助。通过他们，我有机会认识很多不同行业的人。和他们聊天，我可以了解很多我所不知道的领域。但我从没想过通过他们获得物质上的享受。

我记得曾有一个和我谈恋爱的男友问我："嘿，你喜欢和我这个身价 90 亿美元的男人在一起吗？"我回答他："你打算把这些钱给我吗？如果你不给我，那么你的身价对我来说有什么意义呢？"

我从来都不是一个贪财的女人，不会为了钱去交朋友。也许，这也是为什么我的男友在和我分手后，大多数都还和我保持着友谊的原因。

作家阿尔文·托夫勒（Alvin Toffler）、企业家林德罗·里扎托（Leandro Rizzuto）都是我的良师益友

当一个女人年轻的时候，她应该真正地学习和接触尽可能多的东西，这样她才能自立，丰富自己的人生，让其有价值。

但是，我的社交圈层总是让我不可避免地和有钱人约会。无论走到哪里，人们都非常关注他们。

他们会给你买非常昂贵的礼物，坐私人飞机旅行，住在一流的酒店。对他们来说，给你买漂亮的衣服、鞋子和珠宝是再简单不过的事情了。

所有这一切虽然都令人兴奋，尤其是对年轻女性而言，但让我们面对现实吧！和有钱人约会是要付出代价的。这些人并不是无缘无故地变得如此强大和富有，他们通常很自负，而且控制欲很强，他们希望你能配合他们，过他们定义的生活。

我就曾经交往过这样的男人，他每三天就去旅行一次，拥有两架私人飞机，在世界各国有十多处房产。但是他实在太强势，如果我们继续交往，我可能会迷失自己，变成他的附属品。我可不想这样，自己的人生还得是自己做主。

我还要提醒一下那些想嫁入豪门的女性，嫁给有钱的男人，并不意味着你的生活会无忧无虑，也不要指望着如果离婚会得到很多财产。看看一些富豪的离婚官司，比如美国前总统特朗普和他前任妻子，你们就知道了。

经常听到有人说："金钱买不到幸福，但是坐在奔驰车里哭比在自行车上哭更舒服。"

的确，真正的幸福来自于内心，而不是可以买到的财产。但是有钱是好事，它可以使你的生活更舒适，而想要得到长久的舒适感，不能靠别人，只能靠自己。

第七章

羽西化妆品"出嫁"了

舍得，便是有舍才有得。而我的想法是，有得也要会舍。漫长的生活里，你不可能一直都得到，你要感受拿起后，有一天放下的过程。放下，有时候也是一种拿起。放下一段"结束"，才能拿起一段"开始"。

一　与科蒂（COTY）的联姻

羽西化妆品就像我的"女儿"，我一点一点看着她的成长。

从创立到进入商场专柜后的一年内，就拓展到全国各个省市。到 1995 年，羽西化妆品已经在中国化妆品市场占主导地位。我们被安排在大多数商场最重要的位置，销售业绩稳居化妆品行业第一。

羽西化妆品的广告牌铺天盖地，走到哪里都能看到我的那张黑白照搭配红唇的大照片，商店、机场、街道和电视上……品牌形象已经深入人心。

哈尔滨街头羽西化妆品的巨幅广告牌，扫描二维码观看相关报道

随着公司规模的扩大，生产流程、质量控制、原材料采购、仓库储运、财务管理等各方面都需要更专业化、更国际化。我们推出的每件产品都是按销售目标进行的，而它们一上市就会很快售罄。我发现这种供不应求的情况是因为计划做得不够完善，加

上我们的研发技术太慢。我需要一个同伴帮助我们迅速发展。

当时高盛（Goldman Sachs）和摩根士丹利（Morgan Stanley）等金融机构都来找我们想入股我们公司，但是都被我拒绝了，我们不缺资金。我真正需要的是有管理，有专业知识，尤其是有研发能力的合作伙伴。

我们与许多化妆品公司进行了洽谈，在 CEO 彼得·哈弗（Peter Harf）领导下的科蒂（Coty）公司最具诚意。科蒂是世界五大化妆品公司之一，由法国人弗兰克·科蒂（Francois Coty）于 1900 年创立，他是第一个把化妆品推向世界的人。我的祖母和母亲都用过科蒂的产品。我对他们的产品很了解，尤其是香水。他们当时正准备进入中国大陆化妆品市场，和我们合作是最直接的方式。彼得·哈弗很重视这项合作，并且亲自监督了此次谈判。

我们对科蒂提出了很多要求，比如引进最新技术，使用最好的原材料，最先进的管理系统，选用最优秀的人才，并且我们希望科蒂购买部分股权来取代当时公司的 5 位投资者，因为他们都是公司创办初期我前夫马明斯带进来的，现在既然我们已经离婚了，我需要把这些人的股份返还，其中包括我前夫的。最后科蒂都同意了。为了加快研发和生产，他们决定投资两千万元人民币在上海浦东建设新的化妆品工厂。

就这样，1996 年底，我们正式与科蒂成立了合资公司。

工厂在上海浦东选址时，我们在金桥出口加工区内找到了一块地，那里除了有一幢破旧的建筑，其他什么都没有，连一条像样的马路都没有。整个区域大概 28000 平方米。我们买下了它，将整栋旧建筑翻新，建成具有高新技术水平的工厂。另外我们还特意在工厂外修建了一条交通主干道。

　　我们向上海市政府请求把这条路命名为"羽西路"，结果被拒绝了。说实在的，第一次被政府如此干脆地拒绝，让我郁闷了好一阵子。

　　1998年10月22日，新工厂落成，大气美观！第一次看到工厂门前名为"靳羽西—科蒂化妆品（上海）有限公司"的招牌时，

上海浦东羽西化妆品工厂前身（旧建筑）

羽西—科蒂在上海浦东的新工厂

我激动得哭了，仿佛真的就像看着女儿出嫁了一样，心想她日后一定会更幸福！

厂区里有两栋建筑，一栋是生产品工厂，另一栋是办公楼。两栋楼中间有一个很漂亮的亭子，柱子上刻着我最喜爱的一副对联："若把羽西比西子，淡妆浓抹总相宜。"我们的仓库很大，货架特别高，需要电动手推车搬运产品。工厂的员工有上百人，因为地址比较远，所以每天都有班车接送他们上下班。

工厂开幕当天，我本想邀请几位政府领导人来剪彩，但是听说国家出台了一项新规定——领导人不可以参加任何商业活动。我便私下询问了时任上海市副市长，他说鉴于我为上海做了这么多事，他一定会出席，而且是以我朋友的身份出席，不是市领导。这让我很感动。

新工厂投入生产之后，年产量至少 6000 万件，是原来的 10 倍。新工厂投产第一年，羽西化妆品在中国的年销售额就达 3 亿元人民币。之后，羽西品牌还连续被评为由国家统计局等部门发布的"全国商场销售第一""品牌知名度第一""消费者心目中最佳品牌第一"等等一系列的"第一"。

但与此同时，中国国内化妆品市场的竞争力也日益增强，很多国际化妆品品牌开始陆续进入中国市场。我们的压力也越来越大。

在与科蒂合作的过程中，虽然我们的产品在技术含量和研发上得到了很大的提高，但在品牌的后续发展上，我们的意见产生了分歧。东西方文化本身就存在着很大的差异，我们对很多问题的看法都不同，而且我总是靠灵感做事，但他们比较谨慎，什么事都要考察、考察、再考察，这样虽然不会出大错，但也不会有突破性的想法和作为。

和她在一起，我受益匪浅

朱闻（Stella Zhu）｜羽西化妆品市场部经理

20 世纪 90 年代末，羽西化妆品公司的总部移到了上海浦东，与世界排名前三名的著名化妆品大公司科蒂成功合股。

一开始我申请的是采购部的工作，没想到被她的市场部给看中了。之后，人事部经理告诉我，因为我的应聘考试成绩以及外语专业背景，是羽西点名把我招入市场部的。其实，这中间还有个插曲，是很久以后有人悄悄告诉我的，我的生辰八字也被核准通过，这才被羽西收入门下。

刚进公司几个星期，我并没有见到羽西。虽然一直忙着最初的起步阶段的学习，基本上没什么空闲，但我也暗地里向同事打听老板的个性喜好，以免有什么做得不妥地方，惹她不高兴。

于是，我了解到一些细节：

· 在老板面前，一定要穿裙子和尖头的高跟鞋
· 她不喜欢染过的头发——为此，我把刚染了色的头发又染回了黑色

我觉得，化妆品公司真不是单纯女孩子待的地方，美女如云不说，那些漂亮姑娘的心机远比你想象得复杂、高深，她们在老板面前和背后截然不同的表现令人咋舌。也许，这样八面玲珑的人哪里都会有。我从同事那里听到过一个传闻：一个基层女孩知道羽西要来视察，就特意跑去她要路过的某个地方，拿着羽西出版的化妆书，做出认真学习的样子。我做不了这样的女孩，我始终觉得只有更认真地工

作才能保住自己的饭碗。

由于我加入的是个新部门，连我一共三个经理，我负责媒体和公关这块儿，事情不少。一段时间之后，这里的工作强度和难度就使得另外两个女孩先后辞职，只留一个我带着十几个小兵"坚守阵地"。

与羽西第一次在工作场合碰面，是 1999 年的昆明世博会期间。

我真的很紧张，越是在意自己做得好不好，就越不想有任何节外生枝的状况出现。

记得初见羽西是在她的房间，当时我们部门的所有女孩都在里面，我是最后一个到场的，怯生生地缩在不显眼的地儿，还是她主动地要找到我。

"是 Stella 吧，快过来，辛苦你啦！"

等我走到她跟前，才注意到她穿的是睡袍，她这样的穿着应该是为了缓解十几小时的飞行疲惫——她连时差都顾不上调整，就开始了我们的工作会议。

老板就是这样一个人，穿着睡袍谈工作，和大家一点儿都不生分，哪怕你才刚认识她。当然，也分场合，我们都是她的女同事，她自然可以张弛有度。在公开场合，她从来不会穿便装，总是光鲜亮丽、优雅得体。她的服饰搭配、色彩搭配、化妆造型没有一样不是悉心打理的，不过当她没有御用的造型师时，全都是自己亲力亲为，连头发都是如此。

其实，除了优雅的外表，得体的装扮，吸引我的还有她的声音，那是一种带有迷人磁性的、低沉的声音。当她表达那些闪烁着创意的话语，以及阐述她不同凡响的主张时，她的声音会更加抑扬顿挫，让人不由得专注聆听。她的普通话不流利，常夹杂着英语和粤语词汇，但这并不妨碍她展现富有哲理的思想，她的谈吐似乎总是带着一种令我着迷的光环。

她说过的一句话，我一直深深地印在脑海中，这句话也是长久以来我学习和实践的标准："当你考虑做一件事情的时候，想清楚，第一，你是否有热情，第二，你是否擅长，第三，对社会有没有好处。"

其实这句话的道理很简单，但即使真能分步骤想清楚，在现实生活中却并不是那么容易坚持。羽西兼具智慧和美丽，她在工作上是如此杰出。榜样的力量是无可抗拒的，和她这样的高人在一起，我受益匪浅，无形中也提高了对自己的要求。

二 "女儿改嫁新豪门"——被欧莱雅收购

生意越大越难做，越做越发现我不知道的东西太多。而此时我也开始有些力不从心了。

2003年底，宝洁来找我们想要收购羽西化妆品。我和科蒂都觉得这是一个非常好的转机。在宝洁与我们洽谈期间，欧莱雅听到了这个消息，他们也向我们表示很有收购意向。

最后，我们决定进行公开拍卖。

这次拍卖引起行业内外特别大的关注。十几家公司想参与竞拍，最终剩下四个竞标者——雅芳、资生堂、宝洁、欧莱雅。

对于这四家公司，每个我都认真分析过。

我一直认为雅芳不太适合我们，因为我觉得他们不擅长管理自己以外的品牌。

资生堂是一家日本的大公司，但我对他们非常陌生。记得资生堂的高级管理层来到上海与我见面时，他们说会议上午9点开始，中午 12 点结束。结果时间把握得刚刚好，一分钟不多一分钟不少！日本人做事真是一丝不苟。当时的谈判团队里面，除了我和我的会计师以及一位女性翻译官，其余都是男性。整个会议他们都在讲日语，然后再翻译成英文和我沟通。我知道其实他们会说英语，但这可能是他们的做事原则，一定要翻译，这让我感觉特别累。如果是这样，我的化妆品就要说日语了，这可不行。

最后，我决定在宝洁和欧莱雅中间做选择。

当时，这两家公司在中国化妆品市场上的竞争非常激烈。

宝洁是一家了不起的公司。在中国整个日化市场的表现非常优秀。他们的战略明确，有出色的营销手段，能把"玉兰油"这一单一品牌做到 25 亿元的销售业绩，让同行望洋兴叹。我喜欢他们举办商务会议的方式，也喜欢他们当时的副总裁苏珊·阿诺德（Susan Arnold）。她是美国人，头脑灵活，思维缜密。因为同是女性，我们也有很多共同话题。

欧莱雅当时的总裁是让·保罗·安巩（Jean Paul Agon），在他的领导下欧莱雅在中国也取得了非凡业绩。他们旗下品牌众多，虽然单一品牌的销售业绩没有玉兰油好，但总体市场份额大，而且他们刚刚收购了中国本土护肤品品牌"小护士"，被外界认为是填充了欧莱雅在中国"金字塔战略"的"塔基"。当时欧莱雅中国区的老大盖·保罗先生也十分重视羽西化妆品的收购行动。

可以说，两家公司都很紧张我们的选择，任何一家成功收购羽西化妆品，对对方来说都是相当沉重的打击。

说实话，当时我的心情真的像为女儿改嫁挑选婆家一样。两个婆家都实力雄厚，该选哪个，我也特别纠结和紧张。我要为我

"女儿"的未来考虑，嫁入豪门之后，她会不会受冷落，是不是能有比较好的发展。我梦想着把羽西化妆品发展成伟大的国际品牌，能帮我做到这一点的，才是我首先考虑的对象。

宝洁的态度是比较谨慎的。当时除了 SK-II 和"玉兰油"两个护肤品品牌，宝洁在中国没有彩妆品牌，收购羽西之后必定会很重视。欧莱雅比较乐观和积极，他们有很多成功的收购案例，比如美宝莲，我很奇怪他们为什么要收购"美宝莲"，当时"美宝莲"最有名的只是睫毛膏而已。结果"美宝莲"被收购之后发展成了世界著名彩妆品牌。

那段时间，外界都在猜测羽西化妆品最终会花落谁家，大家认为可能性比较大的是宝洁。

拍卖当天，没想到欧莱雅率先打来电话说希望进行先发制人的竞标。

他们提出的收购价格合理，但想要两个月做尽职调查。我们答应了他们的要求。

宝洁对此表示遗憾和失落，他们万万没有想到欧莱雅会先行一步，在他们之前给我们开出条件。但同时他们也祝福我与欧莱雅的谈判顺利。

2004 年 1 月 23 日，我们和欧莱雅正式签署了收购协议。至此，我的"女儿"——羽西化妆品结束了与科蒂的 8 年联姻，光明正大地"改嫁"欧莱雅。

其实，与欧莱雅谈判对我来说像一场战役，并不像我此时此刻描述得如此简单容易，也没有天时、地利、人和。我当时在上海和纽约两座城市来回飞，而欧莱雅总部位于巴黎。这中间总有至少 6 个小时的时差，让我们的沟通变得很不方便。

可以说此次"改嫁",让我精疲力竭,好几个月没睡好觉。我想真正父母嫁女儿时也没有这么累吧。

合同签完的当天,我立刻与好朋友马燕(Mayenne Carmona)前往泰国的奇瓦颂(Chiva-Som)养生度假村。我人已经到了机场,欧莱雅公司的公关部给我打电话要求批准关于此次收购的新闻发布。我说完"好"之后就把手机关机了。到了泰国,我进入酒店房间倒头就睡,两天两夜没出门。

虽然卖掉羽西化妆品的收入让我可以自由自在地做我想做的一切。但生活中哪有说放下就放得下的事。羽西化妆品"改嫁"欧莱雅之后,我成为欧莱雅集团羽西化妆品的名誉总裁。任期五年。在这五年任期中,我发现欧莱雅是非常有文化气息的公司。对为羽西化妆品工作的每个员工都非常温柔和慷慨,他们公平地对待每个人。我非常喜欢他们的体贴。

而且欧莱雅的护肤品非常好,研发上很有实力,但我很希望他们能保持当年羽西彩妆的发展势头,再并加入新的护肤产品。因为是我的名字,我当然希望它能够越做越好,实现我当初想让它成为国际品牌的梦想。

近几年,欧莱雅羽西品牌做得越来越好,我特别感谢他们能注重传承品牌文化,这个很重要,因为真正了解品牌传统理念的人才可以把品牌传承下去并发扬光大。

1992年到2022年,羽西化妆品已经走过了30个年头。作为一个本土品牌也是不多见的吧。如今,"羽西"团队里的这些年轻人们充满朝气和自信,你们是"审美不被定义"的一代,希望你们传承"羽西精神",每一个"你"都可以自成先锋。

娇 自成先锋
SINCE 1992

YOU · BE A PIONEER

羽西化妆品 30 周年邀请多位年轻女性艺术家以不设限的艺术方式进行艺术再创作，诠释心目中的女性先锋精神。
（以下为艺术家作品欣赏，排名不分先后）

"所谓先锋，由内面外，诚己而发。"
—— 于瑞

"先锋是每一个你，也是你的每一种可能，不被定义，去创造。"
—— 陈晨宝蕴

"女性的先锋力量来自于历经世事面处变不惊的内心"
—— 霏霏倍倍

"
女性先锋精神是敢于拥有彩色的想象力。
"
—— 千陌SylviaZhang

"
把自己的幻想和奇妙的梦境编织成现实，并以此征服世界。
"
—— 任桃桃

"
突破束缚、突破自我。
让美丽，在每一个时刻绽放。
"
—— 魏小盐

"
我们感性 破碎 迷幻 魅力……
我们将自由绽放，我们不受任何拘束
"
—— 野人怪恩

"
不管理性还是感性还是其他的多面性，女性可以自由掌控自己的任一面
"
—— 曲艺

"
当代女性已经可以掌控自己的生活节奏，拥有自主的力量。
"
—— 王艺烨

 自成先锋 SINCE 1992

" 先锋态度来自于决不妥协。而红粉，是我们决不妥协的标志。"
—— 皮袄猪

 自成先锋 SINCE 1992

" 先锋精神是一种对既有经验的新理解，是审美革新者，是对惯例、体制的挑战。"
—— 茅茅

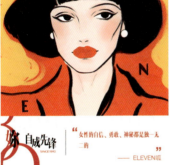 自成先锋 SINCE 1992

" 女性的自信、勇敢、神秘都是独一无二的 "
—— ELEVEN 呱

 自成先锋 SINCE 1992

" 我们的美丽、勇敢、奇思妙想，都将会在这个舞台上发出闪烁的光芒。"
—— 儿力力

 自成先锋 SINCE 1992

" 相比于社会分工，更值得关注的是女性自我满足、自我养育、自我认知的力量。"
—— 古静

 自成先锋 SINCE 1992

" 女性魅力的张力和对周围的影响力，皆来自于永无止境的探索，这种力量坚韧而柔软，闪耀动人 "
—— 淼大仙儿

自成先锋 SINCE 1992

"新女性的精神，自信，自主，自我进取"

—— YUAN创

自成先锋 SINCE 1992

"对自己的生活敢于想象并将其落于实处，坚定美好不忘来路，且勇敢前行。"

—— Yihann

自成先锋 SINCE 1992

"自信神情和多面魅力，由内而外散发"

—— Kim白美美

自成先锋 SINCE 1992

"拒绝标签和刻板印象，每个独特的灵魂，都是丰富而立体的"

—— 羊头

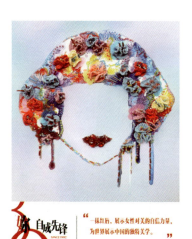

自成先锋 SINCE 1992

"一抹红粉，展示女性对美的自信力量，为世界展示中国的独特美学。"

—— 陈越

自成先锋 SINCE 1992

"先锋精神对我而言是一种珍贵的态度，为我提供不尽的勇气去面对生活，它是暴烈的魅力。"

—— 程野思思

"先锋不足改造谁，而足融合，理解对方，唤醒对方的内在。"

— Mary Ma

"因为热爱，因为勇气，一切皆有可能"

— 菲言集Grace

"Girl power所产生的影响正如蝴蝶效应，让我们所生活的世界变得更好。"

— JOLYNNWEI

"不被定义，自成风格。尊重内心的声音，活成自己想要的样子。"

— Lulu Wong

"做自己，为自己发声"

— 李明珊

"立体多面，女性既像太阳也像月亮，柔和而又耀眼。"

— Nextnicex-

1992   羽西化妆品
十周年庆典   2012

羽西化妆品
创立   2002   羽西化妆品
二十周年庆

羽西化妆品
二十五周年庆典

2019

羽西化妆品广告
登上纽约时代广场大屏幕

2017

庆祝改革开放
四十周年活动

2022

第八章

跨世纪的跨界之路

　　每当我涉足一个领域，我都会在已经十分熟悉和对它有把握的情况下，才会"启动"它。无论玩具界的"羽西娃娃"，还是家居行业的"羽西之家"，或是写书、做节目、做上海国际电影节推广大使，再或者时尚赛事的"环球小姐"……这些领域都给我增添了无穷的乐趣，让我的人生变得丰富多彩。

273

一　中国人富有起来了，优雅礼仪也要跟上

随着改革开放的逐步深入，全国各地区人民的生活水平也逐渐提高，但同时我也发现一个问题，就是很多人在公共场合经常不注意自己的形象——随地吐痰，大声喧哗……整体素质还不是很高。我就在想，用什么办法可以让国人在礼仪修养方面得到整体提升呢？

当时，正逢"千禧年"到来之际，有一次我和时任文化部部长共进晚餐，我说中国现在已经拥有了硬实力，但是软实力还需要加强。国人对国际上通用的礼仪知之甚少，我想写一本关于现代礼仪的书。

他马上点头说："是！你真的需要这样做，并且在你将最终稿发送给出版社之前，请先让我阅读。"

紧接着，他问我书名是什么？我说就叫《现代礼仪指南》。

他笑了："不能起这样的名字，太像教科书了。你想用这本书达到什么目的？"

我说我想让中华民族成为一个有魅力的民族！

"《魅力何来》！"他脱口而出。

书稿完成后的第一时间我就把它发给了部长。他读得很仔细，甚至手动修改了几处文字，还添加了一些典故。

这本书的销量有几百万。它不仅被用来培训我公司的工作人员，还用来培训许多其他公司的员工等。后来，我又陆续出版了很多相关礼仪修养类的书籍：《魅力自造》《中国绅士》《中国淑

我出版过的 9 本图书

你，自成先锋：靳羽西自传

女》《人生就是一场海选》《点亮生活的 99 个灵感》……

我想让大家知道，魅力不是名人的专利，它是属于每一个人的。魅力也不是和金钱权势联系在一起的，无论你是什么职业，什么年龄，哪怕是社会中最普通的一员，也可以拥有魅力。2008 年的北京奥运会和 2010 年的上海世博会，主办方都曾拿我的书做全民礼仪参考教材。我觉得大家有时间的话可以拿来读一下，这几本书里面讲到了很多我们在平时生活中遇到的和需要注意的问题，以及我对待人生的态度和我收获的经验教训……这些都能帮助你们提升自己的魅力修养，从而获得尊重。

二　我"生"了好多孩子——羽西娃娃

2001 年夏，我正准备离开上海回纽约的前一天，美国的邻居桑德拉（Sandra）写信给我，让我帮忙给她的女儿带一个"中国娃娃"回去。我说："当然没有问题。小菜一碟！"结果让我意外的是，我找了很多地方，都没有看起来长得像中国人的娃娃！所有的娃娃都是"洋娃娃"——蓝眼睛、金头发。

我意识到很久以来，我们定义美丽的标准，居然都是建立在蓝眼睛、金头发、身材姣好的"芭比娃娃"之上。这是多么不正确的想法！我们应该找到自己的标准，根据我们的特点重新定义美丽。

于是，我就开始了另一个有趣的创造——一个美丽的现代中国娃娃，展示我们中国人自己形象的娃娃玩偶！

我做了很多关于谁可以帮我制作娃娃的调查，我还在南方寻找最好的娃娃制作工厂。期间，我遇到了很多困难，比如我们找不到做出黑颜色头发的材料，整个玩具材料市场卖的都是金头发，最后我还是去韩国请人为娃娃染出黑颜色的头发。

和我一起给娃娃画脸的画师，总是把眼睛画得特别大，特别圆。这是典型的外国娃娃长相的画法，我需要不断地修改这种画法。

虽然娃娃是中国人，但他们穿的衣服不仅可以是中式，也可以是西式的。我们的娃娃款式很多，有穿着中国传统红色刺绣礼服的新娘款娃娃，身着中式长衫背着药箱的中医款娃娃，还有中国冒险女孩、熊猫保护者，等等。

我在工厂待了好几个星期，每天都在学习和制作娃娃，从清早忙到深夜。功夫不负有心人，我终于成功地推出了"羽西娃娃"玩偶！

和我的羽西娃娃玩偶们

277

随着它的诞生，奇怪的事情也发生在我身上——许多女性说她们分娩后会脱发，而这种事情居然也出现在了我的身上，好像我真的生了一个孩子，我也开始严重掉头发啦！这可把我吓坏了。我在国外咨询了很多医生，除了一种叫作"落健"（Rogaine）的偏油性的生发产品之外，他们什么都没给我。

最后，我去了上海华山医院。那里的皮肤科医生给了我一种由芍药（一种草药）制成的中药。一个星期后我的脱发就好了，真神奇！

"羽西娃娃"热销期间，美国最大的电视购物平台——家庭购物网络电视台（Home Shopping Network）的制作人来找我，要我参与他们的直播购物。与此同时，美国最大的玩具店 FAO 施瓦兹（FAO Schwarz）想要买我的娃娃。于是我邀请了四位漂亮的中国模特来到美国。我根据她们的身材，制作了和娃娃一样的真人比例的服装，并在纽约第五大道的 FAO 施瓦兹玩具店里进行了时装表演，非常受欢迎。

在美国最大的玩具店 FAO 施瓦兹现场售卖"羽西娃娃"

我又把她们带到家庭购物网络电视台，当她们穿着"羽西娃娃"同款服饰，手里拿着"羽西娃娃"玩偶出现在电视屏幕上时，真的是美极了！在 1 小时内，我们就卖出了超过 100 万美元的娃娃产品！很多人说这是一次不可思议的电视营销。因为，如果你在一个商场，17000个玩具娃娃不可能在一天内就卖完，而我们是当天就全卖光了。那天晚上购物网电视台的老总打电话来恭喜我，因为这在他们电视台创下了一个纪录。

造型各异的"羽西娃娃"玩偶

当时没有一个企业做过这样的营销，找真人模特来卖同款迷你产品。平均 1 分钟就有两千多个电话打进来，有的人一买就是一套，里面有 11 款造型各异的"羽西娃娃"。

通过不一样的娃娃造型，我们还可以介绍中国多样文化，比如，展示穿熊猫服装的"羽西娃娃"时，我们就会介绍中国四川的大熊猫；展示穿旗袍的"羽西娃娃"时，我们就会介绍旗袍的由来；展示拎着药箱的"羽西娃娃"时，我们就会介绍中草药的历史。把这些故事告诉孩子们，让他们在玩的同时又学习了中国文化，多好啊！

当时，我们最大的客户源是那些收养了中国孩子的美国父母，在美国有很多这样的家庭，而他们也意识到应该让孩子接受自己的东方形象并了解自己祖国的文化。

"羽西娃娃"在中国也卖得很好。当时我们还推出了名为《羽西历险记》的系列漫画。我聘请著名的日本漫画家五十岚优美子（Yumiko Igarashi）在东京为我们画漫画，我把故事情节发给她，她再进行创作。

连载漫画《羽西历险记》

直到今天，已经 20 年过去了，还有人在网上询问这部漫画。

2001 年 7 月，为了支持北京申奥，我在纽约进行了一场"羽西娃娃"拍卖会，把全部所得捐给了北京申奥组织，为他们加油！

当然，"羽西娃娃"没有持续下去的原因是我们在经营上出现了很多问题。首先，是货物的成本。我们不能同时生产超过 500 个娃娃，所以我们的产品成本非常高。相比较"芭比娃娃"，按照他们每种风格的娃娃 10 万个制作量算，他们的商品成本非常低。虽然从我们在美国电视购物网的销售记录看上去非常有利可图，但是为了实现这个节目的几小时播放，却需要保证一整年的工作人员配置，费用是非常昂贵的。所以最后我们放弃了。但对我来说，这是一次非常有意义的冒险。

后来，我开始看到更多的不同的民族娃娃出现在全球市场上，不仅仅只有金发碧眼的娃娃了，我想这可能也是受了"羽西娃娃"的影响吧。

今天，你还可以在 eBay 和淘宝上找到羽西娃娃玩偶。

◆ 他们眼中的羽西

她的努力总是让人惊喜

陈涓玲 (Jenny Chen) | 1999—2007 年任羽西私人助理

在羽西身边 8 年的时间，我学到最多的就是用心和努力，以及尽力帮助周围的人。她影响了我一辈子，她教会我在工作和生活中的如何更好地待人处事。

281

2001年初，"羽西娃娃"正式诞生，这是第一个原创的中国娃娃，也是世界上第一个真正地道的亚洲形象的娃娃。羽西觉得：中国这样大的一个国家，这么多的人口，怎么能没有自己的娃娃呢？她要做一个黑头发黑眼睛黄皮肤的中国娃娃，让每一个中国人都看到黄皮肤的自己是多么漂亮，让小孩子们都能拥有一个中国娃娃，陪伴他们健康快乐地成长。

"羽西娃娃"一经上市就赢得了广泛的关注和赞赏，日本著名漫画家五十岚优美子专门为"羽西娃娃"创作的卡通漫画《羽西历险记》，在《中国少年报》《少年报》《儿童画报》同步发表，小朋友们都非常喜欢这个聪明、美丽、有爱、善良、勤奋的"小羽西"。

我记得在2001年，当时"羽西娃娃"刚上市不久，我们去成都做柜台开幕活动。从酒店到商场的路上，羽西化妆品牌正在某大型百货公司外场做促销活动。当时刚好还有充裕的时间，羽西说："让我们给他们一个大惊喜吧！"

当她下车突然在现场亮相，在场的所有消费者都惊呆了。虽然只有10分钟，羽西依然非常卖力地推荐产品，给现场的消费者讲颜色搭配和产品功效，以及护肤品要怎样才是适合中国女性肌肤的。

2001年正是羽西化妆品热销的时候，消费者看到了真人版的羽西都特别兴奋，纷纷抢购。之后，我们在去娃娃柜台的路上又发现：隔壁会场，导演冯小宁正在为他的新片《紫日》做推广宣传。羽西与冯小宁是多年好友，她拿出限量版"千金红"羽西娃娃，出现在冯小宁导演旁边，并对他说："冯导，我给你送女朋友来了！"之后，她就把那个"羽西娃娃"送给了冯小宁导演。当天，几乎所有的媒体都在报道"羽西给冯导送女友"，但其实是"羽西娃娃"。羽西的聪慧和她对朋友的热情，成就了这样一桩趣谈！

在我的心目中，羽西是站在东西方文化的交叉点上，我在羽西身边的这些日子，学到最多的是她那种精神和价值观。经常会有记者问她想对 30 年前的自己说些什么，她说："要努力一点，再努力一点，虽然你已经很努力了。"这句话一直激励着我！

三 羽西之家的魅力与遗憾

有人问我，回顾我所做的这么多事里，有没有我觉得是"失败"的事。

其实，在我的人生定义里，我对自己做的每一件事都会尽最大努力去做好，所以我并不觉得有失败一说。但如果要说没有达到我的理想，留下很多遗憾的，可以说是我的"羽西之家"。

步入 2003 年后，我发现越来越多的中国人开始积极地购置房产，而买了房子后，装修也成了大家必须要做的事。但我发现，很多人并不了解怎么装修自己的家。

我自己并不是专业的室内设计师，但我总喜欢把家布置得漂漂亮亮、舒舒服服。这种喜欢的程度不亚于我对化妆品和衣服、鞋子的热爱。因为家是最让人放松的地方，同时，你可以在家里办公、会客、聚会……家能显示你真正的品位和风格，以及你对时尚的感觉，甚至你的人生态度。

因为对家居装饰一直以来的偏爱，我也因此结识了很多优秀的设计师。我常常把自己的想法告诉设计师，请他们来为我的家"量身定做"我喜欢的家具，包括款式、颜色、功能等。久而久之，我想自己创立一个家居品牌，并且说干就干。

2007 年底，我的家居品牌"羽西之家"（House of Yue-Sai）精品店在上海北京西路正式开业了。

"羽西之家"上海静安精品店门面

这个品牌包括卧室用品、厨房餐厅用品、精品家具、装饰灯具、室内软装饰、配饰，以及艺术品、礼品、美食、红酒等上千种产品，其中，70% 是"羽西之家"自主设计、制造的产品，还有 30% 的产品是从意大利、法国、美国、印度、捷克等十多个国家精心挑选而来的。

"羽西之家"保持着我深爱的"羽西红"主题色，自主设计的很多家居产品都以"羽西红"为主色调。

我希望赋予"羽西之家"的灵魂是——"品位、优雅、灵感"，而"羽西之家"的设计理念着力在东西方的"新融合"，既根植于东方美学，又兼顾全球顶尖的设计创意。这是我希望呈现给每一位客户的具有"东西之美"的内涵理念。

店里面除了精美的家具以外，还提供特别的专享服务，比如室内设计服务和礼品团购服务，还会不定期举办各种沙龙活动，邀请到各行各业的大咖嘉宾们来分享专业知识、生活方式和美学概念。

"羽西之家"售卖的不是中国人眼里传统的家具，而是向大家提出一种生活理念、一种生活态度，我希望通过我的"羽西之家"，让更多人发现：原来打造一个家，可以这样富有诗意和品味。

"羽西之家"开业庆典　　　　　　　"羽西之家"精品店内部摆设

但是，理想和现实总是会相互冲突。当时中国家装市场的平均消费水平，还处于中低端的状态，而且，绝大多数的人的装修理念还停留在"经济""实惠"的层面，很少有人愿意花钱去量身定做一把椅子、一张桌子、一套餐具……"羽西之家"倡导的生活理念对大多数人来说还很陌生。

虽然"羽西之家"的高层员工都是业内经验丰富的专家，但由于诸多因素以及客观大环境影响，使得"羽西之家"累积的问题越来越多，甚至还出现了个别产品的售价低于成本价这种荒唐的错误。我后来发现这是采购部的违规操作。

在经营"羽西之家"的一年多时间里，我管理着整个团队，为了进行大量的品牌推广，提升家居店铺的曝光度，我不停地接受媒体采访。

我忙得连轴转，每天几乎都只睡两三个小时，第二天继续工作。简直比我当年做《世界各地》东奔西跑还要忙。

有一天晚上，我要出席一个媒体发布会，从一早忙碌到傍晚5点左右，我终于放下手中的活，挤出时间洗个澡，换身衣服准备继续作战晚上的发布会。

就在我刚洗完澡，换完衣服时，突然一阵极度疲惫的倦意向我猛然袭来。之后我就什么也不知道了……

当我逐渐恢复意识，听到家里的马阿姨在身边喊我的名字，并试图扶我起来。

看到我睁开眼，马阿姨似乎舒了口气。她说，她在门外叫了我好久，我一直没有回应，等她冲进来时，才发现我昏倒在浴室的地板上。

"我想我可能太累了，我需要睡一会儿。"

阿姨把我扶上床，休息了一小会儿后，我又强打精神出席了媒体发布会。

由于工作强度大，我休息的时间越来越少，身体也越来越差，经常感冒发烧。

虽然那个时候已经有几家公司要求同我们合作，订单额都在百万元以上，但是我不知道自己的身体能否承受得住这么大的工作量。

左思右想，无论怎样，身体是革命的本钱，中国有句古话也说："留得青山在，不怕没柴烧"。

我最后还是关掉了公司，并帮每位员工都安置或推荐了新的工作。

"羽西之家"虽然就此关闭，但我对"羽西之家"的家装理念依然心心念念。

2009 年，我采访了 25 位世界顶级设计师，出版了一本和室内设计相关的图书——《魅力之家》，也算是把未完成的事业继续用另一种方式传递出去吧。

十多年过去了，我还是会被问到如何做"羽西之家"的加盟店，也有人问我在哪里可以买到"羽西之家"的产品。

我常常会想：如果有一天我再把"羽西之家"开张，也许在现在中国这个快速消费的时代会有一番新的景象吧。但十年前，我的这个家居概念对当时的中国市场还是太超前了。所以，有些事情就是讲究天时、地利、人和，缺一不可。

◆ 他们眼中的羽西

想到她，我就想到慷慨和关怀

卢克·凡·杜因（Luke Van Duyn）|"羽西之家"室内设计师

2007 年我大学毕业，来到中国寻找工作。我在面试时遇到了羽西，应聘她的家居生活品牌"羽西之家"（House of Yue-Sai）的室内设计师。她亲自面试了我！结果第二天就打电话问我何时可以开始工作。作为一个天真的美国人，我当时只是觉得自己很幸运能够找到工作，并没有意识到自己将和一位伟大的女性共事。后来，当我了解了她的背景之后，非常欣赏她的才华和睿智。我特别喜欢观察她如何在日常生活中与人们互动，以及那时她身上散发出的光彩。

和她一起工作很有趣！很多个夜晚，我们坐在她客厅的地板上，她穿着睡衣，我们喝着茶，把设计板在地板铺开一边讨论一边聊天。在我看来，她对待事情很认真，做事情也很脚踏实地。和她聊天很开心，她跟我谈起她带着仅有的150美元在纽约找工作的日子，以及冬天她如何借用朋友的信用卡购买了一件精美的大衣，并且花了一年半的时间来还款。

我们还谈到她的前任、我的生活挣扎以及她对我的建议，如何将人生最黑暗的时刻变成商业上的成功。从来没有人给过我如此大的启发，我真是受益匪浅。后来她在夏威夷买了一套公寓。我帮她做了室内设计，并在她来之前询问她希望准备什么。

她开心地说："不，不！没必要！我刚发现好市多（Costco）超市！我们会去那里买的！"

我说："好市多超市？你确定要去那里买吗？！"

她说："亲爱的，这是仙境！我们可以在那里找到各种各样的东西！"

我无法想象在好市多逛超市的靳羽西，但当她和她的员工一起抵达夏威夷时，我们真的就去了好市多！就像其他人一样，她也会纠结一件东西要不要买，或者买一些她可能永远不会吃的东西，像麦格纳姆巧克力棒之类的零食。当我们去结账的时候，4个购物车都装得满满的。收银台的女服务员看着羽西手上戴着的那颗大钻石，眼神充满了好奇。羽西对她说："这个是我自己买的，不是别人送。你也应该给自己买一个。"那个服务员大笑着说："也许等我退休了吧。"

许多人用很多方式来描述羽西，我选择的形容词是"慷慨"和"关怀"。有些可能只是短暂地认识她的人，都会宣称她是他们最好的朋友。但是，我们在一起的许多经历对我来说意义重大！她对于我来说是一个偶像、女主角、阿姨、女商人、姐姐、老板，也是我的——朋友。

四 再次用镜头链接中西

2001 年北京申奥成功，中国的城市建设和人民的生活水平都发生了巨大的变化。同时，全国上下都开始为 2008 年北京奥运会做准备，北京的出租车司机都在学英语。我那时在中国经常听到的词就是"全球化""地球村"。

看到这种情形，我在想自己能为中国做点什么呢？羽西化妆品卖给欧莱雅之后，我的确清闲了不少。但作为一个闲不住的人，我总想找点事情做。

有位朋友对我说："羽西，你认识那么多有影响力的人，可以做一档电视节目跟大家分享他们的生活方式呀！"我觉得这个主意太好了，既然大家都在讨论全球化，那么让国人通过了解当代国外名人有趣的生活方式和人生观，总结他们的成功经历，再对比中外文化，发现自身魅力，取长补短，提升自我修养。这的确是一件有意义的事情。

当然，采访这些外国名人对我来说很容易。但要重新做回电视制片人、主持人，用镜头来记录和分享故事和人文情怀，这个工作量是相当大的，需要很大的信心和毅力。但不知道为什么，我当时的心情异常激动和兴奋，每天像打了鸡血一样，开始策划筹备新的电视节目。

《羽西看世界》（2005 年）

2005 年，我制作了一档叫《羽西看世界》的电视节目，它是继《世界各地》之后，又一部我跑遍全世界拍摄的系列片。我采访了很多世界名人，其中包括约旦努尔王后（Queen Noor）、法国影后凯瑟琳·德纳芙（Catherine Deneuve）、意大利时装大师华伦天奴（Giovanni

《羽西看世界》宣传片

valentino）、奥斯卡影帝阿德里安·布劳迪（Adrian Brody）、好莱坞演员安迪·麦克道威尔（Andie MacDowell）、拉丁情歌王子胡利奥·伊格莱西亚斯（Julio lglesias）、世界超模娜奥米·坎贝尔（Naomi Campbell）、爵士乐大师温顿·马沙利斯（Wynton Marsalis），以及"R&B 小天王"亚瑟小子（Usher），等等。这些

《羽西看世界》采访约旦努尔王后（Queen Noor）

《羽西看世界》采访意大利时装大师华伦天奴（Valentino）

《羽西看世界》采访法国影后凯瑟丽·德纳芙（Catherine Deneuve）

《羽西看世界》采访 R&B 天王——亚瑟小子（Usher）

人的人生经历无一不是精彩而充满魅力的。

为了让节目更好看，我尝试了很多从未尝试过的挑战，比如和世界顶级桌球大师一起玩桌球，或是吃蟑螂，还学跳踢踏舞。通过镜头，我想把一个充满挑战、刺激、冒险等多元化的世界带给中国观众。

这部电视系列片在三十多个重要的省市电视台播出，吸引了5亿观众，同时也成为中国同类电视系列片中口碑最好的节目之一。

羽西看世博（2010 年）

2010 年的上海世博会再一次改变了西方人对中国的印象。当时我认为，也许是时候该给中国人讲一讲世界流行文化了。

因为世博会在上海举行时，中国接待了来自世界各地的许多名人，其中还有我帮忙邀请来看世博会的国际友人：奥斯卡影帝罗伯特·德尼罗（Robert De Niro）、著名歌手小哈里·康尼克（Harry Connick Jr）、音乐家迈克尔·波顿（Michael Bolton）、奥斯卡影后哈莉·贝瑞（Halle Berry）、好莱坞演员丽芙·泰勒（Liv Tyler）、超模纳塔

《羽西看世博》采访英国前首相夫人切丽·布莱尔（Cherie Blair）

《羽西看世博》采访好莱坞影星哈莉·贝瑞（Halle Berry）

《羽西看世博》采访美国女演员"精灵女王"丽芙·泰勒（Liv Tyler）

《羽西看世博》采访美国流行歌手迈克尔·波顿（Michael Bolton）

利·沃佳诺娃（Natalia Vodianova）、前英国首相托尼·布莱尔（Tony Blair）的夫人切丽·布莱尔（Cherie Blair），等等。

我把这些采访资料都用影像记录了下来，并制作成《羽西看世博》系列电视节目，在上海星尚频道播出。至今我都觉得这些影视资料是相当珍贵的。

2008 年北京奥运会，让世界看到了中国的惊鸿之变！至今还有外国人在跟我聊天的时候，会聊到那年奥运会开幕式的恢宏壮美，我总是特别自豪。2010 年，世博会在上海举行，也是向整个世界高调宣布：我们准备好了向世界展示自己的艺术、文化、食物，以及民族魅力！

◆ 他们眼中的羽西

她是传奇，是我永远的偶像

刘舒佳（Audrey Liu）｜上海国际频道节目主持人

羽西这个名字对我来说就是一个传奇。

2010 年，我第一次在上海世博会见到了羽西。当时，我是《羽西看世博》的制片人之一。她采访了很多来上海世博会的名人。我相信羽西在中国几乎家喻户晓——在世博会上，几乎所有看到她的人都会向她打招呼。

我从羽西那里学到的一件很重要的事，就是对工作保持高度的热情。她就像女超人。她做电视节目、做演讲、出书、做化妆品事业，每一件都很成功。她对艺术、文化、生活方式等领域都很有研究，几乎无所不知。在她做节目期间，每一次准备采访之前，哪怕跟被采访人很熟，她还是会很仔细地提前做好资料收集，做好采访提纲，争取万无一失。这也是为何她总是能提出恰到好处的问题。对我来说，她在媒体界是大师级的，是教科书般的存在。现在的我，也成了一名电视节目主持人，2010年世博会期间协助羽西做的那些采访，让我受益良多。

羽西永远是我的偶像。

五　中美电影文化推广大使

2005年，时任上海电影节组委会执行秘书长的唐丽君女士来找我，对我说："羽西，我们需要你的帮助。我们有一些预算，想邀请一些国际电影人，但是我们不认识他们，也没有渠道。"

唐丽君女士想让我做"上海国际电影节"名人邀请委员会主席，帮忙邀请海外电影人来参与电影节，一起推动电影节的国际声望。

当时，"上海国际电影节"已经举办过8届了。其实，在这之前，我一直作为嘉宾被邀请出席上海电影节的活动。但那时候，由于主办方还没什么经验，在重要嘉宾接待方面，他们和其他国际电影节相比还有很大差距。比如，2004年，好莱坞影后来上海出席电影节时，我原本以为主办方可以给她一个奖项，因为她那时刚刚获得"美国电影协会终身成就奖"。但"上海国际电影节"主办方只安排她做了其中一个奖项的颁奖嘉宾。我很不理解主办方的做法，既然是要国际化，那这么重要的女影星大老远地过来，是不是应该也为她颁发一个奖呢？

话虽如此，我还是着手帮助"上海国际电影节"邀请海外电影人。

2006 年，我邀请到了戛纳影后凯瑟琳·德纳芙（Catherine Deneuve）、好莱坞影星安迪·麦克道威尔（Andie MacDowell）、连姆·尼森（Liam Neeson）等 7 位国际重量级电影人。这些中国影迷往日只在戛纳、柏林或奥斯卡才能看到的熟悉面孔，在上海一一亮相，"上海国际电影节"真正和国际接轨了。

与拉尔夫·费因斯（Ralph Fiennes）一起走红毯

把冯小刚导演引荐给法国国宝级演员凯瑟琳·德纳芙（Catherine Deneuve）

接下来的几年，由我出面邀请前来参加"上海电影节"的国际明星、导演、制片人、音乐人、歌手、摄影师、设计师等大约有 70 多位。包括很多很难邀请到的好莱坞大明星，比如哈利·贝瑞（Halle Berry）、阿德里安·布劳迪（Adrien Brody）、拉尔夫·费因斯（Ralph Fiennes）、休·杰克曼（Hugh Jackman）、西格妮·韦弗（Sigourney Weaver）、马特·狄龙（Matt Dillon）、苏珊·萨兰登（Susan Sarandon）、海伦·米伦（Helen Mirren）、苏菲·玛索（Sophie Marceau）、休·格兰特（Hugh Grant）等等。每年大家在"上海国际电影节"的红毯上能看到的国际明星应该不超过 10 个，平均有一半都是我请来的。

事实上，在"上海国际电影节"举办初期，邀请国际明星来上海是一个非常艰巨的任务。每次电影节前期，我要用大量的时

与胡雪桦、谭元元、阿德里安·布劳迪
（Adrien Brody）、演员赵涛、演员王盛德

与连姆·尼森（Liam Neeson）以及他的
夫人

与休·杰克曼（Hugh Jackman）

西格妮·韦弗（Sigourney Weaver）（中）

与海伦·米伦（Helen Mirren）

与派翠克·麦可慕蓝（Patrick McMullan）

马特·狄龙（Matt Dillon）（中）

与苏菲·玛索（Sophie Marceau）、裴淳华
（Rosamund Pike）

你, 自成先锋: 靳羽西自传

间亲自打电话接洽国际明星本人，甚至要提前两年就开始联系。2004 年为了邀请凯瑟林·德纳芙，我打了五十多通国际长途，发了一百多封电子邮件，最终她才确定行程。

　　大家都知道，很多国际大牌明星来中国出席一场活动都是要支付费用的，可我邀请的明星都是免费出席（算下来，这些年我可为"上海国际电影节"省了几千万的邀请费呢，哈哈）。也因为是免费的，就会有不确定因素，比如有些明星即使答应来，但也可能在出发前的最后一秒取消。像罗素·克劳（Russell Crowe），我们原本已经约定好他要来出席开幕式了，结果临行前一天说不行，要改成出席闭幕式，我们又重新安排。

　　结果闭幕式前两天告诉我们他在和他的妻子谈离婚，闭幕式也来不了，我失望至极，但是又没有任何办法，因为这些都是我用自己的人情邀请的，和他们没有签订任何协议，真是白忙活一场！

　　还有宝莱坞女星朴雅卡·乔普拉（Priyanka Chopra），也是在最后一刻告诉我她来不了了。她当时已经到了飞机场，准备登上前往上海的飞机，但是她的经纪人打电话过来说她一直在吐，身体不舒服，结果她的上海之行就这样泡汤了。

　　最有意思的是史泰龙（Sylvester Stallone），我在洛杉矶和他还有他的家人一起吃饭时，邀请他来"上海国际电影节"，他当时特别兴奋，跟我说他要和他家人一起来上海，要在上海待一个星期，要打高尔夫。我说没问题，我帮你安排。于是我就认真为他安排了上海特别棒的高尔

与史泰龙（Sylvester Stallone）

夫专业球手，还为他的老婆和女儿们安排了最棒的观光购物行程。没想到，一切都落实妥当后，却等来他的一封邮件，说抱歉不能来了。

面对这些大明星反反复复地失约，我已经习以为常了。但是比起电影节主办方放弃邀请的，我觉得有几位真的很可惜，比如金球奖和奥斯卡双料影帝本·金斯利（Ben Kingsley），"教父"阿尔·帕西诺（Al Pacino）先生，因为电影节没办法给他们奖项，都与"上海国际电影节"擦肩而过了。

当然，就像我所讲的，每次邀请一个明星都要耗费大量的时间和精力去沟通。那些能来电影节的，我还要提前为他们安排在上海的行程。为了让他们不虚此行，我也花了很多心思。比如凯瑟琳·德纳芙（Catherine Deneuve）喜欢旗袍，我就带她去我熟悉的最好的旗袍店一次性定做了6件，把她高兴坏了。

有时候，我带着所有嘉宾一起去坐黄浦江游船，热闹非凡。我怕电影节给的餐费不够，还经常鼓动我的好朋友们带着这些人去高档餐厅用餐，她们说笑道："做羽西的朋友，也要给电影节免费打工。"

电影节没有官方招待晚宴，我就自己在家办派对，让这些来自异国他乡的朋友们不仅可以相互认识，还能擦出合作的火花。

2009年的派让我印象特别深：克里夫·欧文（Clive Owen）晚上11点走进我家的时候，在场的女士们都控制不住尖叫起来；昆西·琼斯（Quincy Jones）先生玩得太开心，直到凌晨4点才肯走；三位"邦女郎"——哈莉·贝瑞（Halle Barry）、卡特琳娜·莫里诺（Caterina Murino）、玛丽亚·格拉齐亚·库奇诺塔（Maria Grazia Cucinotta）第一次同时出现，并且是在我的派对

与克里夫·欧文（Clive Owen）和昆西·琼斯（Quincy Jones）

上；当时哈莉·贝瑞刚做妈妈没多久，我为她的女儿准备了一件小唐装，她喜欢极了！

2014 年，我家的电影节派对也很是精彩，韩国艺人 Rain 和宋承宪的出现让客人们都沸腾了，他们还没出电梯就被围得水泄不通，尖叫声差一点把房顶掀翻，如此火爆的热情把这两位都吓着了，跑到我的卧室里不敢出来，直到巩俐的出现，才让他们的情绪平复下来。他们还和巩俐在我的房间玩起了自拍。我后来在电影节的后台又见到了宋承宪，他兴奋地告诉我，能在派对上认识偶像巩俐真开心。

2009 年，我在家举办上海电影节欢迎派对，嘉宾从左至右分别是：昆西·琼斯（Quincy Jones）、卡特琳娜·莫里诺（Caterina Murino）、导演丹尼·博伊尔（Danny Boyle）、我、玛丽亚·格拉齐亚·库奇诺塔（Maria Grazia Cucinotta）、哈莉·贝瑞（Halle Barry）、安迪·麦克道威尔（Andi Macdowell）

与巩俐、韩国演员 Rain 和宋承宪　　与休·格兰特（Hugh Grant）

　　给这些明星办派对绝对不是一件容易的事。拿过三次奥斯卡小金人的大导演奥利弗·斯通（Oliver Stone）曾因为电影节主办方没有给他安排专车，他自己打出租车来参加我举办的电影节欢迎晚宴，结果因为不会讲中文的他和司机沟通不清楚，被司机半路扔下，差点走丢。还好他被我的助理千辛万苦地奇迹般地找了回来。我当晚因为他的经历感到特别抱歉，虽然他是一位宽容的人，并没有抱怨，可因为这件事那一晚我的心情非常不好。

与美国导演巴瑞·莱文森（Barry Levinson）

　　有人问我："羽西，在没有任何资金赞助又这么辛苦的情况下，你是怎么坚持做了这么多年？"我想，这可能是因为我不仅喜欢电影，更是把电影看作国际文化交流的重要部分。

　　我这辈子做的工作都是和东西方文化交流相关的。中国电影渴望得到世界观众的关注，中国电影人愿意向西方电影人学习，西方电影产业也越

2018 年，我在红毯接受采访时表达了自己对"上海国际电影节"的祝福和期望

来越重视中国电影市场。这是很好的文化交流机会。美国导演巴瑞·莱文森（Barry Levinson）和法国导演让－雅克·阿诺（Jean-Jacques Annaud）参加"上海国际电影节"之后，都开始和中国电影公司展开合作。作为大使，真的没有比这更让我高兴的事了。

做了十几年的海外推广大使，我也经常参加其他国家的电影节。我觉得要做真正国际化的电影节，我们可以向欧洲学习一下。我特别喜欢参加欧洲的电影节，因为它们太丰富多彩了。除了电影明星，还有来自时尚、音乐、艺术、文学等领域的名人来参加。开幕式以后有很多的社交活动，比如萧邦珠宝每年在夏纳电影节期间都会组织好几场派对。一些著名电影人包括莱昂纳多·迪卡普里奥（Leonardo DiCaprio）以及为抵抗艾滋病筹款的全美艾滋病研究基金会（AMFAR）还会在电影节期间举办慈善晚会。因为有这么多有趣的人和有意义的活动，几乎没有人会舍得在走完红毯后就离开。我真的希望"上海国际电影节"能够取长补短，越办越好。

2009 年，我家的"上海国际电影节"派对

值得我敬佩的音乐传奇人物——昆西·琼斯（Quincy Jones）先生

我能够邀请那么多好莱坞影星出席上海国际电影节，我首先必须要感谢一位对我影响非常大的好朋友、好大哥——音乐传奇人物昆西·琼斯（Quincy Jones）先生。我特别钦佩他对待人生和事业的态度。而且通过他，我认识了很多世界名人，收获了相当丰富的友谊和极其美好的回忆。

2007 年，国际超模娜奥米·坎贝尔将我介绍给了昆西·琼斯先生。当时，我没有想到我们之间的友谊会愈发深厚。

2008 年，昆西受邀作为顾问参加北京奥运会。在活动开始前的第 14 天，他突然打电话给我，说他仍然没有得到北京方面关于酒店和机票的最终确认。我马上给在北京的朋友打了电话，把事情都安排妥当了。从那时起，我们就变成了非常亲密的朋友。他还送了我一套迈克尔·杰克逊（Michael Jackson）的限量珍藏版金唱片，我把它们挂在了家里的墙上。

　　他对我来说就像个大哥哥，对我的照顾总是很周到。每年的情人节和圣诞节，我都会收到他的礼物。他在加州贝莱尔（Bel Air）拥有一个超级豪华的寓所。贝莱尔位于加州洛杉矶西部，是一座位于山区的豪华高级住宅区。它与比弗利山庄（Beverly Hills）和霍尔比斯山（Holmby Hills）组成了洛杉矶著名的"白金三角"。这一三角区在全美享有"最尊贵住宅

我的好大哥——美国音乐教父昆西·琼斯

区"的称号，也是美国房价最高的区域。我曾被邀请住过他家中的"奥普拉套房"。因为美国著名脱口秀主持人奥普拉·温弗瑞（Oprah Winfrey）经常到他家里玩，就住在这个房间，所以他把这个房间用奥普拉的名字命名了，真有趣。奥普拉当年是被昆西发掘之后成名的，昆西发现她的时候，她还只是芝加哥一个小电视台的员工。奥普拉曾说过她这一生最大的恩人就是昆西。

　　昆西是个特别幽默的人。他的话经常令人开怀大笑，和他在一起从来不会无聊，所以他总是被各行各业最有才华、最成功、最有趣的人所包围。像著名时尚设计师汤米·希尔菲格（Tommy Hilfiger），韩国 CJ 娱乐集团董事长李美敬（Ms. Miky Lee），国际巨星威尔·史密斯（Will Smith）等等都视他为恩师和好友。话说威尔·史密斯也是昆西发掘进入影视行业的。

　　通过昆西，我认识了很多好莱坞明星，像好莱坞影星丹泽尔·华盛顿（Denzel Washington）、凯文·史派西（Kevin

与韩国 CJ 娱乐集团董事长李美敬（Ms. Miky Lee）、好友 Fiona Cibani、Elizabeth Segerstrom、昆西·琼斯，乔慧君（Grace Pen）

在昆西家的派对上见到好莱坞演员丹泽尔·华盛顿（Denzel Washington）（中）

与好莱坞明星詹姆斯·布洛林（James Brolin）、约翰·特拉沃尔塔（John Travolta）

与美国演员凯文·史派西（Kevin Spacey）和昆西·琼斯

与伍迪·哈里森（Woody Harrelson）和昆西·琼斯

与美国歌手珍妮·杰克逊（Janet Jackson）

Spacey）、伍迪 · 哈里森（Woody Harrelson）、约翰 · 特拉沃尔塔（John Travolta）、珍妮 · 杰克逊（Janet Jackson）。这些人都特别可爱、幽默，话题也多，天南地北都可以聊，从来不会尴尬冷场。我很感激昆西让我认识这么多有趣的人。

2008 年，我邀请他来参加了第 12 届"上海国际电影节"，并给他颁发了电影"终身成就奖"。我还带他去了中国的爵士乐俱乐部和迪斯科舞厅，结果他却说无论在摩纳哥还是在上海，俱乐部的饮料、音乐和噪音都是一样的。

2010 年，他再次来到上海参观世博会。时任世博局副局长胡劲军先生想邀请他为世博会创作主题曲，希望我能促成此事。我即刻打电话给他，没想到他居然毫不犹豫地答应了。后来我又邀请到了谭盾，联合昆西为上海世博会免费创作了主题曲《阿拉侬：Better City Better Life》创作期间，我们只付了昆西录音和租用录音棚的费用。他一共花了两个晚上做录音，在曾经给迈克尔 · 杰克逊录制《颤栗》（Thriller）的工作室里，一丝不苟地指挥所有工作人员，可以看出在对待音乐这件事上他的认真。我也由衷地发出感叹：毕竟还是昆西啊！可以说这次体验真的是太棒了！

2010 年 3 月份的时候，昆西听说我没有拿到"奥斯卡颁奖典礼"的门票，他直接对

与昆西 · 琼斯、谭盾一起出席上海世博会开幕新闻发布会

2010年，《羽西看世博》之昆西·琼斯上海世博行

我说："我去接你！"

　　他的助手黛布拉（Debra）告诉我，其实昆西很多年没去"奥斯卡颁奖典礼"了，虽然对方一直在邀请他，这次带我出席算是例外。我很感动。和他一起去"奥斯卡颁奖典礼"就好像去好莱坞一样，当晚我遇到了包括乔治·克鲁尼（George Clooney）在内的好多明星！而且就是因为我和他一起出席，现场直播的大屏幕总是在拍我们！

　　我还同他一起出席过"格莱美颁奖典礼"，他是"格莱美奖"的创始人之一。音乐界没有一个人不尊重他。现场的明星见到他都变得特别谦逊，包括贾斯丁·比伯（Justin Bieber），"R&B 小天王"亚瑟小子、U2、史提夫·汪达（Stevie Wonder）等炙手可热的流行歌手。

　　昆西已经 90 岁了。如果你问他现在正在做什么，他仍然会告诉你他在办音乐会、拍电影和写书。我很崇拜他，他让我觉得自己特别渺小，觉得自己目前所做的事都不值一提。他鼓励我要为整个人类做更多的事情！这是多么伟大的精神呀！

我很感激昆西，希望自己到了他这个年纪能和他一样对任何事情都还充满热情，用真诚和爱善待身边每个人。我庆幸有生之年能拥有这样一位像哥哥一样的知己。

与昆西一起出席"格莱美颁奖典礼"

六 "环球小姐"中国区大赛

　　1966年的"夏威夷水仙花皇后"评选，对于当时19岁的我来说，算是意外之喜。虽然当时非常天真，也没有经验，但我从

2011年，"环球小姐"总裁宝拉·舒戈特（Paula Shugart）出席中国发布会，任命我为"环球小姐"中国区赛事总裁

这段选美经历中学到了很多东西。

后来在 1987 年和 2002 我受邀做了两届"环球小姐"全球总决赛的评委之一。看到有中国女孩子参赛，我就忍不住给她多加一些分数。但是和其他国家的选手们相比，中国女孩子还是有差距的，尤其是我们中国的女孩子缺少更强烈的民族自信心。

所以当"环球小姐"总裁宝拉·舒戈特（Paula Shugart）邀请我做中国"环球小姐"选美大赛总裁的时候，我丝毫没有犹豫。

我也一直在探索如何在中国宣传选美文化，当我观察我们中国的女孩子的时候，发现她们对选美的理解太少了。所以想要找到一位能够代表中国女性征战全球的"环球小姐"，就必须先进行全方位的培训，比如，化妆、造型、体态、语言、品位等等。国内外优秀的培训专家都被我拉来给女孩子们培训，甚至亲自带着她们和团队到国外进行文化交流活动。我要让她们知道，"环球小姐"绝不是单纯意义上的选美，而是对每个人从内到外全方

邀请世界著名专业选美赛事教练 Lu Sierra 来为中国选手进行培训

位的考验，更是一个可以让人脱胎换骨的地方。

另外，每一年我都为了能给观众呈现一场精彩的选美大赛而绞尽脑汁，请最好的活动公司帮我们制作出无与伦比的决赛晚会。我还邀请著名表演嘉宾和明星评委给晚会助力。可以说，我做"环球小姐"中国区赛事总裁的那几年，它的规模绝对是国内最大、最有影响力的。

而这场选美赛事背后的故事也被我拍成了纪录片，在很多视频平台播放，片名叫《寻找中国美》。

我们中国的独生子女，从小被父母溺爱，很多都没有经历过风雨，外表漂亮却不努力也不能吃苦的孩子太多了。在"环球小姐"培训营里，全部都是漂亮的女孩子，这种竞争感是非常强烈的。所以我要让她们知道，不努力就会被淘汰，没有其他选择。

我们的镜头记录了几届选手们入营后的成长，她们的经历、感受、付出的汗水和泪水，最终呈现的是舞台上闪闪发光的自己。

我最开心的就是看到从"环球小姐"舞台上走出去的女孩子们都成长了，自信了，幸福了。这就是我最欣慰的事。

对于"环球小姐"大赛，我心中一直有个遗憾。六十多年的"环球小姐"历史上，从来没有一位来自中国的"环球小姐"，我一直都想打破这个纪录。

虽然因为各方面因素，我没有继续做下去来弥补这个遗憾，但是随着国人对美丽事业的关注，我相信有一天中国一定可以出现全世界认可的"环球小姐"。

罗紫琳荣获 2011 年"环球小姐"中国区总冠军

莫文蔚作为特邀嘉宾出席 2013 年"环球小姐"中国区总冠

中国"环球小姐"培训营,羽西教选手化妆

中国"环球小姐"选手学习餐桌礼仪

中国"环球小姐"纪录片《寻找中国美》

中国"环球小姐"纪录片《寻找中国美》

你,自成先锋: 靳羽西自传

2014 年中国"环球小姐"到访斯里兰卡开展文化交流活动

2016 年中国"环球小姐"泰国文化交流之旅

"环球小姐"中国区宣传片

"环球小姐"中国区总决赛幕后花絮

313

2015 年"环球小姐"中国区总决赛时尚内衣秀

2016 年"环球小姐"中国区总决赛

第八章　跨世纪的跨界之路

没有她，我的人生不会如此精彩

罗紫琳｜2011年"环球小姐"中国赛区总冠军

2011 年中国"环球小姐"罗紫琳

　　羽西把我当成自己的孩子一样手把手地教导！虽然羽西带我见过很多大人物，但是我还是觉得在羽西身上学到的最多，比如，如何为人处世，如何表达自己，如何得体着装。

　　这些年我的成长所有人都有目共睹，羽西对我的帮助是巨大的。

　　我想对羽西说的话有很多很多。对我来说，她就像是我的家人，好久不见就会想念。我从内心深处感谢她，如果没有她我不会参加比赛，不会收获这么多荣誉。这一切都是缘分，我这辈子都会好好珍惜。

她是我生命中的灯塔

许继丹 | 2012 年"环球小姐"中国赛区总冠军

从中国赛区总冠军，到全球总决赛"最佳民族服饰"得主，再到羽西身边的赛事经理，我作为跟随在羽西身边最长的"Miss China"，觉得自己真的是最幸运的那个！

2012 年中国"环球小姐"许继丹

感谢羽西教会我如何对待工作，处理感情，实现梦想！

如果没有羽西，我到现在也不一定能说一口流利的英语；如果没有羽西，我的朋友圈不会像现在这么强大。我的眼界和胆识都是在羽西身上学到的，羽西一直是我生命中的灯塔，是我人生的导师。

是她让我遇见更好的自己

靳烨 | 2013年"环球小姐"中国赛区总冠军

　　我喜欢拍照，总是随身带着美颜相机。当然，去参加"环球小姐"全球总决赛也不例外。但是就凭这一点儿，有几乎三分之二的选手找我要联系方式，因为我的相机里有她们不用修图就超级美丽的照片。我想这就是我当年获得了"最亲善小姐奖"的原因之一吧。

2013年中国"环球小姐"靳烨

　　"环球小姐"，改变了我的人生轨迹。我以中国"环球小姐"的身份参加了国内外无数的活动。我曾受邀出席"英国皇家赛马会"，参加第十六届"向中国致敬"巴黎舞会，会见摩那哥亲王，跟随羽西女士访问斯里兰卡并问候第一夫人，通过"环球小姐"的平台效力了众多慈善公益事业，甚至因为"环球小姐"这个头衔，完成了我环游世界的梦想。

　　我一直都认为自己是幸运的，幸运地遇到了羽西，幸运地做了正确的事情，完成了正确的目标。

　　感恩羽西，使我的人生更加丰富多彩充满立体感。

她让我找到自己的女性魅力

胡彦良 | 2014 年"环球小姐"中国赛区总冠军

小时候，我让妈妈给我买过"羽西娃娃"，她们让我爱不释手。那时候，就知道羽西是个非常有名的人。

2014 年中国"环球小姐"胡彦良

认识羽西之后，我发现她对很多事物都有很强的好奇心，也许这份纯真正是她保持年轻活力的秘密。

羽西一直告诉我，要从一个女孩变成一个女人，展现自己身上的魅力，不能一直像个男孩子一样，不仅仅要会穿衣搭配，就连说话的方式、声音等举手投足都要注意。

在我筹办"环球小姐"分赛区赛事的时候，羽西的很多朋友都来帮助和支持我，让我特别感动。因为她的为人处世，她的优秀，让大家都发自内心尊重她，相信她。

她让我不再自卑，勇往直前

薛韵芳 | 2015 年"环球小姐"中国赛区总冠军

我经历了史上最乌龙的"环球小姐"总决赛。在美国福克斯（Fox）电视台全球直播的现场，主持人宣布的冠军是来自哥伦比亚的选手，上一届同样来自哥伦比亚的冠军把皇冠兴奋地交给了自己的姐妹。然而，就在此刻，主持人突然上场更正说，因为看错了名字，冠军的得主应该是菲律宾小姐！全场的哥伦比亚粉丝一片哗然，站在台上的我们也着实捏了一把汗。

2015 中国环球小姐薛韵芳

而就在此刻，我看见这两位年轻的女孩眼里都噙满泪水，或是激动，或有遗憾。但她们依旧相互拥抱着给对方鼓励祝福的力量，因为她们深知这一路走来是多么不易。

每天 3-4 小时的睡眠，穿着高跟鞋连续不断地彩排，有时候能蹲下睡一会儿都觉得很幸福！还需要时刻保持清醒的头脑，面对来自不同国家评委和记者的发问。比赛的胜利不仅是赢得了一个皇冠，更是收获了一段精彩丰富的人生经历。

感谢"环球小姐"这个平台，感谢羽西，让我不再是以前那个自卑的小女生，我开始尝试着挑战自己，敢于面对人生的任何一场海选，任何一次面试，任何一种质疑。

她让我走进无限可能的人生

李珍颖 | 2016 年 "环球小姐" 中国赛区总冠军

2018 年 6 月 9 日，羽西让我出席了在美国纽约举办的 "三冠赛之贝尔蒙特锦标赛"，这是全球最受瞩目的赛马会，现场有 2 万观众。

2016 中国 "环球小姐" 李珍颖

我在活动中还见到了圣卢西亚总理夫妇，他们热情地邀请羽西和我去圣卢西亚做客。而这仅是我作为 "中国小姐" 出席的国际活动中的一场。

想起当年夺冠时，羽西对我说过："从此以后，你的人生就不一样了！" 而就是从那一刻开始，我的生命里也多了一份使命感，在面对随之而来的各种机遇时，我都尽全力做到最好！

感谢羽西举办中国环球小姐大赛，感谢她让我知道原来人生充满了无限可能！

灵感启发来源于羽西想"吃"糖葫芦

张丽莉 | 2014—2015 年"环球小姐"中国赛区总决赛时尚泳装设计师

　　我是一位内衣设计师，也是一位创意设计师。2014 年在与"环球小姐"的初次合作中，我为每位选手设计时尚泳装作品。一开始就只是想到展现美而已，但是关于民族时尚主题没有那么突显。

羽西与设计师张丽莉

　　羽西看到我的设计作品时，建议道："Lily，你是中国设计师，你可以创造出带有中国人自己民族风格的作品的，比如你可以设计出一串糖葫芦呀？或者其他有中国特色的作品，我相信你可以表现出很好的创造力展示给全世界看的，你可以的。"

　　我满口答应下这组设计的任务，但在想突破，想创新的同时，又会有许多的担心和怀疑——这种设计可行吗？但一想到羽西对我说的话是那么的坚定：中华民族魅力是独特的，是最值得展示给世界的态度，我也越来越变得坚定，要做下去并且尽最大努力做好。

　　于是在 2015 年"环球小姐"中国区总决赛上，有人说我把国宝搬到了"环球小姐"的舞台，有人说中国元素一不小心就会"跑偏"在时尚的跑道上，而这组体现中国型东方美的作品让尝试过的选美佳丽及在场观众们都心跳不已。

于是大家会看到龙、脸谱、熊猫、扇子、牡丹、皮影、指南针等作品。每次出国做秀都会向世界各地的人们展示我的这组中国风作品，外国友人也很喜欢研究作品背后的中国历史。

这些年来，我还是要感谢一直传播中国美的倡导者——羽西老师给予了我无限的信任和鼓励。

◆ 他们眼中的羽西

羽西式的幽默是智慧的宝藏

徐姿君（Crystal Xu）｜"环球小姐"中国区公关经理（2014—2016 年）

没错，我的前老板是羽西。羽西是一个成功的人，但她更是一个有意思的人。无数人问过她青春永驻的秘诀，我觉得她的逆龄生长和她的幽默感是分不开的。

记得上班第一天，我在办公桌前正儿八经地听她讲了 10 分钟工作内容，忽然她开始教我化妆。她用"羽西三色阴影粉"给我化了眼影、鼻影，将我一直中分的发型改成侧分，还亲自帮我修了眉。不过，她只修了一边的眉毛，然后把镊子递给我说，"另外一边你照着自己修"。当时的我愣在那里，特别担心自己失去了一条眉毛。接着，她拉开一抽屉的首饰，给我挑了一些项链、耳环、戒指、手镯，金的银的。她说，女人的首饰，是一种 statement（标识）。

我曾问羽西："我不是一个很 social 的人，你觉得这会是一个问题吗？"因为我隐隐觉得社交在羽西的生活中占据重要的位置，怕自己天性慢热，不能胜任。

有一次羽西带我去路铂廷（Christian Louboutin）的草坪午餐会，从长桌这头一眼看到那头，都是名人名媛、媒体高层、社交达人，只有我是个旁观者，我就睁大眼睛躲在一边，只求春暖花开，岁月静好。

我永远忘不了老板突然严肃地对我说："Crystal！我不是请你来吃饭的，这些人你都认识吗？我要你和每个人认识，拿到他们的名片！"我只好硬着头皮上，介绍我是谁，能不能交换联系方式，我感觉自己说的每一句话都很怂。但在那一刻我才知道了这些宴会、派对的真正意义，大家都是来打交道的，每一个场合、每一个人都是机会。

职场上，每家公司都在训练你如何变得更专业，羽西首先教你如何负责把自己变美，而完全不用担心这是"不务正业"。有次在家中办派对，她见我们个个都穿着一身黑色，就不高兴了，"你们这些人，平时穿得都比今天好看。Why do you guys do this to me（你们为什么要这样对我）！"

羽西式的幽默，从不介意拿自己开涮。羽西注重养生是众所周知的。有次见她在吭哧吭哧吃什么东西。我们问她，老板你到底在吃什么呀？她说："我在吃字母，A 到 Z 都有了。"想了半天才明白，哦，原来是维生素。

2014 年在夏威夷出差的时候，恰逢她的生日，世界各地的好朋友给她寄来了世界各地的花，把酒店房间变成了一座花房。她和好友打电话："你不知道我这里有多少花，我还以为是我的葬礼。"旁边正在喝水的我听到这句话，一口水差点儿没喷出来！

在好友 Jerry Wu 的夏威夷新居的乔迁派对上即兴致辞，羽西上来便是，"Hawaii without Jerry is like a breast without nipples"（夏威夷没有 Jerry 就像是没有乳头的乳房），顿时全场人笑趴。

如果有人还在为学习英语而烦恼，那么羽西绝对是一种激励。她说："你看你 40 岁开始学英语，到了 42 岁你就学了两年英语。今年不努力开始，明年还是什么都不会。"

羽西在高科技方面也相当有天赋。前一秒她还不会如何在朋友圈上转发文章，后一秒她已经用手机组织三方电话会议了。

每个走近她的人都能挖掘到一笔财富。因为羽西，我见到了偶像宋承宪；因为羽西，我的交际圈扩大了好几倍，在接待各种大人物时渐渐也知道如何应对。然而羽西又是那么平易近人，碰到楼道里的阿姨、保安、工作人员，或路上偶遇粉丝都那么友好，没有一点架子。我永远记得她的话："做人要 Humble（谦逊）一点比较好！"

◆ 他们眼中的羽西

她有着超常的敬业精神

杜潭明（Jackie Du）| 羽西助理（2011 年至今）

2012 年，羽西在上海举办了两场大型活动，一场是上海宋庆龄基金会慈善晚宴，另一场就是"环球小姐"全国总决赛。两场活动的前期准备几乎是同时进行的，当时羽西工作团队的成员只有十几个人，其中还有实习生和志愿者，我们几乎天天加班到深夜，羽西也是。

在临近"环球小姐"全国总决赛时，羽西因劳累过度得了肺炎，医生让她卧床休息，不许她再工作。谁知，在总决赛当天，她居然从床上爬起来，化了妆换了衣服，准时到达现场上台致辞。当时现场几乎没有人看出她正在生病。她从台上下来后并没有离场，而是到后台休息室坐着等候，直到冠军出炉，她又从椅子上站起来，走上舞台颁奖。这种意志力和责任感让我震撼与敬佩！

在羽西身边工作有 10 年了，从未见过她喊累。经常凌晨了还在发邮件。羽西的办事效率极高，工作上一旦遇到问题就及时解决，从来不会拖到下一秒。

自从她开始策划出版自传，几乎每天都能写上千字的文稿，起早贪黑，写了改，改了写，然后发给我们看。她总是自嘲是个没文化的人，说她的故事写得不精彩，会让我们问她问题，帮助她回忆过往，这些都是她在努力认真做一件事的态度。

这些年，我一直在学习羽西的自律，但是一直都做不到。在控制体重这一件事上，就被她批评了好多次。她曾对我说："女孩子一定要注意自己的外形，好看的外形会让你更自信，但我更希望的是你能够保持健康的身体，不要生病"，这让我很感动。

羽西的自律不仅表现在她的体态上，她还能把工作和生活结合得很好，并且不断地学习和进步。2020 年全球发生"新冠肺炎疫情"时，她被迫待在夏威夷。这期间，她不但学会了游泳、开车、下厨做饭，还在继续学习西班牙语。我估计很少有人能做到和羽西一样，也许这就是成功者无法被复制的原因吧。

第九章

做个有趣的"生活家"

　　我认为拥有金钱和一个人对物质的欣赏能力完全是两个不同的概念。我见过很多"富而不贵"的人，虽然很有钱，但非常无趣。相比昂贵的奢侈品，我更喜欢房产，因为家可以让我的生活充满乐趣。

在中国，很多人的愿望都是想拥有一套属于自己的房子。在我们的心目中，房子是生活的必需品，房子也是家的象征，只有拥有自己的房子，心里面才安定踏实，才会有家的感觉。

我发现早年移民东南亚的中国人会在当地购买很多土地和房产，后来都变得非常富裕。在美国，包括夏威夷在内的很多地方，中国人都是当地最大的土地所有者。

我母亲也热衷于投资房地产，我们刚搬到香港时，她就开始节约每一分钱，积累起来购买房地产。尽管每处房产都不大，但后来我和妹妹能够去美国上学，都得益于她这些房产带来的收入。

我第一次到纽约时，身上只有150美元，租不起公寓，只能借住在好朋友陈康妮家里。当时陈康妮和她妹妹在纽约读书，她俩租住的房子位于皇后区，是一个有两间卧室、一个小客厅的公寓，我就睡在客厅的沙发上。

她们姐妹俩养了两只猫，一黑一白。我和它们共处一室，衣服上经常粘上猫毛，我每天都要清理，尤其当我穿上浅色衣服时，我只能看到上面的黑色猫毛；穿深色衣服时，只能看到白色猫毛，真是让我又气又无奈，只能耐着性子仔细清理。

住在皇后区很不方便，它离市区比较远，每次我去市区，回来稍晚一些，就没有公交车可坐了，打车又很贵。

后来，我说服姐妹俩和我一起搬到曼哈顿。我们在城里的第一间公寓是位于东56街的一居室，但我还是得睡客厅的沙发。

住在市区对我来说打工更方便了，赚的钱稍微多了一些，也开始有了积蓄。

　　偶然间得知在曼哈顿北部哈林区 141 街有一套公寓正在出租，那是一个一居室，每月租金只需要 250 美元。

　　我马上联系了中介，看了房子。其实从很多方面讲，这个公寓不是特别好，采光不足，房间很暗，虽然客厅有一扇窗，但它面对的是对面楼的墙壁，什么风景都看不到，阳光也被遮挡掉一半。家具也很老旧，某些家具破损还很严重。但是在纽约市中心每月 250 美元是租不到一间宽敞明亮甚至装修好一点的公寓的。

　　即使如此，我也喜欢这里，因为这是一个属于我自己的空间。

　　我当天就决定要租下来，和房东签了租赁合同。

　　搬家那天，虽然我的行李不多，但康妮两姐妹还是一起帮我乔迁新居。她们开玩笑地对我说，"你再也不用担心衣服上粘黑白两色猫毛了！"同时，康妮也收到了哈佛大学的研究生录取通知，她就要去波士顿了，真为她高兴。那一晚我们在我的新公寓喝酒、唱歌，一起庆祝各自即将到来的新生活。

　　虽然有了自己的房子，但是我没钱买好的家具。每逢休息日，我都会去街上寻找一些别人丢弃的旧家具和家电，把能用的搬回家。每周五晚上，我会去花卉市场捡一些花店扔掉的花，有些还是非常漂亮的。我把它们带回家修剪一下，插在花瓶里，摆在各个角落。这样整个周末房间里都飘着花香，我的心情就会特别好。我十分喜欢被花包围着，如果捡不到好看的花，我会花几美元买一小束鲜花放在桌上来点缀家的环境。

　　我常常在曼哈顿中心的萨顿广场一带散步，这是我非常喜欢的地方，因为它是纽约市最文明的地区之一。我喜欢这里宁静的环境和漂亮干净的建筑物，一直梦想着拥有一套属于自己的房子的我，当时真希望能在这里安家。

　　我认识了这些大楼中一些非常友好的门卫，我告诉他们我非常希望在其中一栋大楼里找到一个小型的公寓作为工作室，他们答应会帮我留意。

　　我开始努力赚钱。除了上班，还会在业余时间接一些钢琴家教的工作。

　　有一天，一位门卫说："嘿，有一套低楼层房子在出售，价格 25000 美元，维修费用是 250 美元。"

　　我听到后非常惊喜，因为这是我能力范围内的预算。

　　和中介看过房子之后，我立刻支付了 10% 的首付款。拿到合同的那一刻，我激动得手舞足蹈。虽然房子很小，但是对我而言，它是世界上最棒的地方。

　　我永远不会忘记当时的归属感，我终于有了一个真正属于自己的家！自从我 16 岁离开香港以来，这是我第一次有这种感觉。

　　房子收拾好之后，我开始邀请朋友到家里聚餐。每逢节假日我的家都很热闹。而且很多大人物都来过，比如男高音歌唱家鲁契亚诺·帕瓦罗蒂（Luciano Pavarotti）、伟大的作家阿尔文·托夫勒（Alvin Toffler），成功的企业家阿瑟·赛克勒博士（Dr.Arthur M.Sackler），等等。

与好友 Tina Sheff，和我的人生导师阿瑟·赛克勒博士（Dr.Arthur M.Sackler）

与歌唱家帕瓦罗蒂（Luciano Pavarotti）

我在窗户旁边放了一架小型施坦威钢琴，经常在家举办小型音乐会。

在家中弹奏钢琴

这间公寓给我带来了超乎想象的快乐，我在那里住了很久。

后来我赚到了更多的钱，在同一栋楼里又换了一间更大的公寓，在那里住得更久，至少10年。我在制作《看东方》系列节目的整个过程中都住在那儿。对我来说，这间公寓是一个高效的工作空间，住在那里的每一天我都在工作，完全没有周末时间。

我一直持有这个房产直到离婚为止。当我和丈夫吵架，或者需要自己一个人清静一下的时候，我都会回到这所公寓，它就像是我的一个庇护所。

纽约曼哈顿的萨顿广场

我在纽约的家是一幢格鲁吉亚风格的别墅，位于曼哈顿中部58街，这片区域被称为"萨顿广场"（Sutton Palace）。它在东河河畔，地理位置优越，交通便利。这是一幢拥有一百多年历史的联排别墅式建筑，建筑的背后，长长的东河岸边，是我和邻居们一起共享的一处"秘密"大花园，说它"秘密"，是因为街上的人是看不到它的。

1989年，我的丈夫在5分钟内决定以500万美元购下这幢房子。当时它已经被空置3年了。起初它的房型很糟糕，一共有5层，每层都有很多问题，地下室里到处都在滴水，房子的架构也需要做很多工作。

我们买下它之后，就一直努力地改造它——增加了2层楼，变成7层，还加了一个漂亮的屋顶。地下室也翻修了，里面有内置烧烤炉和制冰机。一楼的大客厅更被我改造成了可以放置60个桌席的宴会厅。

在我们的"秘密"花园里，有一棵参天大树。曾经泰国王子与他的随行人员一同前来，其中有位朋友在树前驻足了很久，他告诉我，这棵树至少有300年的历史，并且有一位仙女住在里面一直保护着花园。哈哈！我相信这是真的！

离婚之后，我又重新装修了整栋房子。在每一层的房间都放置了美丽的古董和家具。每次出门旅行，尤其是去其他国家，我都喜欢买一些有意义的，别具一格的东西带回来，所以家里到处都是各种各样富有异国情调的物品。

当年我去柬埔寨时，特别喜欢"舞娘"神庙里那面雕刻着柬埔寨仙女舞的墙壁，就特地找了当地一家艺术工作室照着上面的图案，为我一楼花园露台的围墙定制了相同的"壁雕"。家里还有很多美丽的佛像，都是我从缅甸、泰国和柬埔寨请回来的。

书房天花板的龙凤呈祥图案也是由著名的室内设计师希瑟·汉森（Heather Jettes）设计的。

我相信我的前门是我们那个社区里最有名的门，它是由一位

你，自成先锋：靳羽西自传

雕刻大师在巴厘岛制作完成的，它描述了古印度罗摩传的故事，上面有两个神兽来保护房子。很多游客喜欢在我的门前拍照。我时常开玩笑说，如果他们每拍一张照片我就收费 1 美元，我就不用再工作了。

这栋房子的最佳视角就在屋顶的天台。往南看，可以看见东河到布鲁克林的一大片区域；向东看，可以看到美丽的皇后区大桥及其夜晚的壮丽灯光。我敢保证，这个景色只有在我家屋顶能看到，绝无二处。

最近，我在书房的窗子外面发现了一个鸟窝。这让我喜出望外，据说有鸟在你的屋檐下安家，就意味着将有好运降临。

我的邻居中不乏大名人，比如，著名建筑师贝聿铭，以及好几届联合国秘书长。从佩雷斯·德奎利亚尔（Perez de Cuellar）到布特罗斯·布特罗斯 - 加利（Boutros Boutros-gali），科菲·安南（Kofi Annan）和潘基文（Ban Ki-moon）等。

在联合国大会期间，布特罗斯·布特罗斯 - 加利夫妇还邀请我参加联合国的所有活动。后来，慈善组织"亚洲倡议"（Asian initiatives）还给我颁发了"潘基文奖"。

家是我的城堡。我所有的家都是我用满满的爱和热情用心装

荣获 "潘基文奖"

饰的，因为这里不仅是我休息、睡觉的地方，也是我工作和娱乐的地方，我人生的大部分时间都是在家里度过的。

有一位朋友对我说，既然我没有丈夫和孩子，甚至没有养猫和狗，我需要经常邀请尽可能多的朋友来家里做客，这样才能给我的家带来人气和好运。这也正好满足了我好客的性格。

我刚开始写这本书的时候，正在纽约过夏天，每天早上听着外面清脆的鸟叫声起床，晚上坐在花园里，陶醉在优美的灯光下。所谓幸福，莫过于此。

没有明星架子的老板

张雯倩（Joyce）| 羽西纽约助理

2018 年的秋天，刚刚研究生毕业的我第一天来到羽西纽约办公室实习，中午吃员工餐的时候，羽西下楼和大家一起吃饭。

"你叫什么名字？"羽西问我。

"我叫 Joyce。"

"我喜欢这个名字，我们 2016 年的中国环球小姐的英文名也叫 Joyce。"

而后她开始非常亲切地和大家拉家常，那一刻起，我重新开始认识了那个原本只出现在荧幕和广告上的羽西。几乎之后的每一天，羽西的时间都被采访、活动和各类宴席聚会排得满满当当，但她总是充满活力和能量。有采访和拍摄时，都会非常细致地准备稿件，镜头前高标准要求自己。作为纽约华美协进社的联合主席，有一次要为华美协进社录制中英双语的慈善筹款视频，羽西不仅一连几天不断地修改稿子，还拉着我帮她反复纠正中文的发音，她对待工作的一丝不苟和专业精神深深影响着身边所有的人。

"感恩节"是美国非常重要的一个传统节日，家人团聚，享受美食。留学生们往往在这样的节日更加想家，因此每年的这一天，羽西除了会邀请亲朋好友来家里做客，以往的实习生和"靳羽西美基金"奖学金的获奖者们都会受邀前来，欢声笑语，热闹非凡。除了"感恩节"必不可少的火鸡，还会特地吩咐阿姨准备很多中国美食，即使身在异国他乡，也能感受到家一般的温暖。

纽约广西同乡会来家里做客

为庆祝好友李美敬（Miky Lee）制作的韩国电影《寄生虫》获得奥斯卡四项大奖，我们为她办了个大派对，好友谭盾、我的邻居时任联合国秘书长潘基文和夫人都来参加

好友到访纽约，请他们到家里做客

我在家举办"墨西哥主题派对"

第九章　做个有趣的"生活家"

上海——我的第二故乡

我一年的¼时间会在上海度过，所以我也算是¼的上海人。

每次回到上海的家，感觉说话都有上海普通话的味道。虽然我还不太会说上海话，哈哈！

我喜欢上海，上海跟纽约一样充满活力。我第一次到上海的时候，这里到处都是低矮和古老的弄堂，没有高楼。1994年东方明珠电视塔在浦东陆家嘴落成，成为上海当时唯一的标志性建筑。

从20世纪80年代至今，我很惊讶整个上海的建设速度，一栋栋高楼拔地而起，就像蝴蝶破茧而出。

1992年创立羽西化妆品时，虽然我把总部放在了上海，但我当时并没有在这里购置房产的打算。我东奔西走，住在全国各地的酒店里。后来在上海停留的时间长了，便在上海著名的锦江饭店租了一套公寓。我不想买房的原因很简单，因为当时在中国买不到很好的家具，如果从美国运送家具过来，工程又实在太大了。

2004年，我在上海静安区北京西路购买了我的第一套公寓，那时上海已经什么都有了，甚至可以买到雅马哈钢琴，还有我最喜欢吃的纽曼沙拉酱，之前我可都是成打地从美国带回国来，现在随便在一个大型超市就能买到这些进口食品。

最初我从公寓阳台上向外望，看到的只有低矮的房屋和伊势丹百货商店。接下来的几年间，我家周围的高楼越来越多，上海中心、恒隆广场、嘉里中心……整条南京西路上的高楼大厦都像是一眨眼建起来的。这就是上海发展的速度。

　　我在之前出版的书里都讲到"家就是我的城堡"，不论多大多小，只要到了家里，我就是主人，家给了我安全感，也让我感到舒服和放松，所以无论纽约、夏威夷、北京还是上海，我的家都被我布置得特别舒适。

　　和纽约一样，在上海的家里，我也收藏了很多世界各地的艺术品，比如，保加利亚的艺术家迪米特尔·拉科诺夫（Dimitar Lukanov）的作品天《天空之光》（Light to Sky），委内瑞拉女艺术家埃利奥诺拉·图格斯（Eleonora Tugues）的作品，中国艺术家叶红杏小姐的画，当然还有我父亲的画作。以及我旅行中淘回来各种宝贝——缅甸的雕塑、印度尼西亚的化石桌、法国的烛台、柬埔寨的银器、泰国的佛像等。

　　很多人第一次到我家，电梯门一开，就知道肯定没走错，因为迎面的墙上就是一幅我的肖像画，是著名的佛罗伦萨术家马可·吉奥丹诺（Marco Giordano）为我为画的。电梯间的地面是马赛克拼出的红色牡丹花。牡丹雍容华贵，有"花开富贵"的寓意，我很喜欢。

　　屋子里还有很多我钟爱的艺术作品，包括张桓的木雕作品，在餐桌上摆放的两只铜雕小熊猫也是他创作的，跟上海世博园门口的两只熊猫一模一样，是同比例缩小版。我家最值钱的摆件儿应该就是沙发边上的木化石了，很早之前在它们还很便宜的时候，我收集了很多，现在都成了我的宝贝。

　　布置家居我喜欢亲力亲为，几乎每年我都要把家里重新装饰一下，不让它显得乏味，让它充满新鲜感。

　　总体来说，上海的建筑非常漂亮，外滩和黄浦江的景色也很迷人。

你, 自成先锋: 靳羽西自传

但它让我觉得如此美妙的另外一个因素是人。

上海人海纳百川，包容度很高。今天的上海有很棒的餐厅、博物馆、音乐厅，交通也非常方便。我曾听到很多外国人介绍说，上海是中国最适合老外居住的城市。

我在中国购买的大部分房产都赚了钱。但说实话一开始建筑物的质量非常糟糕，开发人员不懂如何保证建筑质量，直到市场开放，越来越多的国外著名工程师来到中国，如理查德·迈耶（Richard Meier）、雷贾·巴赫（Reja Bakh）、伦佐·皮亚诺（Renzo Piano）、扎哈·哈迪德（Zaha Hadid）、诺曼·福斯特（Norman Foster）、佩里·克拉克（Pelli Clarke）等等，他们来到上海、北京等大城市进行建筑设计和建造，才有了如今那么现代化的 SOHO 建筑群、CBD 中心。

不过现在很多中国的建筑设计工程师越来越优秀，并且开始注重生态和环保。我期待看到更多中国建筑师的作品，同时也希望国人的生活环境更美好。

◆ 他们眼中的羽西

我在羽西身边的重大改变

徐吉英（Monica）｜羽西私人助理

刚去羽西公司上班，我还是毕业没多久的大学生，上班第一天穿了一套毫无美感的运动装就来到办公室。羽西打量了我几秒，和另外一位同事说："麻烦你立刻带 Monica 去楼下服装店买几件适合她的衣服"。这就是我和羽西的第一次见面，她对我说的第一句话，这个经历让我终生难忘，让我知道了衣着得体也是一种教养！

我们助理的工作室在她市中心的家里面，周末我们不上班。她空的时候，喜欢在家里走走看看收拾一下。有一次，她实在不能容忍我们杂乱无序的办公环境了，就写了张纸条贴在门口："Girls：你们愿意把我的家变成上海最贵最乱的仓库吗？你们希望我把这么乱的房间拍下来发给你们未来的老公吗？"我们被她说得无地自容，女孩子连自己的办公室都整理不好，以后怎么能照顾好自己的家和家人呢？

羽西一直以来都希望身边的人能够不断学习和进步。那年我刚休完产假回公司上班的第一天，羽西就给我派了新的工作——在最短的时间内考出会计师资格证，接管公司财务工作，没等我反应过来，甚至还在怀疑自己能否胜任的时候，羽西就已经转入下一个议题。就这样从未涉及过财务工作的我在羽西的"钦点"下，逐步扛起了财务工作，我是多么感谢羽西当年给我这么好的机会和对我莫大的信任，这是我人生中最值得珍惜的宝贵财富。

有次和羽西一起出差，我随意提起，说自己颈椎不好，她便记挂在心。登机前路过商店，她便进去买了个便携式按摩器送我，现在每次用起来都还会有小感动！按摩师来家里帮她做按摩的时候，她也会贴心地叫按摩师给我按摩缓解颈椎疼痛，她就是这样无微不至地照顾着身边的每一个人。

此生收获的最大财富——朋友

真正的朋友只记得你的生日，不记得你的年纪。

我的朋友遍布世界各地，除了皇室成员、各国大使、企业家、艺术家、文学家等等各界人士，也有很多平凡人——家庭主妇、白领、学生、医生、护士，甚至美甲师。我结交朋友的时候从来都不问他们的出身，不管他们来自哪里，这些不是我衡量朋友的标准。

在我的人生里，好朋友和我的家人一样重要。

每次回到上海或纽约的家里，比我先到的肯定是朋友送的鲜花，还有好吃的食物。每次出门旅行，目的地都有好朋友邀请我吃饭聚会，我到哪里都不会孤单。

很多人好奇我是如何维系和朋友们的关系，同时又不断结交新朋友的。也许是受到美国文化的影响，举办派对是我非常喜欢的方式。

我在夏威夷读完大学之后，独自到纽约闯荡。因为文化背景的不同，那时候我交到的朋友非常少。等到我进入媒体行业后，就开始出席各种活动，这些活动很多都是在名人家里举办的私人派对。我在这些派对上认识了不少纽约的名流，结交了很多十几年的老朋友。在中国，大家通过亲人、同学和同事这样的圈子交朋友，过年过节在一起聊天打牌很开心，很少通过派对这种方式结识新朋友（当然，我看到现在的年轻人也越来越喜欢通过派对认识新朋友了）。但是在美国，人们基本上是通过社交活动来认识朋友的，而派对是很重要的社交活动。我知道有的人特别喜欢派对，差不多每天都要参加一个，大家开玩笑地把他们叫作"交际花"（social butterfly）。

我喜欢在家里办派对，第一，因为可以让客人尽兴，聊到凌晨也不会被赶走；第二，因为我的厨师阿姨手艺一流，不跟人分享太可惜了。当然还有我的小私心，就是化完妆，穿得美美的就能直接出现了，不用出门受奔波。

不管是老朋友还是新朋友，我都能从他们身上获得很多知识、灵感、支持和陪伴，是他们让我觉得自己的人生是丰富多彩的。

没有他们，我的人生不会这样精彩。他们是我这一生最大的财富。

每次回到上海，我都能收到朋友们的祝福、鲜花和礼物，感受到他们满满的关怀

在上海的家中举办派对

我经常在家用小火锅来招待我的好朋友们

好友鲁豫生日，大家为她庆祝

2019年，我在北京过生日，好朋友们为我庆生

第九章　做个有趣的"生活家"

第十章

东西方的"慈和善"

罗马帝国时代的希腊作家、哲学家普鲁塔克说过:"道德是永存的,而财富每天在更换主人。"

我用这句话鞭策着自己,不要满足于自己生活的富裕,当你有了财富,就不应该成为财富的奴隶,而是去驱动它,让它做更多有意义的事,帮助更多的人。这也是我的父母在世时,对于我们四个姐妹一直以来的教育。用钱的前提是先要用心,人与人建立真心的关爱,这个世界才会越来越美好。

中国媒体经常把"慈善家""公益家"这样的头衔加在我身上。说实话，我从来没想过要做这个"家"。很多东西，它就在你面前，需要你去做。比如，慈善，不做的话内心就没办法平静，而内心不平静就不能好好地做事情。

从小父母就教我做人要善良，要懂得给予和付出。他们以身作则，对身边的人都非常好，待他人像自己家人一样温暖。我们四姐妹是在一个充满了爱和包容的家庭氛围中长大的，所以从来不吝啬帮助他人。但在我经济还没有独立的时候，并不知道要怎样从物质上给予付出。后来去了美国，我发现美国孩子在很小的时候，父母就会告诉他们要做善事。我经常看到这些孩子们在寒暑假的时候，自己拿着小篮子挨家挨户地卖蛋糕和糖果，然后把赚到的钱捐给慈善组织或教会。那个时候我领悟到，慈善不是只能有钱人才可以做的事情。一个人在有限的情况下也能够帮助到他人，这才是慈善精神。

加入教会后，我把每个月打工赚到的钱的10%捐给教会，顺便以不同的方式帮助一些需要帮助的人。这是一个能够给人爱和温暖的地方，我深深体会到了慈善的力量。

我刚回到中国时，中国还没有慈善这个概念。直到做羽西化妆品时期，慈善才开始慢慢起步。那个时候做慈善还是以政府为主体的捐助行动，筹款的数目不大，形式也比较单一。

在几年前的一次活动上，我遇见了阿里巴巴集团创始人马云，我问他的慈善事业进展得如何，他说："你知道把钱给出去真是一项非常艰巨的工作！"，在场的所有人都笑了。这样的话在二十多年前的中国是根本听不到的。

今天，很多富裕的中国人给慈善机构捐献了大量的现金和股票，有时甚至达到了数十亿美元。这是一个很好的趋势，我很高兴看到这种情况。虽然我从未有过一次性数十亿元的捐款，但我知道慈善最重要的不是看你给了多少钱，而是你是否真的在做。

有些人会觉得做慈善是一件很大的事，其实不然。现实生活中的很多慈善和公益行为也许就在你身边，这需要你的发现、关注和参与。

我要介绍一些我所参与的慈善和公益项目，希望大家能够对其有所了解，并积极开启自己的慈善与公益意识，多参与一些有意义的助人为乐活动。

一　在中国的慈善事业

❤ 捐款给联合国第四届妇女大会

1995 年夏，一个炎热的午后，我纽约的邻居——时任联合国秘书长布特罗斯·布特罗斯 – 加利（Boutros Boutros-Ghali）的妻子让我去她家喝茶。她兴奋地告诉我，她马上要去中国北京参加"联合国第四届妇女大会"。

她说："这是世界范围内的大型女性会议，是中国承办的第一次规模空前的国际盛会。我认为你真的应该参与其中，它将推动世界女性议程！而且，我真的很想在中国见到你！"

我回到家马上打电话给沈宏说："看看我们能为这场大会做

些什么？全世界重要的女性领导都会来中国讨论女性问题，而女性一直是我们服务的客户群体，我们必须参与进来。"

沈宏调研之后告诉我："中国妇联是这场大会的主办方，她们正在寻找企业捐款。"

"需要捐多少钱？"我问。

沈宏说："我们能出多少算多少。在中国还没有哪家公司给他们捐过款。"

我说："那么我们就做第一家捐款给这个联合国活动的中国公司！我们捐 150 万元！"

沈宏惊讶地问道："你确定吗？这对于我们公司来说可是一笔不小的数目啊！"

我很肯定地告诉她："是的。因为妇联的领导希望我公司捐助。"

1995 年，捐赠 150 万给"第四届联合国妇女大会"

我们被告知羽西化妆品是此次活动唯一的化妆品品牌捐赠企业，但活动当天，我们走进人民大会堂时却发现每个座位上都放着另一个品牌的化妆品。我和沈宏面面相觑！当然，我们后来也没追究。

我在北京遇到了很多位第一夫人——法国的克拉克夫人（Mrs Chirac of France）、埃及的穆巴拉克夫人（Mrs Mubarak of Egypt）、约旦王后努尔（Queen Noor of Jordan），还有其他名人，如珍妮·达娜（Jane Dinda）、希拉里·克林顿（Hillary Clinton）等。

在会议期间，当时的联合国秘书长布特罗斯·布特罗斯－加利（Boutros Boutros-Ghali）夫人一直和我在一起。我们非常开心地参加了大会期间的所有活动。

♥ 助力教育，设立奖学金

1996 年，在一次公司会议上，我提到既然我们做的是女性生意，作为对女性承诺的一部分，我想在高校设立一项奖学金，专门资助来自贫困家庭但是却非常优秀的女学生。

我们讨论了很久，最后觉得选择了北京大学。北大校长跟我说，当时的确还没有很多公司在大学设立奖学金，我们的这个想法非常棒，可以吸引更多优秀的学生来选择北京大学。

就这样，"羽西奖学金"正式在北大设立，奖励给每年来自 12 个最贫困省的女状元。

1996 年 9 月 15 日，在北大举办的第一届"羽西奖学金"颁奖仪式上，我见到了首批获得奖学金的优秀女大学生们。

我告诉她们："羽西化妆品的全部理念不仅仅是出售一些口红，而是赋予女性权力，你们需要有信心在自己的生活中实现更多价值。奖学金是以同样的精神给出的。作为我们送给你们的礼物，希望你们可以在北大享受你的学习！未来实现自己的梦想。祝贺你们！"

在北京大学设立"靳羽西教育基金"　　　　北京大学里来自各省的女状元们

多年之后，我在纽约出席国际音响设备公司哈曼卡顿（Harman / Kaden）的一场公司聚会。一位年轻女士走过来，拉着我的手兴奋地对我说："见到您太高兴了！羽西！感谢您参加我们的活动，我是这家公司的首席财务官。我想让您知道，我是当年北大"羽西奖学金"的获得者。当时我家很穷，如果没有您的奖学金，我不可能上北大，谢谢！"看着她湿润的眼眶，我内心被深深触动。

"羽西奖学金"当年最高奖励金额是 4000 元，这些钱放在现在来说可能不算多，但当时的确帮助了不少贫困学生解决了一些基本问题，我很骄傲当年做的这个决定。"北大靳羽西奖学金"一直持续了很多年，有两百多位优秀的女大学生获得了这个奖学金。我相信这些奖学金获得者如今都取得了傲人的成就，希望她们不要忘记初心，用自己的能力回馈社会。

当然除了北大，我还在很多学校设立了专项奖学金。

2004 年，我回到桂林，听说在荔浦县新坪镇桂东村有一所小学，因为经费不足年久失修，校舍已经破旧不堪。孩子们在泥瓦结构的危房里学习太不安全了。我想帮助他们重建学校，彻底改善他们的学习环境。我先捐助了 5 万美元，并且跟进了校舍搭建的整个过程，整个工程下来我补贴了近 10 万美元。后来县政府将这所小学命名为"靳羽西小学"。2019 年 3 月，我回去探望了那里的师生，看见学校门前的土路也修成了水泥路，孩子们在宽敞明亮的新教室里上课学习，食堂里阿姨给师生们烧的饭菜散发出诱人的香气……当然学校还有很多需要改善的地方，我告诉校长不要担心，我会继续帮助和支持他们。然而，我最迫切的愿望是，有更多支教老师能来到这样的贫困山区教学，让这些山沟沟里的孩子们接受更好的教育。

我在上海的寓所旁边也有一所爱国学校，有很多贫困家庭和

广西桂林市荔浦县新坪镇小学改造前和改造后的样子，改造后更名为"靳羽西小学"

陕西桐梁小学的"羽西之家一个村小图书馆"

外来务工人员的孩子们在那里上学。经常帮我改衣服的裁缝的孩子就是那里的学生，他们平时一家三口挤在一个阴暗潮湿，不到20平方米的店铺里生活着，孩子放学回来，就趴在板凳上做功课。

从 2005 年开始，我在上海市爱国学校设立了资助奖学金，鼓励学校里那些和裁缝家孩子一样条件困难的孩子们走出校门，积极参与社会活动以及国际交流活动，将来能够更好地回报社会。

给爱国学校的学生们颁发奖学金奖状

另外，为更好地培养有潜能、有才华的女大学生演员、编剧、导演等电影艺术人才，我曾在北京电影学院和上海戏剧学院两所院校都设立了"羽西奖学金"，鼓励她们在国际舞台上展现中国当代女性的风采，并且"讲好中国故事，传播好中国声音"。

2012 年，在"上海国际电影节"期间，我用现金资助优秀女性导演的"微电影公益项目"，希望以此鼓励女性电影的制片及宣传，用电影的方式关心妇女和社会问题。

♥ 在寓所里发起赈灾筹款

1998 年夏天，中国遭受了百年不遇的水灾，我给国内外友人发邮件介绍中国的灾情，还在自己的寓所举行了"赈济华东水灾筹款会"。我自己先捐了 25000 美元。这次筹款会共为灾区筹得了 18 万美元的善款。

♥ 在全球发起"向孩子承诺"活动

2001 年 7 月，联合国国际儿童教育基金会任命我担任"联合国儿童大使"。这是联合国评选的结果。我不仅仅代表中国人，更是代表全球所有的海外华人。

在支持此活动的国际名人名单中，有"南非国父"纳尔逊·曼德拉（Nelson Mandela），有时任联合国秘书长科菲·安南（Kofi Annan），有微软创始人比尔·盖茨（Bill Gates）等等，而

2001 年，羽西被任命为"联合国儿童大使"，是首位华人代表加入联合国全球性的"给儿童做承诺的"（Say Yes to Children）签名运动

我是其中唯一的华人！在感到荣幸的同时，我也深知肩上的责任。

我希望这世上每一个孩子都能够得到关爱，希望通过我们的努力，使他们得到良好的教育和成长，这也是联合国关于儿童最重要的使命。我和这些世界级名人一起发起了"向孩子承诺"的全球活动，呼吁给儿童一个健康、和平、美好的生活环境。

♥ 担任上海宋庆龄基金会海外理事

上海宋庆龄基金会是由宋庆龄女士所创办的，中国福利会发起的，于1986年成立的一家公募基金会。

我很荣幸能担任宋庆龄基金会海外理事一职，能够继承和发扬宋庆龄女士毕生关心妇女，热爱儿童的精神。

在我担任"联合国儿童大使"的同一年，上海宋庆龄基金会设立了"母婴平安"项目，以"母亲安全，儿童健康"为主题，帮助贫困地区建立妇幼保健站，增添医疗设备，培训医护人员。

历年来，我们通过慈善晚宴义卖、拍卖、义捐等各种方式，为"母婴平安"项目筹款达数千万元。

我们资助宋庆龄幼儿园引进 ECSTEM 幼儿探索馆教学系统项目，我坚信此项目对国内边远贫困地区进行师资扶贫培训，包括国家级的师资培训都将产生长远积极的作用。同时，如此高端的教育品牌项目也将成为中国优质教育的一个示范案例，可以作为国际学前教育、学术交流的窗口和桥梁。

担任宋庆龄基金会海外理事多年，为其和中国福利会做出过许多贡献

❤ 策展鼓励中国新锐画家

2007 年，为鼓励新锐画家追寻自己的梦想，让更多人看到他们出众的才华，同时也为了纪念父亲，我用冠名赞助的方式，特别举办了一场"靳羽西中国新锐画家大奖赛"，这是中国第一个并且是唯一一个只针对年轻画家设立的奖项。大奖赛对所有艺术家免费开放，并邀请在国际艺术圈中享有盛誉的艺术大师担任评委。几千名遍及海内外的年轻艺术家参加了本次比赛，

"靳羽西中国新锐画家大奖" 颁奖仪式

最终入围的 25 名艺术家的作品在后来的全球国际展览中展出，受到国内外媒体的广泛关注。

❤ 美和时尚也离不开慈善（2011—2016 年）

"中国环球小姐大赛"自 2011 年我做总裁开始，赛事最重要的使命就是慈善，进行为期一年的慈善公益活动是每一位"环球小姐"必修的课程。"中国环球小姐"总决赛慈善晚宴是国内最有影响力的慈善晚宴之一。

在我们的强烈号召和推动下，身边爱心人士都倾囊相助，捐款、捐赠的抽奖品以及提供的爱心拍卖品，最终都以善款的形式捐赠给"微笑行动"和"微笑列车"项目。总善款达数千万元，全部用于国内贫困唇腭裂患儿的修复手术和综合治疗，让这些不幸的孩子得以改变命运，绽放新的笑容。

　　慈善对这些佳丽来说真的很有意义，因为这可以让她们将自己的美丽在更有意义、更宽广的事业中发挥作用。中国"环球小姐"作为慈善大使，每年都要参与各式各样的慈善活动。只有把公益和爱心深深镌刻在选手的内心，用美丽、爱心和智慧展现中国女性魅力，才能让她们体现出真正的"美"，才是"中国式的环球小姐"。

2016 中国 "环球小姐" 慈善晚宴为 "微笑列车" 募捐 880 多万人民币

中国 "环球小姐" 参与唇腭裂儿童救治活动

❤ 天使宝贝

"天使宝贝专项基金"隶属于"北京天使妈妈慈善基金会"，基金用于救治受到意外伤害的儿童。从这个项目创立开始，我就非常支持它，多次捐赠自己珍爱的拍卖品为这个项目筹集更多活动用款，希望能用我的努力和付出来推广"天使宝贝"项目在社会的影响力，为意外受伤的孩童获得更多的保护和关爱。

出席"天使宝贝"慈善义卖

❤ 非物质文化遗产的保护和传承培训

上海同济大学设计创意学院应中华人民共和国教育部和文化和旅游部的要求，为挽救我国非文化遗产，弘扬优秀的传统文化，开展非遗的保护、传承和开发。我联系了"上海增爱基金会"，用现金资助这个项目。主要是想在培训的基础上，鼓励大家创业，为大学生就业提供美好的前景，希望"非遗"能走向大众，走向生活，走向现代和产业。

你，自成先锋：靳羽西自传

♥ 贺理事嘉道理慈善基金会大使

2019 年 3 月，我受邀成为"上海嘉和公益基金会"的第一位亲善大使，支持"贺理事嘉道理青年发展中心"慈善项目——帮助全国身世不幸的孩子和农民工的子女学习各项相关酒店餐饮服务类技能，毕业后进入各大五星级酒店实习工作。我很开心看到这些孩子没有因为原生家庭的不幸而误入歧途，他们反而比别人更加热爱生活。我希望这个青年发展中心能够帮助更多需要帮助的青少年，继续把爱传递下去。

"贺理事嘉道理青年发展中心"慈善项目在上海举办入学典礼

♥ 关注海洋与环境保护

近几年，我们经常能在新闻、网络上看到海洋和大自然环境正在面临的严重污染。关爱海洋，保护环境是我们所面临的艰巨任务。2018 年 2 月至 4 月，法国塔拉海洋科考船首次在中国停靠，这艘科考船主要研究气候变化和生态危机对海洋尤其是对珊瑚礁造成的影响。我很荣幸担任他们的中国区大使，并以现金资

2018 年，法国塔拉海洋科考船首次在中国停靠

助的方式帮助他们在停留上海期间开展各项活动，宣传保护海洋和环境的重要性。

为了教育孩子们，让他们更好地理解环保和保护海洋，我还会在接下来的几年里，努力将更多国外环保主题的项目带进中国。

原本我计划 2020 年在上海开展一场名为"深蓝行动·羽你同行"海洋环保主题展，把一件由外国艺术家团队历时 4 个月创作的巨型鲸鱼雕塑"摩天大楼"引进中国，进行巡展。这件雕塑高 12 米，重 5 吨，材料全部是由海洋里打捞出来的塑料垃圾制成。我希望通过这个展览以及举办一些有趣的落地活动，让大家都来重视地球的污染问题。但是由于"新冠肺炎疫情"，我们要把这个项目推迟举办了。

这场全球疫情，让我非常深刻地意识到，在自然灾害面前，我们人类实在是太渺小了。生活在同一个世界的我们，拯救和保护自然环境应该是我们共同的也是首要的任务，否则一切都将为时已晚。

二　在美国的慈善事业

这些年来，我在美国也参与了许多不同的慈善事业，设立了不少奖学金。

♥ 城市送餐服务（City Meals on Wheels）

"城市送餐服务"是一个全国性的组织，给那些没有亲戚或没有钱照顾自己的老年人提供周末和假期的食物。我在董事会任职期间，发起了一场筹款活动。我很自豪，这场活动变得非常受欢迎，非常成功。我们邀请纽约最好的餐厅在活动场地设置摊位。如果餐厅的拿手菜是比萨，就设个披萨摊；如果餐厅的特色菜是北京烤鸭，就可以把烤鸭分发给我们的捐赠者。我们因此吸引了很多喜爱美食的捐赠者，他们都很乐意为我们的活动捐款。

♥ 亨特学院国际英语学院奖学金
（Hunter College Scholarship）

亨特学院国际英语学院（IELI）是纽约市最古老、最受尊敬的 ESL（ESL 是针对母语非英语的、并把英语作为第二语言的语言学习者的专业英文课程，是外国学生申请美国大学所必修的一门语言课程）学院之一。几年前，我在这个机构为中国学生设立了一个奖学金。我很高兴创办了这个奖学金。为什么这么说？我认为如果你是一个移民，你不精通英语，那么你就只能在像"唐人街"那样不需要英语的地方生活工作，无法真正融入美国主流社会。作为一个移民，我知道能说一口流利的英语是多么重要。这些年来，我相信我帮助到了一些人，他们的生活因为奖学金而变得更好。

神奇的缘分，让我终生感激

董小军 | 纽约亨特学院"羽西奖学金"获得者

时间这个东西总是会在一些紧要关头将事件神奇地串联在一起，所谓的因缘就会随即出现。

2001 年，我在纽约亨特学院（Hunter College）学习英文语言教育。那时的我已经从师范大学毕业，刚到纽约人地两疏，无心关注外面的花花世界，学习非常认真。

一天，我的代课老师苏珊（Susan）让我填一个表，说有一份 3000 美元的奖学金给我。我迷迷糊糊地填完之后，才注意到基金设立者的名字是 Yue-Sai Kan（靳羽西）。

我当时心想：她是谁？为什么选中了我？

一年多的学习，班里有 18 个国际学生，获得奖学金的只有我一个。

之后，我联系到了奖学金的设立者——靳羽西。我不认识她，但是通过著名的"羽西娃娃""羽西化妆品"我了解她，得知她在纽约曼哈顿生活。随后的几年，我回到中国开始了新的生活和工作，我们便失去了联络，直到 11 年后的一天。

2012 年，在上海，我的邻居刘先生邀我参与一次名人讲座的推广工作，当我拿到推广宣传单时，发现上面的名人竟是羽西！是羽西的新书签售会。当时，我无比兴奋，我想再见面时一定要送她一份特别的礼物，随后我专门定制了一幅羽西乐高颗粒画像，并且购买了 200 本羽西出版的新书用作当天活动的奖品。

11 年前点点滴滴的回忆，11 年后通通涌上心头……在我与羽西合影的时候，我还像当年那个接受恩惠的学生一样，内心激动得不知所措。我一辈子感激羽西！

◆ 他们眼中的羽西

羽西的资助给我人生转机

邓秀敏｜纽约亨特学院"羽西奖学金"获得者，
现纽约特种外科医院手术恢复室护士

2001 年，刚来到美国时英语水平基本为零的我认识到学习英语是唯一的生存之道。在纽约有很多优秀的 ESL 课程，亨特学院（Hunter College）就是其中之一。每个月差不多 1000 美元的学费对一个新移民来说是一个沉重的负担。我在努力学习的同时，也担忧学费的来源。后来成功申请到靳羽西女士在亨特学院专为新移民学习英语而设的奖学金为我解除了后顾之忧。

三年后我终于考取了美国的护士执照（我在中国曾是一名护士），并进入了纽约特种外科医院手术康复室工作。

在 2018 年里的一天，我偶然在医院见到了羽西女士本人，当时她刚进行了一个腿部手术，手术很成功，被送到康复室进行康复治疗。17年之后，我终于有机会当面表达感谢之意。

在羽西进行康复治疗的那段时间，我经常和她聊天，她待我如亲人一般让我很感动。

她出院的那天我有事不在，但她留了电话号码给我，让我有事可以联系她。我发了简讯给她，再次感谢她当年的帮助。正是羽西女士授人以渔的帮助使我重新回到自己热爱的事业，而且有能力去服务和帮助更多的人。

♥ 夏威夷杨百翰大学永久奖学金

(Brigham Young University Hawaii Scholarship)

让年轻一代接受优质教育，一直是我的坚定信念。我在我的母校建立了一个永久的奖学金项目，叫作"羽西 IWORK 奖学金基金"，支持在校的中国留学生专业文化学习，教育传达留学期间自力更生的理念。我

与杨百翰大学的在校师生们

在夏威夷杨百翰大学度过了我的大学时光，我很珍惜我在那里的经历。让我欣慰的是，这个奖学金的确使更多的中国学生能够通过这个独特的机会认识世界。

❤ 华人精英组织——百人会（C100）

百人会（C100）创立于 1990 年，一直致力于中美艺术和教育交流。自从创立的第一天开始，我就是它的一员。它是由美国前国务卿亨利·基辛格博士建议，著名建筑师贝聿铭发起的华裔精英组织。他建议贝聿铭与成功的美籍华裔（如企业家杨雪兰、大提琴家马友友）合作，从艺术、商业、学术、公共服务和科学领域招募杰出的美籍华裔，为百人会服务。

百人会的会员只有受邀才能加入，成员都是各自领域领尖人物，包括黑莓的首席执行官约翰·陈（John Chen）、越战纪念碑设计师林璎（Maya Ying Lin）、首位华裔美国驻华大使骆家辉（Gary Faye Locke）、第一位亚裔美国女检察官杨黄金玉（Debra Wong Yang）、摩根士丹利亚洲区首席执行官孙玮（Wei Sun Christianson）、布鲁金斯学会约翰·桑顿中国中心主席李

与建筑设计大师贝聿铭先生

成（Cheng Li）、前百度总裁张亚勤、华美银行总裁吴建民（Dominic Ng）、著名的艾滋病研究的先驱何大一（David Ho）。

目前，百人会已经拥有超过 150 名会员。百人会汇集其杰出会员的集体力量，始终致力于其两大使命，即推动美籍华人在美国社会生活中的全面参与，促进美国及大中华地区间建设性关系的发展。

❤ 摩纳哥亲王阿尔伯特二世慈善圆桌会议 (Prince Albert II of Monaco Roundtable on Philanthropy)

每年，摩纳哥的阿尔伯特亲王都会召集 12 位全球杰出的慈善家出席他的圆桌会议，一起交流想法，讨论如何改进他们的慈善事业。我是他圆桌会议的创始成员之一。每年在这个会议上，我都会遇到一些在慈善界很有成就和影响力的人，通过和他们聊天，我总是能得到很大的启发和鼓舞，觉得有必要做得

与摩纳哥阿尔贝二世亲王（Prince Albert II of Monaco）

更多更好。阿尔伯特亲王是一个很好相处的人，与他一起的时候总是轻松和充满欢乐的。

❤ 靳羽西美基金 (China Beauty Fund)

2013 年，我在纽约建立了自己的基金会——"靳羽西美基金"，因为我意识到我们可以利用美丽的力量来完成很多好事。基金会成立后的第一个活动，是在纽约举办的"中美时尚慈善夜"。这是一个向世界展示中国杰出人才和新兴中国设计师的平台，展示他们所代表的中国美学和东方智慧。西方主流媒体可能不知道这些人才和设计师，但他们肯定值得我们努力推广。

从 2013 年开始，我们举办了 6 届"中美时尚慈善夜"，展示优秀的中国设计师，并获得了美国主流媒体的认可。

第一届，我邀请了著名的中国春晚礼服设计师郭培，她的设

计作品首次正式在美国观众面前亮相，并受到美国时尚圈内人士一致好评。之后，我推荐她入选了纽约大都会博物馆举办的当时最受欢迎的展览——"中国：镜花水月"。在同年举办的美国大都会博物馆慈善晚会上（Met Gala），著名歌星哈雷娜（Rihanna）身上穿的金色礼服就是郭培的杰作，引起了很大的轰动。这让郭培成为目前最受关注的中国设计师之一，我也感到无比自豪。

2013年"中美时尚慈善夜"

除了郭培，"中美时尚慈善夜"推荐过的时尚人才还包括：中国时尚设计师兰玉、陈野槐（Grace Chen）、摄影家陈漫、摄影艺术家孙郡、优秀华人设计师吴季刚（Jason Wu）等等。很多明星也都应邀出席，像舒淇、Maggie Q、刘雯、杜鹃、《Vogue》中国版前主编张宇、卡门·戴尔（Carmen Dell）、尼基·希尔顿（Niky Hilton）、嘉玛·陈（Gemma Chan）等。

2018年"中美时尚慈善夜"

第十章 东西方的"慈和善"

左图为超模唯晓雯、秦舒培、《Vogue》中国版前总编张宇、时尚设计师吴季刚（Jason Wu）、演员嘉玛·陈（Gemma Chan），右图为舒淇和我

2020 年，由于"新冠肺炎疫情"的全球蔓延，"中美时尚慈善夜"被迫改为线上晚会。主题是"一个世界，向美而生"，英文名字叫"One World in Beauty"，这也是我当年电视节目"世界各地"的英文名称。我以前从没有在线上举办过此类大型活动，前期的准备工作耗时了大半年。

我亲自写信给音乐家好朋友凯丽·金（Kenny G）、郎朗、昆西·琼斯（Quincy Johns）、谭盾、胡茵菲（Anna Hu）等等，希望他们能够共同合作一曲著名的中国民谣《茉莉花》，他们都欣然答应了，这让我很感动。他们很快发来了表演视频，昆西的团队为我们把这些视频进行了剪辑和渲染，效果太棒了！

疫情虽然让我们无法做落地的线下晚会，却让我们尝试了从未尝试过的线上晚会。这是我以前从来没有想到的。

❤ 华美协进社 (China Institute) —— 近百年来一直致力于中美文化交流的非营利机构

华美协进社成立于 1926 年，是由世界知名学者胡适先生、郭秉文博士和哲学家教育家约翰·杜威（John Dewey）等人共同

377

2016年，华美协进社"青云奖"晚会，Sophia Sheng、Bob Chapek、设计师郭培、IMAX CEO Richard Gelfond、我、James

2017年，华美协进社"青云奖"晚会 David Chu、我、不老名模卡门·戴尔·奥利菲斯（Carmen Dell Orefice）、摄影师 Fadil Berisha

创建的非营利民间文化组织，旨在通过各项教育与宣传活动，介绍中国文化与文明，增进中美两国人民互相了解。

从2016年开始，我作为华美协进社联合主席主持一年一度的"青云奖"晚会，到2019年底已筹集了善款数百万美元。除了安排各种高品位的活动、演出募集善款，"青云奖"颁奖晚宴是真正的重头戏，表彰为中美关系和慈善事业做出贡献的杰出人士。

华美协进社现在坐落在华盛顿街100号，拥有世界一流的美术展览馆。它的工作内容包括：通过"华美学苑"开展中国语言、艺术与文化课程和教师职业培训班。开展面向公众的高端商务项目及私人活动，举办美食、时尚和电影等专项文化活动，包括年度"青云奖"颁奖晚宴、中国新年晚宴和中国时尚慈善晚宴在内的激动人心的特殊活动。通过这些项目与活动，我们将更加完整、更加多元化的中国呈现给大家。

我一直在想，如何让我们这些华人组织和企业在海外也有家的感觉呢？我想把华美协进社打造成"当代中国中心"，让华美协进社成为我们在海外的家。

这是我们目前想要实现的最大心愿。

我最近特别喜欢的一句话，是美国著名作家和诗人马娅·安杰卢（Marguerite Ann Johnson）曾说过的："Try to be a rainbow in someone's cloud"，意思是"努力成为别人云中的彩虹"。我把这句话放在了我的邮件签名里，时刻提醒我要去帮助和关爱他人。

奉献永远是好事，但别为了要求回报而去做。不求回报地给予才是最好的。

一个人魅力的源泉，不在财富，也不仅是美丽的仪容、得体的举止和优雅的风度，更重要的是内心是否拥有一颗愿意关怀别人的善良的心，并且付诸行动。

◆ 他们眼中的羽西

她为慈善不遗余力

范丹 | 羽西的夏威夷好友

2014 年，为了筹备夏威夷电影节"中国之夜"的慈善活动，羽西姐作为这个活动的主席，与夏威夷电影节负责人、活动主办方，还有我，进行了长达 8 个月的策划。因为大家身在各地，只能邮件联系，每个细节，羽西姐都会亲自把关。

她还任命我为"中国之夜"的副主席，我特别感激她的提携。

因为时差关系，我发出的邮件，羽西姐经常只能在半夜才能收到，但是每次她都是最快回复的那个人。为了尽可能多地募集资金，羽西姐将慈善活动定价为一万美金一桌，也就是一千美金一张门票。这在夏威夷所有的大型活动中，是票价最高的。刚开始我都有点担心，但羽西姐凭着她的影响力，将宴会的所有位置全部卖出。她的很多朋友还专门从中国赶过来参加活动。

那晚，从卖参会券、拍卖艺术品和奢侈品等活动中，我们为两国电影界的学生募捐到了 30 多万美金。

这笔善款让中美两国的电影界学生有机会走出国门，互相交流学习，了解更多的行业知识，促进电影行业的健康发展。

第十一章

现在的生活

　　对我来说，成功就是快乐和满足。满足不是欲望的实现，而是珍惜现在所拥有的一切。

　　如果你关注过我这些年做的一切，比如，关注过我做的电视、化妆品、娃娃玩偶以及出版过的图书……你会发现，我做的这些其实都是与中西方文化交流有关的。

　　虽然我说自己结束电视人生涯之后开始做了商人，但是，无论是商业行为还是个人情感，我的工作好像一直都没有离开过文化和时尚。化妆品、娃娃、家居，甚至选美，都是传递文化和时尚的工具，我想用这些来提升中国人的形象。

　　在日益全球化的今天，中外文化可以轻松频繁地交流，中国品牌早已走向全世界。我能在这段历史征程中留下一点点足迹，也算是人生的一大幸事了。

　　我是一个停不下来的人，我喜欢给自己安排事情做，给自己制定目标，然后让自己朝着目标努力。

　　2020 年初，因疫情，我被隔离在夏威夷。我只能捐款给好多在美的华人机构和社团，他们购买了大批的医疗物资捐赠给在国内抗疫的一线同胞。紧接着，得知我买不到口罩，很多国内的朋友们又纷纷寄口罩给我，我一下子又多了好多口罩。我特别感动，把多余的口罩再转送给了夏威夷的多家医院和养老院。虽然夏威夷的疫情不是特别严重，但是他们也急缺口罩。我还在中国订购了大量的医疗物资寄送给了纽约曼哈顿的几家警署。

　　在夏威夷隔离期间，我总是随身带着一些口罩，出门去超市购物，看到超市的工作人员没有戴，我就从包里拿出一袋口罩送给他们。最初有些美国人不愿意接受，还反问我是不是在逼迫他们戴口罩，我既生气又很无奈。人类在面对疫情时，即便来自不同国家、说着不同语言，文化存在差异，此刻也应该站在一起，共克时艰。

给夏威夷檀香山医院送口罩

美国纽约曼哈顿警察局收到了我们的第一批口罩

　　经历了这次的疫情，我觉得健康才是最重要的! 我并不怕死，但我怕自己不够健康。因为不健康会给家人、朋友乃至你周围的人带来很多麻烦和问题。另外，我发现，原来我们的生活可以这样简单，只需要一个网络，我们就可以完成很多事情。比如2020年，我可以足不出户就举办"中美时尚慈善夜"颁奖典礼，这在以前是想都想不到的。我可以只通过一根网线，就实现了很多计划，比如在网上学习语言，用网络开会、视频、接受采访以及直播，我把夏威夷家里的阿姨和中国家里的阿姨拉了一个群，我想吃什么中国菜的时候，就让中国的阿姨教夏威夷的阿姨怎么烹饪。我还建了我的粉丝微信群。疫情期间，让我之前没时间去做的事情，都有了时间去做。

现在的感情生活

　　可能有很多人都非常好奇我现在的感情生活。我可以满足一下大家的好奇心。

虽然我年轻的时候曾和比我年龄大很多的男人约会，当时的我觉得和他们在一起很有安全感，他们会很好地照顾我。但每个人随着年龄的增长，想法和需求都会改变。

现在，很多女性选择和年轻男性谈恋爱，被称为"姐弟恋"。我认为恋爱就是恋爱，为什么要给美好的恋情加个标签呢？成年女性在任何年龄都有追求爱情的权利。

我当初和马明斯结婚的时候，并不觉得自己比他年轻多少。而我现在的男朋友艾伦（Allan Pollack）比我小15岁，我也从来没有觉得自己比他年长，反而我觉得能从对方身上学到很多东西。

艾伦起初并不是我理想的择偶对象，他的出现，或许是老天安排的。我们是在我的一对英国好朋友结婚50周年派对上认识的。他颜值很高，帅气高大又彬彬有礼，我对他的第一印象特别好，留了彼此的联系方式之后，我回夏威夷，他回了洛杉矶。中间他给我打过电话，但我并没有太热情。直到我有一次正好去洛杉矶，我们约了见面吃饭，聊天中我发现这个男人的确很有魅力。

我和艾伦

艾伦会说西班牙语、法语、意大利语、日语等5国语言。和我在一起之后，又在学习中文，这一点让我很感动，因为马明斯和我在一起的时候，从没有学过半句中文。

现在，艾伦能和我上海家里的阿姨用中文进行简单对话了，而他学汉语的积极性同样也带动了我学习西班牙语的积极性。我们像两个同学，互相帮助，共同进步。

2018 年，我的大腿关节做了一次手术。整整一个月不能出门。艾伦一直在身边陪着我、照顾我。说实话，没有他，我想我可能不会恢复得那么快。

艾伦平时爱好众多，尤其爱好冲浪。"新冠肺炎疫情"期间，我们被隔离在夏威夷一年半的时间，他几乎每天都会去冲浪。在他的影响下，从小不喜欢水，不愿意游泳的我，开始正儿八经学游泳，现在的我不仅在水里游得酣畅淋漓，还能潜水。

我虽然很早拿到驾照，但是这些年我都有自己的司机，所以自己从没有真正开车上路过。我的驾照可以算是全世界最干净的驾照了，因为一次违章记录都没有。在夏威夷，虽然我们出门都是艾伦开车，但他鼓励我让我重新学习驾驶，我俩在车身和后备箱上都贴上了"Student driver, please be patient!"（菜鸟司机，请有耐心！）的搞笑车贴。然后艾伦会坐在副驾驶上指导我，名副其实是我的"教练"。

转眼我俩交往已经五年多了，他总是默默地在我身边付出，从不抱怨。他让我真切地感受到他的注意力都是放在我身上的，他给了我安全感，这是我从前的丈夫以及交往过的男性身上没有感受过的。

人生的每一个阶段，都会有不同的需求和心境，对我来说，如果相爱，年龄无关紧要，它只是数字而已。关键是两个人有相同的价值观，有一样的兴趣爱好，并且性格契合，还能满足对方

的需求。而且艾伦在婚恋观上也和我完全一致。

在我生命中的这个时候，我想要一个善良、体贴、能照顾我、陪伴我的人，不需要他们使我更富有或更有名，也不需要结婚，只成为对方最好的伴侣，这就是最理想的状态。

你可能会问我，现在的我怎么看待婚姻？在我看来，婚姻从来都不是最重要的事情。

我发现，在人的一生中，对异性的需求会随着年龄而改变。

大多数女性在二十多岁的时候会更在乎对方的外貌，或是他能不能让人产生性冲动。在三十多岁的时候，会更期待有一个事业成功的伴侣。在四十岁的时候，如果有小孩的话，则会在各种家庭琐事中挣扎，可能有年迈的父母需要照顾，叛逆的孩子需要教育，或者一成不变的工作和沉重的经济负担，把自己压得喘不过气来。这时可能也不怎么在意性生活是否开心了，而是开始专注于克服"中年危机"。

在五十多岁的时候，孩子已经长大了，事业也已进入平稳成熟的阶段。在这个年龄段，爱又是另一种含义了，它会变得更稳固也更淡泊。这时会开始为自己的老去而做准备，关注投资理财，巩固自己的经济基础，等等。

六十多岁则是退休的年龄，但身体已经大不如前了。如果在年轻的时候养成了健康的习惯，会比那些生活不健康的人过得更舒坦一些。无论如何，在这个年纪都应该更关注自己的身体状况，定期体检是必不可少的。

此外，花时间与伴侣相处对双方来说也很重要。我见过许多在这个年纪离婚的人，就是因为当他们退休之后才终于有时间与另一半相处，最后才发现，其实对方并不是那么适合自己。

　　所以这么一看，在不同的人生阶段，需求是完全不同的。如果可以幸运地找到一个能够陪自己度过一生的伴侣，那么，这个婚姻就是非常成功的。

　　然而，很多时候我们和伴侣之间的关系很难随着时间水涨船高，而是会根据不同阶段的不同需求去协调发展。如果协调不好，就会影响婚姻关系，也会导致离婚。

　　和马明斯结婚的时候，我 39 岁，对那个年代（20 世纪 90 年代初）的大多数人来说算相当晚了，用现在的话说我当时属于"大龄剩女"。但我从未认为"剩女"是令人难堪的代名词。很多人会说女孩子不趁早结婚，等年龄大了没人要怎么办，多孤独，多辛苦啊！我从来没有这种想法，在我眼里，所谓的"剩女"们都是让人羡慕的幸运儿！她们自由、独立、潇洒。我喜欢单身时带给我的自由感，可以去世界各地旅行，认识各种各样的朋友。每个人生来都是独立的个体，不应束缚在父母或是其他人的观念里。无论别人管你叫"剩女"还是"圣女"，你的人生还是要自己做选择。当然，我选择单身不结婚的前提是建立在身体健康和经济独立的基础上的。

　　我认为一个女人一生中最重要的两件事就是健康和经济独立。

　　如果我能重返年轻，我会选择过一种更健康的生活。吃得健康，不暴饮暴食，少吃肉，多摄入植物蛋白质，懂得适度饮酒，因为喝醉这件事情实在是一点儿也不酷！我还会勤加运动，了解家族病史，每个人都有可能会和父母生同一种病。为自己的衰老做准备很有必要，你是唯一可以掌控自己健康的人，就像学习一门外语一样，没有谁能帮得上你。

　　要过上舒适的生活，一定要有足够的金钱支撑，这就是你年轻时挣钱的动力和理由。多多拓展收入来源，如果你只有一种收入来源的话就太不明智了。我鼓励员工们为成为任何形式或领域的精英而奋斗，比如写书、投资股票或不动产等等，只要她们确认自己"这么做是对的"——争取经济独立和自由才能活得有尊严。

洛杉矶前副市长陈愉，以前在我公司做过 6 周的实习生，现在是我的朋友。她写了一本书《30 岁前别结婚》，与我的观点不谋而合。我们都认为女人应该学会享受自己的人生，不是社会给你的标签，你应该是属于自己的。你和别人结合，只因为你希望这样，你仍然是主动状态，而不是被动的。

很多人很好奇，为什么我身边那么多追求者，我却等到 39 岁才结婚？其实在我心里婚姻并不是最重要的东西，我并不像很多姑娘那样，大学一毕业，就想着谈恋爱结婚生子。我也不会像有些爱情至上的女性那样，一旦有空窗期就受不了，甚至没有爱情的滋润就一天也过不下去了。

事实上，从小到大，我身边一直都不乏追求者。年轻时在美国，追求我的男人很多，但其中有不少是已婚人士。虽然我从未和这些已婚男士交往过，但看到他们这种对婚姻不忠的行为，让我意识到婚姻并不是一劳永逸，浪漫美满的，更并不是我曾认为的那么神圣和美好。我既不向往，也不羡慕。后来能与马明斯结婚，也是缘分使然。

有人说婚姻主要就是为了繁衍下一代。这是我听过最傻的关于结婚和生孩子的言论！我身边不少这种例子，经常听到有女孩子讲："我结婚是因为我父母想让我结婚"，或者"我生孩子是因为我父母想抱孙子。"

我觉得这些都太离谱了！你的父母先于你离开这个世界，能与你相伴一生的只有你的枕边人——结婚不应该是为了父母。

我知道中国有句老话叫"不孝有三，无后为大"，很多年轻人是为了尽孝，赶紧去结婚、生孩子。但如今已经是 21 世纪了，这种传统思想我认为太落后了。随着生活成本的提高，结婚和生养孩子也变成了特别有压力的事情。父母也尽量不要给孩子这种压力。

我身边有很多女朋友为了孩子成了全职家庭主妇，她们承担了家里的大部分工作，我很佩服她们，但是这种生活并不适合我。我知道孩子会给我们带来欢乐，但他们同时意味着责任。我认为在经济状况不允许之前最好别要孩子，孩子不是工作，也不是老公，你不喜欢的话还可以换。他们是生命，你的余生都与他们相关联，你要承担养育、教导他们成人的责任，如果你还没准备好的话，一定要三思而后行！

我不想要孩子的另一个原因是：我是一个停不下来的人，工作占据着我大部分的时间。父母对我们姐妹四人那种无限的爱和付出，我觉得我是无法做到的。但我的妹妹们有自己的孩子，我也亲眼看到孩子成长时带给她们的烦恼和痛苦。当然，我不否认孩子带来的快乐可能远远大于这些，但我从来没有羡慕过。

我的大妹妹羽东（Brenda）从小到大性格都很稳重，只是后来她经历了离婚，成为单身母亲。她有一双聪慧可爱的儿女，杰米森（Jaimison）和杰米（Jaimie）。

尤其是杰米，每次我们有家庭聚餐时，她总是很喜欢黏着我，听我讲拍摄《世界各地》的各种有趣见闻。我每到一个国家一个城市，都会选购一些旅游纪念品送给她，比如来自埃及的皮革骆驼玩具或一个戴着飞行镜、飞行员头盔，穿着飞行员制服和机车夹克衫的史努比。

她会和我一起回我家过夜，那时，我们住在同一条街上，隔两条大道。回去的路上，我们会经过第一大街的便利店并在那里买鸡蛋、熏肉、面包以及巧克力牛奶。在家里，她的父母不允许她喝巧克力牛奶，但是我觉得偶尔满足一下孩子合理的愿望是应该的。

与我的外甥女 Jaimie

带外甥女 Jaimie 去游乐场

第二天早上，杰米一醒过来就会看卡通片，我便去厨房里准备熏肉早餐。其实这些年忙碌的工作与生活，我几乎从不下厨，但是给外甥女做一顿营养早餐，却是我非常乐意做的事。

羽东离婚那会儿，杰米才 10 岁。我怕她会因为父母分开而难过失落，所以第二天便打电话给她，问她想不想去巴黎玩？她特别兴奋。

那是杰米第一次去巴黎。在这次旅行中，我尽力满足她一切愿望。这也是我人生里从未度过的慵懒而毫无工作安排的时光。我们住在巴黎著名的勒布里斯托（Le Bristol）酒店，酒店有一个超大的游泳池。我们一起游泳，一起熬夜看电影。看《碟中谍》（Mission Impossible）时，我们学着法语配音，笑得前仰后合。

在法国过着纽约时间的我们，常常掐着下班关门的点儿挤进博物馆或著名景点。带她去餐厅，给她点了她最喜欢的牡蛎和蜗牛，我告诉她，今天晚上想吃多少就吃多少。侍者们上菜的时候常常会把牡蛎和蜗牛放到我面前，他们肯定没想到这么多牡蛎和蜗牛都是给我旁边这个 10 岁小孩吃的。

那是一次非常愉快的旅行时光，杰米在旅途中几乎忘记了一切不愉快，我也为自己能放下工作陪伴她度过那段伤心时期而欣慰。

如今的杰米在马来西亚吉隆坡为她的父亲工作，但是那一趟巴黎之旅，让她彻底爱上了法国。她之后还拥有过一段和法国人结合的婚姻，并有一个可爱的中法混血儿子阿德里安（Adrien），这也是我们家族里最小的孩子。

我与 Jaimie 和她的儿子 Adrien（我们家族最小的孩子）

我和我家族里这些孩子的相处方式，更像是好朋友，而不是长辈和小辈的关系。

我没有孩子，也没有宠物，我的朋友曾经对我打趣道："你唯一能养的宠物就是毛绒玩具。"我说不对，其实我有养宠物，我家里一个大鱼缸里养了很多条鱼。每个星期我都会请专业的养鱼工人来家里照看一下它们，而我只要单纯地欣赏它们就好，不需要做其他事情啦！我感觉这种生活比较适合经常东奔西走的我。

我经常想，如果我很早结婚，就不可能完成我现在所完成的事情，可能一半都完不成。我会有太多的家庭负担，太多的责任，那会像一种束缚，让我没办法专心工作。

前段时间我在上海出席了一个女性论坛，现场有位男士向我提问："羽西，您建议女性要独立自主，不要被婚姻、家庭、孩子束缚，如今中国女性越来越强大，如果日后没有女性愿意结婚、生孩子了怎么办？我们中国的人才不就越来越少了吗？获得诺贝尔奖的概率也越来越小了。"这个问题让我觉得太有意思了，这位男士的危机感很重呀！我笑着回答他："女性强大怎么了？女性智慧代表家族智慧呀！哪位男士愿意娶个傻老婆呢？男人有这种担心是多余的，努力把自己变得更好才是重点。我当然希望所有女性都能找到好丈夫，但如果原本一个人生活得很好，结了婚生了孩子反而降低了自己的生活质量，那为什么要去做呢？"

总之，不要害怕单身，不要害怕孤独，做自己想要做的，忠于自己的选择，努力让自己变成一个有趣的、聪明的、成功的人，这样无论什么时候都可能遇到那个对的人。

是老板也是家人

马阿姨 | 羽西雇佣时间最长（20 年）的家政员工

1. 真正的女强人

2007 年 11 月 28 日 18:00，羽西新公司开业庆典派对。羽西神采飞扬地招待着来自国内外的嘉宾好友。谁又会想到，就在 3 小时前，她昏倒在浴室冰凉的地板上……

当天下午 3 点，我按原计划提醒羽西可以开始准备出席活动。但是，家里到处找不见她的人影。此时，她房间浴室的门锁着，我在外面敲了好久没人应答。当我找到备用钥匙打开浴室的门，眼前的场景让我吓出了一身冷汗，此刻的羽西穿着单薄的内衣，躺在冰凉的地板上，脸色煞白，浑身发抖。我赶紧先帮她盖上毛毯，试着唤醒她，但她没有任何反应。我推摇了好一阵，她才有气无力地睁开双眼，轻声说道："再让我睡一会儿。"我好不容易把她扶起，却怎么也无法挪步……

本以为她不可能再出席 3 小时以后的活动了，但当晚羽西"骗"过了所有的来宾。

这件事，她从来没有对任何人提起，那年她 60 岁。

2. 待员工似家人

我们都在羽西家里工作，她的助理们也是。有时活动结束得晚，她会让我们在客房休息，不想我们太劳累。员工结婚或生子，她都会包个大红包祝贺。如果她有时间甚至会出席员工家属的婚礼，如果没时间，她也会录制视频表示心意。前几年，她特别安排我和另外一位阿姨去她纽约的家中做客，还为我们安排了华盛顿、费城等地的观光旅行。

3. 最爱"大闸蟹""小火锅"

羽西一直崇尚健康，平时饮食也不挑剔，她爱吃一人一锅的小火锅，她说，"吃小火锅就像我们自己动手做厨师"。羽西很多朋友都受邀出席过她在上海的小火锅家宴，不仅如此，她还特意空运了一批同款小火锅到纽约和夏威夷宴请宾朋。

◆ 他们眼中的羽西

她是一位不像老板的老板

袁师傅（Judy）｜羽西的司机

我开车已经三十多年了，我拿的是 A 照，以前是开大卡车的，后来改开小客车。

朋友介绍我应聘羽西司机一职时，我一开始还挺紧张的，倒不是紧张我自己的车技，毕竟羽西可是名人啊！我还没给名人开过车。她会不会很凶？会不会很有架子？会不会很难"伺候"？没见到名人本人时，总是有点胡思乱想。

第一次接触羽西的时候，羽西正好从南京出差回上海，她就直接让我去车站接她。我觉得这样也挺好，省去了到办公室面试谈话什么的流程，直接展示我的业务能力。对我来说，肯定比谈话更容易。

羽西上车后，坐到副驾驶座的后座，然后问我叫什么，知道我的中文名字后，羽西又问我："你有英文名吗？"

哎，在中国开车的司机，哪有什么英文名。

"那我现在就给你起一个吧，就叫 Judy（朱迪）好吗？"

于是，从那天开始，我就有了一个英文名。我英文不好，羽西还推荐了我一个学英语的软件，平时没什么事的时候就学学英语。

我多年来习惯穿高跟鞋开车，坐过我车的人，多多少少都会对此有疑虑，问我不怕有安全隐患吗？

羽西从不质疑我这一点，她跟别人说，我这么多年来养成的开车习惯，只要我舒服就好，不然强行要我去改变，反而会让我开不好车。

有一次为了帮羽西赶时间，我加大马力开快车。这时，听到后座传来羽西的声音："Judy，我的命也是很值钱哒！"

我扑哧一笑，赶紧放慢车速。羽西就是这样，她永远不会用居高临下的态度来命令或者责骂你，她总是很幽默风趣地告诉你她的想法，但也充满了智慧。

我也从羽西这里学到了如何管理个人形象。以前我就是一个司机，穿什么都很随便，但是羽西跟我说，我的肤色偏黄，应该穿颜色亮一些的衣服。在羽西潜移默化的影响下，我开始注重仪容装扮，现在我出门，朋友们都说我比从前好看多了，哈哈，我听到这话，比听到夸我开车好还要高兴！

跟着羽西干活，更多的时候感觉就像家人一样。我女儿结婚的时候，羽西正巧不在国内，没办法参加婚礼，她特地录制了一个祝福小视频，在我女儿的婚礼上播放。每到逢年过节，羽西还会给我们这些员工，包括她家的物业、保安、打扫大楼的保洁阿姨等都发红包。她总是在小细节上记得每一个人，哪怕这些人做着最不起眼、最微不足道的工作。

羽西每次到达或离开上海，我都会去机场接送她。她经常会被粉丝认出来，有时候会被要求签名、拍照。人多的时候，怕有安全隐患，我也会充当临时"女保镖"，哈哈！

羽西总是打趣地说，我是她回国第一个想见到的人，我想她说得没错！

我的人生原则

许多人问我，我的人生原则是什么？在我的人生道路上，我自己学习到了什么？

以下是我的一些总结。

1. 对一切抱有好奇心。作为一名媒体人，我学到了如果不时刻保持好奇心，就不会问出有水平的问题，或是做出很好的电视节目。生活中也要保持这样的特质。没有好奇心，我的生命将失去颜色。

2. 努力工作、学习。我已经很多年没有休过周末了，尤其在我创业期间，几乎没有休假这个概念。即使疫情期间，我还是在工作、学习。天上不会掉馅饼，不努力就无法得到你想要的任何事物。总是坐在电视机前的人永远都无法成功。

3. 学会工作外包。珍惜自己的时间和精力，高效利用时间去做自己能做好的事情，做不好的事情可以分配给别人做，比如我不会做饭和家务，我就会找阿姨帮我做。

4. 学会管理金钱。你不理财，财不理你！尽量从多方渠道获得收入。要学习投资，以钱生钱。拥有一个健康的银行账户以确保晚年享用。

5. 保持健康。这样做不光是为了自己，同样是为了你的家人、孩子。没有人愿意长期照顾一个久病卧床的人，当然，除非是护士。学习如何变得更加健康。不要吸烟，少饮酒，尽可能吃少一点。只吃有机食品，尽量多吃蔬菜和水果，少吃肉，多喝水，尽可能睡多一些。定期为身体排毒，经常锻炼身体，不要摄入过多酒精，如此才会远离处方药。

6. 学习尽量多的语言。我从不会因为年龄的增长而停下自己的步伐。任何年纪你都可以学习。因为那将是使你比他人更加优秀的砝码。

7. 诚实且公平，保持真我，且永不假装。我从不对他人说谎，我诚恳地将我的真实所想告知他人。或许有时我也会面临困境，但我每次都宽容以待。

8. 尽量接触拥有正能量的、友善的、知识渊博的，以及有趣的人。同时我会让我的朋友互相接触，认识，他们也会介绍新的朋友给我，这样我的朋友圈才会越来越广阔。

9. 绝对忠诚。我对我的朋友绝对忠诚，这也是为何我拥有如此多遍布全世界的好朋友。同时，我也希望他们对我绝对忠诚。我极度排斥任何形式的背叛，不论是精神上，还是感情上，抑或是身体上。

10. 尽我所能多做善事。有时付出真的是一种愉悦，在付出的同时，不要期望得到任何回报，否则就不算是真正的付出。

11. 当我接受了帮助，我会加倍偿还。懂得知恩图报很重要。

12. 学会宽容、谦恭、平等对待每一个人，无论他是富有或是贫穷。

13. 做人不怕吃亏，做事不怕吃苦。

14. 趁早多旅行。旅行让我的生活更加多姿多彩。越早开阔眼界，越能活得通透和快乐。

15. 学会爱上音乐和艺术。如果可能的话，学习一种乐器或绘画。因为它们可以净化灵魂，培养专注。

我人生中最难忘的几次经历

再次梳理我人生中到目前为止的所有经历，有几个我认为很精彩的故事在这里与大家分享。它们对我来说都无比珍贵。

1. 一次历史性的拍摄

1985 年 7 月 24 日，罗马。《世界各地》拍摄日。

通过许多人的帮助，包括纽约市市长罗伯特·瓦格纳（Robert Wagner）、大主教弗利（Foley），我们得以前往意大利罗马圣彼得广场拍摄罗马教皇约翰·保罗二世（John Paul II）和他的弥撒。我和摄制组在广场正中间架好机器，正对着教皇的讲台。

弥撒开始之前，弗利大主教特地跑过来告诉我教皇今天会说一些非常重要的话，希望我们用摄像机记录下来。我满怀期待。广场上人头攒动，大家都在等待着教皇约翰·保罗二世的出现。终于，在一片掌声和欢呼声中，教皇来了。在演讲中，他使用了多国语言，我们一直仔细聆听。随后，我们等到了一个极具历史意义的时刻，这是前所未有的——他在如此大型隆重的弥撒演讲中，说道：

"我很高兴在这里欢迎一个摄制组，他们正在为中国制作一档电视节目。通过他们，我向崇高的中华民族致以热烈的问候！天主教把中国视为一个大家庭，那里有悠久的历史和古老的文明，有高尚的道德修养和深厚的精神力量——这也是著名的利玛窦神父（Father Matteo Ricci）在中国时的感触。我相信，中国人民会为全球人民的共同利益做出贡献。我祈求万能的上帝可以祝福和保佑中国人民，实现他们对进步与和平的渴望。"

我听到这段话，感觉体内热血沸腾，身上的汗毛都竖了起来。

弥撒仪式结束后，教皇亲切地走到广场中央，和大家握手交流，当他走到我面前时，握住我的手说："谢谢你的到来，祝福你和中国人民！祝福参与你们节目的每一个人！"

此刻，我激动到不知道说什么好，最后只哽咽着说了一句：

意大利罗马教皇约翰·保罗二世欢迎《世界各地》纪录片团队

"教皇陛下，我们很高兴来到这里！谢谢您！"

教皇的这个演讲成了大话题，第二天，所有的意大利报纸都报道了这件事。当时我很紧张，不知道中国驻罗马大使馆会如何评价教皇的这次演讲，但最终中国大使非常高兴。

从那之后一直到今天，我们会不时听到关于中国政府与梵蒂冈进一步友好交往的消息，但我们 1985 年的这次报道，是历史第一次！

2. 北戴河之旅

1986 年的夏天，我受邀乘坐"北京—北戴河特别专列"去北戴河访问。我以为进站乘车需要很多程序，但没想到，接我前往火车站的汽车直接将我送到了专列的站台。

专列车厢里坐了很多政府领导和工作人员，只有我一个海外华人。

以前，我并不知道，除了北戴河，还有一个南戴河。这次行程，我住在北戴河，但接见和会谈都在领导人下榻的南戴河进行。时任秦皇岛市市长说是我的粉丝，特意来看我，想了解美国的海滨城市如何开发旅游资源，因为当时秦皇岛市作为刚刚改革开放的中国二线城市，正在思考如何吸引外国游客。

我对他说："太容易了，北戴河离北京很近，如果你们能把到北京的一部分外国游客吸引到北戴河来，就成功了一半。"

市长顿时拍了一下大腿，兴奋地说："羽西，你这个建议让我'茅塞顿开'！"

第二天，市长请我一起坐船环游秦皇岛。

在船上，我又给了他 5 个建议。

（1）要重视垃圾桶。作为旅游城市，环境很重要，必须注重环保和整洁。我建议北戴河区学习夏威夷，在夏威夷随时随都能看到垃圾桶。不能小看它们，它们能保持这个岛的优美环境。

（2）要进一步加强绿化。环岛时，我看到秦皇岛在绿化方面，还有很大的提升空间。

（3）要加强服务培训。服务人员要学英语而且要有服务的概念，要知道游客们的需求是什么，景点区与餐厅的服务尤其重要。

（4）要重视宣传介绍。秦皇岛需要做一个漂亮的中英文双语旅游手册，不能只有中文。要方便来旅游的外国人士了解秦皇岛市的历史文化、旅游观光的重要景点。

（5）路标指示全部双语化。全市的路标都必须是中英文的，不然外国游客怎么能感觉到自己受欢迎呢？

随后，市长问我是否愿意做北戴河的旅游大使，我说当然愿意。除了北戴河，我还是天津、黑龙江的旅游大使，还是国家旅游局的顾问。当时的中国非常积极地向世界介绍自己，而改革开放是每一个省市的重要工作内容。

当时国务院领导听说我在北戴河，便特地安排时间接见了我。他告诉我，他前段时间去巴西访问，出访之前，专门请中央电视台的工作人员录下《世界各地》节目里关于巴西的6集内容给他，他很认真地看了。他说，节目里我批评巴西政府把首都搬到巴西中部是一个错误的决定，他当时看片子时有点怀疑我的判断，但去过巴西以后，他赞成我的说法。

听到他这样说，我内心特别自豪，连国家领导都这么重视我的节目，足以说明，《世界各地》在中国电视节目中的重要性和价值。这不正是做一档节目的意义所在吗？

没想到这次接见还上了当晚中央电视台《新闻联播》的头条。

3. 受邀参加央视春晚

这个难忘的经历，是关于中国春节的。中央电视台邀请我参加他们主办的春节联欢晚会。

这是在大年三十晚上播出的电视晚会，是让全体中国人乃至全球华人共同欢度除夕的大型晚会。直到今天，这台晚会依然是全球范围内受众最多、最受欢迎的电视节目。春晚近3小时的精彩演出，中央电视台每年都会煞费苦心地筹备，提前5个月就开始彩排。

中央电视台的春节联欢晚会被视为"最有价值的晚会"，所有表演嘉宾都是当年最受欢迎的明星。晚会上的小品、相声等节目，都是反映当时社会文化的优秀作品，在之后的一年甚至若干年中都会被大众津津乐道。

当时能受邀出席这个晚会，亦是很高的荣誉。我至少连续5年坐在了春晚的观众席里。

1998 年春节联欢晚会

对于像我这样一个对中国流行文化了解甚少的人来说，参加春节联欢晚会确实很有意思。我总是被安排坐在最前排，身边都是一些非常有趣的人，例如著名的相声演员、艺术家、歌唱家等。

我和当年春晚的主持人赵忠祥先生是老同事了，在我为央视拍摄《世界各地》的时候，我们就认识了。2012 年，我去他的会客室做客，他亲自下厨招待我吃了老北京炸酱面。我们一起回忆当年的往事，他说："你知道吗，那时候央视对你特别重视，春晚彩排后的聚餐，我们都饿着肚子呢，可领导说非要等你入座才能吃饭。"我赶忙跟他道歉，并称赞他的炸酱面好吃。

回忆当年参加春晚的经历，其实是个辛苦且不易的过程。我们需要在直播前 2 小时进入现场，晚会结束后还要在现场待 1 个小时，加上全部的演出时间差不多 6 个多小时。我过了凌晨才回到酒店，精疲力尽之余还要搭早班机飞回纽约给父母拜年。

大年初一，北京的清晨，结了冰的道路上几乎没有人，机场基本上是空的。值班的工作人员把我带到飞机上，机舱内也是冷冷清清，那个年代很少有人会在过年期间出行。相比今天，简直是天壤之别！

今天，距离我最后一次出现在春晚现场，至少过去 20 年了，仍然有不少人提到他们曾在节目中看到过我，可见春晚的影响力是多么巨大。

4."百人婚礼"

1997 年 9 月初，中华全国妇女联合会打电话给我，邀请我主持一场在海南岛三亚市举办的"国际婚礼节"。

刚听到名字时，我以为是大型的婚庆产品展销会。当他们告诉我这是一场"百人婚礼"，就是 100 对新人的集体结婚仪式时，"哇！"，我惊讶地张大了嘴巴。

我在美国时从未听说过"百人婚礼",更别说主持了。

100 位穿着婚纱的新娘和 100 位穿着礼服的新郎,他们来自全国各地,还有来自其他国家的,他们中有企业家、警察、军人和老师……

作为主婚人,我要主持这样一场传统而神圣的仪式,并且,新郎新娘的妆容都将由羽西化妆品提供。

我要让新人们在今天这一刻看起来都是最美、最帅气的佳人!

1997 年 11 月 18 日婚礼当天,新人们成双成对地站在广场中央。婚礼仪式简洁而隆重,和我一起主持的还有来自北京电视台的主持人。我用中英双语表达了对 100 对新人的祝福。

新人们身穿西式的婚纱礼服,配以中式婚礼的三叩首仪式:

一鞠躬——敬中华天地

二鞠躬——敬养育他们的父母

三鞠躬——夫妻互敬,承诺永结同心、白头到老

中西结合的"百人婚礼",也是我以前在美国从未见过的婚礼,我被现场浓浓的浪漫和幸福包围着,看着这 100 对相爱的年轻人即将开启他们人生路上的新篇章,我内心不禁升腾起一股感动。

我告诉他们羽西化妆品全部是免费的!是我送给他们的新婚礼物。

仪式结束后是喜庆、热烈的婚宴。每一对新人只需要付 300 元,这笔钱将归入慈善基金,用于贫困山区的儿童教育,非常有意义。

　　2018 年的夏天，我收到杨娟（Serena）发我的短信和照片，她是 1997 年"百人婚礼"中的其中一位新娘。她说："羽西，您好！21 年了，我一直珍藏着当年我们在婚礼上的合照。您是那么的亲切，没有一点明星架子。感谢您把我打扮得那么漂亮，让我充满自信。时间过得真快，照片里的是我的儿子！他下个月要去俄罗斯萨拉托夫国立音乐学院学习钢琴演奏啦！生命的延续

1997 年，在海南三亚，第一次主持"百人婚礼"。左图为其中一对新人，杨娟和她的丈夫

1998 年，在北京，与倪萍一起主持了另外一场"百人婚礼"

太美好了！"

继三亚的"百人婚礼"之后，1998 年，在北京民族文化宫，我又主持了一场"百人婚礼"，还是和倪萍一起主持的，当时也是盛况空前。我想，除了专业的婚礼司仪，没有谁一辈子能比我见过更多的新郎和新娘啦！

5. 被新华社《环球》杂志选为"最具影响世纪女性"

2001 年 2 月，我被中国国家通讯社——新华社的《环球》杂志选为"最具影响世纪女性"。在那之前的 6 个月里，《环球》杂志要求读者投票选出 20 位最有影响力的女性，我被选为其中之一。

颁奖典礼在新华社总部大厅举行。

和我一起入选的还有：邓亚萍、张海迪、陈香梅、郎平、美国前国务卿奥尔·布赖特（Madeleine Albright）、英国前首相撒切尔夫人（Margaret Thatcher）、电影演员索菲娅·罗兰（Sophia Loren）等。

能和这么多名人共同入选，我感到非常荣幸。

6. 头像被印在中国邮票上

2002 年，中国国家邮政局领导问我，能否把我的头像印在中国邮票上。

在美国，值得纪念的杰出人物必须要过世之后才有可能在邮票上出现。

我的答案当然是"Yes"，这无疑对我来说是一个莫大的荣誉。

我给中国国家邮政局寄过去两张照片，请他们二选一，没想

我人生中最难忘的几次经历

到，他们把我这两张照片都印上了。我买了 300 套邮票，贴在明信片上寄给我的中外朋友们，他们收到之后都表示，太酷了！

2005 年，我换了发型，中国国家邮政局又用我短发的新形象做了一套邮票。

所以，我有两套印着我头像的中国邮票。

头像被印在邮票上的感觉真的很棒——而且我还活着！

7. 夏威夷"靳羽西日"

2012 年 10 月，夏威夷国际电影节授予了我一个"终身成就奖"。在我去夏威夷领奖之前，我的好朋友丹丹打电话问我要不要约见一下夏威夷市市长彼得·卡莱尔（Peter Carlyle），因为她当时正好在市长办公室工作，可以帮我安排，我欣然答应。

10 月 5 日，我应邀前往市长办公室，到达的时候已经有中西方媒体记者等在现场了，还有从中国过来的朋友。

我有点纳闷，不知道市长办公室今天有什么重要的事情发生。

见到市长时，丹丹也在，我们聊得非常开心。随后，市长拿出一份文件，上面列举了我这些年来所获得的成就，紧接着他当着众多媒体的面正式宣布：10 月 6 日为"夏威夷靳羽西日"。

天呐！这份惊喜来得太意外了！原来大家事先保密工作做得这么好，就是为了给我这个生日礼物！是的，10 月 6 日就是我的生日！就在明天！

这是第一次，一个城市一年中的一天，用我的名字来命名！

我激动地问市长："在这一天，我能得到什么？"

市长回答说："什么也没有。"

我又问："有奖金吗？"

他说:"没有。"

我继续问:"我能在街上免费停车吗?"

他说:"不能。"

我不死心,继续追着市长问:"我能免费吃饭吗?"

他回答:"不能。"

哈哈……我们都笑得前仰后合。

这真的是一份很"纯粹"的荣誉!这也是我人生中最有意义的一次生日纪念。

夏威夷政府命名每年10月6日为"靳羽西日"(Yui-Sai Kan Day)

8. 参加白宫为中国领导人举办的国宴

2015年9月25日,我很荣幸地受到时任美国总统奥巴马(Obama)的邀请,去白宫参加招待中国领导人的国宴。

国宴是一件大事，和举行过 54 次国宴的里根总统相比，奥巴马只举行过 13 次国宴，是举行国宴最少的美国总统。

国宴邀请了两百多位嘉宾，共 10 桌，我坐在美国前国务卿基辛格博士（Henry Alfred Kissinger）旁边，另一边是美国著名的歌唱表演者尼欧（Ne-Yo）。

国宴正式开始前，奥巴马来到我们这桌找基辛格博士，就一些事务向基辛格咨询。基辛格博士当时已经 92 岁了，但依然神采奕奕、言语犀利，他请总统之后给他打电话详谈。

晚宴后，我们被邀请到隔壁大厅观看娱乐节目，我的晚餐伙伴尼欧是当晚唯一的表演者。他的歌曲节奏感强，到了高潮部分，奥巴马夫人和大部分宾客都站起身，随歌而舞。

奥巴马没有加入，他同中国领导们坐在一起，一边观看表演，一边交流。我觉得，奥巴马这一点做得非常周到和细心。

我想，在场的中国贵宾们可能会有些惊讶——白宫晚会看起来像家庭聚会那样轻松、随意。这也反映了中西方文化的差异。

时任美国总统奥巴马和基辛格博士交谈

我和两位美国前国务卿基辛格博士（左）和约翰·克里（右）

后　记

　　这篇后记将会很长，因为我真的有很多话要说。

　　通过写这本书，我有机会能第一次认真回忆和梳理我这大半辈子的人生路。这个过程仿佛一场奇妙之旅，带我重游我生命中那些跌宕起伏，以及悲伤、喜悦和胜利的画面。

　　这是一个非常难能可贵的机会，让我能够重新了解自己，总结自己的人生到目前为止有哪些收获或遗憾。

　　如果年轻时候的我可以更早地知道这些，或许就可以解决更多难题，让自己更快获得成功和理想的生活。所以，现在把我这些人生经验与你们分享，对你们来说也许是有价值的。我希望年轻人能从中受益，人生旅途上能少走一些弯路。这对我来说，也是非常有意义的一件事情。记住，你完全有能力去获得美丽、健康、成功，是你做出属于自己的选择，是你创造属于自己的命运。

　　这是我的第一本自传，写了整整两年，回想我写第一本书《世界各地》（*One World*）的时候，大概只用了两个星期就完成了。写这么快的原因，一是因为书的内容主要讲述我做节目的经历，二是我有记日记的习惯，很多故事并不需要我费力去想，都在我的日记里记着，可以直接拿来用。

　　我想说一下写生活日记的重要性。历史上很多伟大的人物也都有写日记的习惯，比如阿尔伯特·爱因斯坦（Albert Einstein）、达·芬奇（Leonardo da Vinci）、达尔文（Charles Darwin）……他们的日记不仅是记录自己的心情和生活，而且是留给后人的重要记录。

　　在我的日记里，我会写下对当天发生的事物的看法和感受，我的健康状况，日常运动，或是收到朋友来信等等，事无巨细我都会记录下来，当然还有我的工作目标。把自己的工作目标写下来，才能更好地梳理自己的工作，帮助我实现下一步的工作计划。

　　每次翻看从前的日记，我都会找到很多有用的东西，提醒自己要做的事情，回忆自己遇到过的人，受到过的触动。

　　写这本自传时，我一边阅读我所有的日记，一边强迫自己去挖掘最深处的记忆。

　　从前的每一本日记都像书一样厚，我全部都保存着。看着这一页页的日记，我心里很是慨叹，它们记录着我的成长啊！对我来说它们已经不是单纯的日记本，而是我生命的组成部分，是它们让我更好地了解自己，了解生活！

　　有一句话说："生命本无意义，你赋予它什么它就是什么。"人完全可以像其他动物一样每天只是吃饭、睡觉、玩耍，直至终老。但如果你想要自己的生命有意义，你只能自己去创造。你的父母不能帮你，配偶不能帮你，孩子更不能。很多事情都源于你自己的选择。我觉得无论你选择什么样的生活，只要能创造价值，生命才有意义。

　　目前为止，我所经历过的成或败都是我自己选择的结果。我也赋予了自己的生活一个使命感，达成每个小目标都会让我无比开心。

当然，生活中也充满了无尽的烦恼，这是我们所有人都必须为生命这份礼物付出的代价，没有谁能例外。

我有一个思考生活方式的习惯，如果一件不好的事发生在我身上，我从来不会问"为什么是我？"

但，如果一件好事没有发生在我身上，我一定会想"为什么不是我？"

这样思考，会让我尽自己最大能力处理好事情，努力改变自己去适应环境，而不是让环境来适应自己。

"种瓜得瓜，种豆得豆"，我相信这句话。因为任何事情的发生都有前因后果。你对别人的所作所为最终都会回报到自己身上。所以做人一定要有原则，有底线，不要欺骗，也不要伤害他人。千万记住，谎言也许可以瞒过一时，却瞒不过一世。

在写这本书的过程中，我最开心的是重新联系上了一些已经许久未曾联系的老朋友，并且能够与他们重聚，一起追忆过去，谈笑风生，可谓一大乐事。

但随着年龄的增长，你会发现越来越多的人在你的生命里消失了，慢慢地还会收到亲人或朋友去世的消息。很多人一旦错过就再也没机会见到了。写本书时，我意识到自己人生中的一部分记忆是缺失的，我不知道我的父母是如何带我从桂林移居到香港的，我后悔他们在世的时候没有多问问他们。现在我永远也没办法知道了！

对比今昔，我觉得现代的年轻人更应该学会感恩。中国自古以来都是弘扬感恩的民族。感恩能让孩子明白要去感谢爱自己、帮助自己的人，尤其是生养自己的父母。但是我发现，如今的大多数青少年觉得父母为他们做任何事情都是理所当然。说真的，我很少看到有外国父母像中国父母一样，可以为孩子无限付出而不要求回报。所以，中国的孩子要学会表达感激之情，尤其对你的父母。尽量多陪陪父母，多和长辈们聊聊天，了解自己的根。千万不要小看前辈人的智慧，他们的经历很多都是有价值的。

无论你实现了哪些宏图大志，取得了哪些所谓的成就，都是因为前人给你做了铺垫。回想一下中国如何变成如今让世界不可忽视的巨大经济体？是因为很多人做了很多努力乃至牺牲。当你踏上人生旅程时，要时刻感恩现在能够拥有的一切。

中国传统里对年长者最好的祝愿是"长命百岁"，但对我来说，长寿并不是排在第一位的。除非如我的母亲所说："你是健康的，经济上舒适的，并被爱你和你爱的人包围。"在这里我要补充一句：如果你仍然可以为这个世界做出更好的贡献，那么长寿对人生才有意义。我希望在自己生命的最后阶段，仍然可以为社会尽份力，让自己的生命像烛火一样，在最后一刻依然发光发热。

我现在有个愿望——争取在美国纽约建设一个"海外华人之家"。虽然纽约有中国城（China Town），但是那里并不能称为华人之家。为了介绍自己国家的文化，韩国人在纽约有韩国社团（Korea society），日本人有日本社团（Japan society），而我们也要有一个可以展示中国特色的文化、艺术、科技、美食的地方。让身在海外的爱国华人华侨和华人企业有凝聚力，团结一心，为中华民族文化的伟大复兴贡献力量。

四十多年改革开放之路，中国逐步与世界接轨，无论在经济、科技、时尚、影视等众多方面都取得了非凡的成就。

我们提倡"要讲好中国故事"，我觉得这是非常重要的任务。

今天的中国不是一蹴而就的，而是真正通过自身努力和牺牲才实现的。我从一个对中国一无所知的海外华人，到有幸参与中国的改革开放，目睹了中国逐渐成为世界经济体大国的奋斗过程，我有义务帮助中国讲好中国故事。

我认为，向世界充分展示当代中国的最佳方式，是制作一部关于中国城市的电视纪录片，诠释这个快速发展的国家的真实面貌。我的计划是，制作十集关于中国城市的电视节目。我将带领海外观众们，跟随我的镜头踏上前往中国城市中心的旅程，感受中国人民的日常生活，了解城市发展变化对当地人民生活的积极影响。

这个电视纪录片将告诉人们，世界各地的人都是一样的，无论是在广州、纽约还是巴塞罗那。在那里生活、娱乐、工作的人们，都有着相同的梦想、抱负和挑战。我们需要以人性的眼光看待彼此之间的差异，并达成共识，共同繁荣。

我多年致力于东西方文化交流让中外人民互相了解，相互支持，之后我还要继续加倍努力地完成我的工作。希望大家不仅能支持我，并且帮助我实现这个目标。

这本书没有完结，因为我的生命之舟还在扬帆航行着……希望在我人生下一个精彩篇章中能与你们再相遇。

Yue Sai Kan

2021 年 12 月

图书在版编目（CIP）数据

你，自成先锋：靳羽西自传 /（美）靳羽西著. —上海：上海三联书店，2023.1（2025.9重印）

ISBN 978-7-5426-7690-0

Ⅰ.①你… Ⅱ.①靳… Ⅲ.①靳羽西-自传 Ⅳ.①K837.125.38

中国版本图书馆CIP数据核字（2022）第124120号

你，自成先锋：靳羽西自传

著　　者 / [美] 靳羽西

责任编辑 / 朱静蔚
特约编辑 / 杜潭明　李广雁
特约摄影 / Fadil Berisha
装帧设计 / 未了工作室
监　　制 / 姚　军
责任校对 / 林佳依

出版发行 / 上海三联书店
　　　　　 （200041）中国上海市静安区威海路755号30楼
邮　　箱 / sdxsanlian@sina.com
联系电话 / 编辑部：021-22895517
　　　　　 发行部：021-22895559
印　　刷 / 上海艾登印刷有限公司

版　　次 / 2023年1月第1版
印　　次 / 2025年9月第5次印刷
开　　本 / 890mm×1240mm　1/32
字　　数 / 320 千字
印　　张 / 13.625
书　　号 / ISBN 978-7-5426-7690-0 / G·1640
定　　价 / 98.00元

敬启读者，如发现本书有印装质量问题，请与印刷厂联系 021-62213990